minimalistische Balance

oder Ausgeglichenheit und Zufriedenheit durch weniger Stress, weniger Dinge, mehr Geld, mehr Zeit.

Inhaltsverzeichnis oder das erwartet dich.

Der Anfang oder da musst du durch.

Dieses Buch beginnt mit einem Schlussstrich, schließlich bist du am Ende deiner Nerven angelangt. Der springende Punkt ist erreicht: Es reicht!

Genug! Genug gearbeitet, genug eingekauft, genug Zeit vergeudet.

In unserer Gesellschaft hat sich ein seltsamer Kreislauf eingespielt. Oft kommt man sich vor wie in einem Hamsterrad. Ständig Hektik, viel heiße Luft produziert, doch am Ende nichts vorzuweisen.

Da man mehr Geld ausgibt, als man hat, nimmt man einen Job an, den man nicht will, um Sachen kaufen zu können, die man nicht braucht, weil man Leute beeindrucken möchte, die man nicht mag.

Es wird in vielen Bereichen viel zu viel. Dinge sammeln sich an, Terminprobleme stauen sich, Zahlungsverpflichtungen häufen sich. Man hetzt aus dem Bett auf die Arbeit, vom Geschäft in die Läden. Gefangen in einer Konsumspirale läuft man heiß und verheizt. Es wird nur noch für den Rausch gekauft, weil man schließlich etwas vorweisen möchte, wenn man den ganzen Tag unter Strom stand und auf Achse war.

Auf der einen Seite stehen zu viel Stress und zu viel Besitz, auf der anderen Seite haben wir zu wenig Freizeit und zu wenig Selbstbestimmung. Man fühlt sich unausgeglichen, ist mit sich selbst nicht im Reinen.

Hast du davon genug?

Ziel dieses Ratgebers ist eine gesunde Balance des Notwendigen. Der Minimalismus soll dein Hab und Gut auf das Wesentliche reduzieren. Danach sollen die Verpflichtungen und der finanzielle Aufwand sinken. In der Summe sollen mehr Freiräume in deiner Tagesplanung entstehen. Unterm Strich sollst du durch einen cleveren Minimalismus mehr vom Leben haben. Weniger bringt in diesem Fall eine höhere Lebensqualität.

Bevor wir richtig durchstarten, sollten wir uns kurz dem Modebegriff Minimalismus widmen, damit wir uns nicht missverstehen. Minimalismus ist eines dieser Reizwörter, die man in diesen Tagen ständig um die Ohren geschlagen bekommt. Für den Einen steht Minimalismus für Verzicht, die Andere sieht darin einen Mehrwert an Lebensfreude. Genau dort, im Persönlichen und in der eigenen Einschätzung, ist der Ansatz unserer minimalistischen Ausgeglichenheit.

Es geht ausschließlich um dein Empfinden, nicht um irgendwelche Vorgaben der Gesellschaft. Ich bin mir sicher: Nur ein individueller Dreisatz aus Zeit X Geld X Besitz sorgt für gute Nerven und ein entspanntes Leben. Die einzelnen Gewichtungen und Schwerpunkte sorgen für das persönliche Lebensglück. Manch einer braucht viele Schuhe, um glücklich zu sein. Der Nächste hat mehr vom Leben, wenn er/sie/es den halben Tag im Garten verbringen kann.

Gesucht ist dein Zen, deine goldene Mitte der Ausgeglichenheit. *Ommm, Ommm, Ommm!* Die minimalistische Balance ist die richtige Mischung für *dich*. Wir wollen die Kombination aus weniger Stress, mehr Zeit, weniger Dingen und mehr Geld, die dein Leben bereichert.

Auf dich warten Ratschläge über gesunden Verzicht, Sparsamkeit und notwendiges Loslassen sowie über sinnvolles Einkaufen und wünschenswerte Veränderungen in Sachen Freizeit. Ziel ist, dass Einsparungen stets an einer anderen Stelle zu einem Mehrwert führen. Wenn man beispielsweise weniger Dinge kauft, die man eigentlich nicht braucht, könnte man im Gleichschritt weniger Stunden pro Monat arbeiten, oder?!

Da die minimalistische Balance ausschließlich deinen Bedürfnissen entsprechen soll gilt: Du darfst dich immer ausklinken, wenn es um Themen geht, bei denen du keinerlei Veränderungen anstrebst. Jeder hat gewisse Ansprüche an sein modernes Leben, die man sich nicht nehmen lassen muss. Wenn man in der leeren Wohnung den ganzen Tag grübelt, wie man auch den letzten Cent einsparen kann, ist das ja auch nicht so wünschenswert wie Weihnachtsgeschenke von Knecht Ruprecht.

Kommen wir noch schnell zum Aufbau dieses Buches. Dieser Ratgeber wurde in viele kurze und knappe Kapitel zerstückelt. Die Reihenfolge ist bunt gemischt. Es kommen beispielsweise finanzielle Tipps, nachdem wir uns um Zeitverschwendungen gekümmert haben. Auch das Lesen soll ausgewogen sein. Ich fände es nämlich erschlagend, zum Beispiel seitenweise gepredigt zu bekommen, wieso, weshalb und warum man nichts einkaufen sollte.

Damit du weißt, was dir in dem jeweiligen Kapitel blüht, findest du meine Einschätzungen der betroffenen Bereiche unter der dazugehörigen Überschrift. Dadurch weißt du nicht nur, was dich erwartet, du kannst gewisse Kapitel auch überblättern, falls du momentan auf andere Bereiche mehr Wert legst.

Und nun ist es an der Zeit, den Autopiloten deiner eingefahrenen Lebensführung auszuschalten und das Steuer eigenhändig zu übernehmen.

Keine Sorge, dein Leben wird durch die Veränderungen keine Bruchlandung machen, denn du wirfst lediglich unnötigen Ballast ab.

Mein Weg.

Ich habe skizziert, was grob ansteht. Da ich dir einiges abverlangen werde, sollte ich meiner Einer ein paar Zeilen widmen und meinen Weg zum Minimalismus skizzieren. Du hast schließlich ein Recht zu erfahren, warum ich mich hier so aufspiele.

Wir wollen nicht mal hier unnötig Zeit verschwenden, es wird daher keine detaillierte Lebensgeschichte, sondern ein Schnelldurchlauf. Also steigen wir mal in die Zeitmaschine und werfen auch direkt den Zeitraffer an, damit ich dich nicht mit Details langweile.

Ich habe schon als Kind gerne gesammelt. Neben den Figuren aus den bunten Eiern unter anderem auch Koffer, Hüte und Videospiele. Der Sammelwahn wütete weiter bis ins Erwachsenenalter.

Das Motto meiner Familie war irgendwann: *Der Anders kann alles brauchen.* Hatte jemand zu viel, landete es bei mir. Und so sah es in meinem Zuhause auch aus. In der 3ZKB-Wohnung war ein Raum nur mit Plunder vollgestopft. Die Tür war dauerhaft verschlossen, die Kammer des Schreckens war mir einfach zu peinlich. Nicht nur gegenüber meinem Besuch, ich habe mich vor mir selbst geschämt. Ich habe mich nur noch in den Raum getraut, um in einer einsamen Minute noch mehr reinzuquetschen oder den Wertstoffmüll rauszuholen.

Es ist ein seltsames Naturgesetz, doch wer schon viel hat, findet auch immer noch etwas, das *voll gut* dazu passt. So war meine Entspannungstherapie nach getaner Arbeit oftmals Shoppen, manchmal Einkaufen und zwischendrin durchaus mal Bestellen. Die anderen Zimmer sollten dem Vorbild ihres fülligen Geschwisterchens also folgen.

Ein paar Jahre vergingen. Ich habe meine Schränke und Regale nicht nur gefüllt, sondern auch Unzufriedenheit angestaut. Mein unbefriedigendes Hobby hinterließ Spuren. Und irgendwann, wenn man schluckt und schluckt, wird der Druck zu hoch. Der Kessel hat gepfiffen. Etwas musste passieren, sonst wäre ich explodiert.

Ich habe den Messie in Ausbildung in meinem Spiegel angemotzt: *Du hast sooo viel Zeug angeschleppt, das ich nie benutze! Du kaufst ständig Kram, den ich nicht brauche!* Jede Erwiderung begann mit dem berühmten *Aber*, auf das eine unzureichende Rechtfertigung folgt. Nach einer langen Diskussion mit diesem hässlichen Knaben habe ich mir vorgenommen, den ganzen unnötigen Mist zu entsorgen. Leichter gedacht, als getan. Mentale Blockade kombiniert mit störrischen Gliedmaßen: Ich konnte nicht einfach alles wegwerfen. Wie sich zeigte, bin ich ein Könnte-Man-Noch-Brauchen-Typ. Dieses Gen wurde mir in die Wiege gelegt, wenn ich mir die Besitztümer meines Opas und meiner Mutter so anschaue. Ich konnte nicht einfach alles wegwerfen, also musste eine gute Strategie her. Der Grundstein für dieses Büchlein wurde gelegt. Im Laufe der Zeit habe ich mir Tricks und Kniffe angeeignet. Ich habe an Taktiken gefeilt, wie man Sachen schmerzlos loswerden kann. Geklappt und abgehakt.

Das langgezogene Ausmisten hat mir sehr gut gefallen, Erfolgserlebnisse spornen bekanntlich an. Ich wollte nun nicht nur weniger Dinge haben, sondern auch weniger Geld ausgeben. Da ich nun kein vollgestopftes Zimmer, sondern einen ungenutzten Raum hatte, stand bald ein Umzug an. Weniger Fläche steht ja meistens nicht nur für weniger Platz zur Lagerhaltung, sondern auch für geringere Mietkosten. Und siehe da: Auch Geld sparen macht Spaß.

Im Laufe der Zeit suchte und fand ich immer mehr Wege, um weniger Kosten zu verursachen. Ich habe mein Konsumverhalten geändert, ich wurde sparsamer und effizienter. Nun könnte ich behaupten, dass mir die Entwicklung leicht gefallen ist, dass alles ganz logisch und einfach war. Aber dann würde ich dir dreist ins Gesicht lügen. Ich hätte unser inniges Vertrauensverhältnis zerstört, bevor wir im Geiste unsere angespuckten Hände schütteln können. Und dieses wundervolle Erlebnis würde ich mir nicht im Traum entgehen lassen!

Nicht viel Zeug haben und wenig Geld ausgeben, das ist schön und gut. Es entsteht aber ein Ungleichgewicht, wenn man sehr lange arbeitet, dafür jedoch kaum etwas vorweisen möchte. Ich nahm mir deshalb vor, die Genügsamkeit gleichmäßig auf mein Leben zu verteilen, so richtig ausgeglichen, damit jede Ecke was abbekommt. So, wie wenn man eine Stulle für ein Kind schmiert, das man mag.

Nächster Stopp: Mehr Zeit für mich, meine Hobbys und Interessen, zudem nicht so vielen Verpflichtungen zu unterliegen. Das mit mehr Zeit hat nur bedingt funktioniert. Mein Tag hat selbst mit einem zusammengedrückten und einem zwinkernden Auge noch kümmerliche 24 Stunden. Aber mir gelang es, mehr frei verfügbare Zeit freizuschaufeln, die ich nach eigenem Gutdünken nutzen konnte. Beispielsweise mit dem

Schreiben dieses Buches, wodurch wir den Bogen zurück zu dir schlagen können.

Ich verspreche dir hoch und heilig, dass ich dir keine Tipps aus dem Elfenbeinturm der Theorie geben werde. Ich habe Praxiserfahrung, weil ich praktisch jeden Fehler gemacht habe, den du dir ersparen darfst. Da ich so durchschnittlich bin wie eine 3- in Mathe, gehe ich davon aus, dass meine Lösungen für ein Ausnahmetalent wie dich ein Klacks sein werden.

Und ganz wichtig: Bei jedem Tipp ist ausschließlich die Implementierung in deinen Alltag wichtig. Du musst weder so wenig Dinge wie ich besitzen noch musst du deinen Job kündigen, um minimalistisch zu leben. Du musst deine eigenen Entscheidungen treffen. Überdenke bei jedem Ratschlag, wie sehr Veränderungen bei dem entsprechenden Bereich deine minimalistische Balance beeinflussen. Es geht schließlich bei diesem Balanceakt exklusiv darum, dass du dein Leben so leben kannst, wie du möchtest.

Ich bin überzeugt davon, dass es viele Bereiche gibt, in denen du dich zu verschwenderisch fühlst. Ob du nun zu viel Zeit vergeudest, zu viel Geld ausgibst, zu viel konsumierst oder zu unterwürfig bist, du wirst hoffentlich genügend Anregungen finden, damit dieser Ratgeber bis zum letzten Satz lesenswert ist.

Das erste Kapitel, puh, wo fangen wir an ...

Entrümpeln oder das kann weg.

weniger Dinge

Es ist keine Kunst zu erkennen, dass du zu viele Sachen besitzt. Die Regale sind voll. Dass deine Schranktüren geschlossen sind, ist besser so. Nimm dir ein Beispiel an den Bäumen und ihren Blättern im Herbst. Es gilt auch im Kreislauf jedes Produktlebens, dass man irgendwann loslassen muss.

Der große Brocken rund um das Entrümpeln soll unser erstes Thema sein. Es handelt sich dabei nämlich um eine dankbare Aufgabe. Man sieht sofort, dass man etwas geleistet hat. Sichtbare Erfolge sind immer ein guter Grund, um weiterzumachen. Entrümpeln legt daher den Grundstein für ein minimalistisches Leben.

Dass sich im Laufe der Jahre einiges ansammeln kann, ist verständlich. Es gab verlockende Sonderangebote, unerwünschte Geschenke und reichlich Fehlkäufe. Dinge haben ausgedient, wurden nicht entsorgt, aber ersetzt.

Die Sache mit den Sachen, die nicht mehr zu dir passen, ist eigentlich eindeutig. Es ist doch so, dass es sich bei deinen *ehemaligen* Kostbarkeiten nur noch um Hausbesetzer handelt. Jeder hat etliche Habseligkeiten, die ihren Zenit überschritten haben.

Sie sind überall! Die kleinen Gesellen sind clever. Sie nisten sich in Ecken ein. Sie verbarrikadieren sich in Schränken. Sie verstecken sich so gut, dass du vergisst, dass sie überhaupt existieren. Die unnötigen Dinge in Haus, Wohnung, Keller, Garage und Garten sind wie Schimmel. Sie vermehren sich immer weiter! Erst im Keller, dann auf dem Speicher, schließlich in deinem Lebensraum. Wenn es ganz schlimm wird, muss man seinen Körper im Alltag um nutzlose Sachen manövrieren. Es wird wertvolle Lebenszeit verschwendet, wenn man zu viel besitzt.

Damit nicht genug. Es ist wie beim Übergewicht: Wenn man zu viel hat, fühlt man sich nicht mehr wohl. Die Wohnung wird zur Problemzone, wenn man zu viel Zeug angesammelt hat. Und Entrümpeln ist manchmal ähnlich schwer wie das Abnehmen.

Nachdem man die Kandidaten entdeckt hat, muss man sie als Raumräuber anerkennen. Gar nicht so einfach! Zwei der willkommenen Ausreden, warum man Objekte behalten könnte, sind

- *Braucht-Man-Bestimmt-Irgendwann-Mal-Wieder.*

- *Ist-Noch-Was-Wert.*

Für Sammler, Geizhälse, Bastler und Hamsterer sind das gute Gründe. Für Leute, deren Ziel es ist, mit weniger auszukommen, ist es Humbug. Wenn man sich erst ausdenken muss, inwiefern man eine Sache noch gebrauchen könnte, bildet man sich deren Notwendigkeit nur noch ein. Warst du ein Hypochonder des Besitzes, ist nun ein guter Zeitpunkt sich gesund zu fasten. Die Überwindung, sich von Sachen zu trennen, ist ein schwerer Schritt. Was danach kommt ist Freiheit. Wenn die Dinge weg sind, gewinnst du Freiraum für dein Leben.

Da der Anfang immer klein sein darf, würde ich dir empfehlen, bei deinem Geldbeutel anzufangen. Nicht nur als weichen Einstieg in den minimalistischen Besitz, sondern auch als Sicherheitsmaßnahme. Dein Geldbeutel ist dein ständiger Begleiter. Egal, welcher Typ Mensch du bist, ob du ein Draufgänger bist, der sich den Geldbeutel in die hintere Hosentasche steckt, oder eine feine Dame, die eine Clutch für das Portemonnaie mit sich herumschleppt: Du hast deinen Geldbeutel immer dabei. Und das birgt gewisse Risiken. Denn was man hat, kann man verlieren. Ich will jetzt garantiert nichts heraufbeschwören, aber was wäre, wenn du den Geldbeutel zücken möchtest und plötzlich ins Leere greifst!?! Du hast da dein halbes Leben dokumentiert: Ausweise, Berechtigungsscheine, Geldkarten, Mitgliedschaften, Kontakte. Was, wenn ein zwielichtiger Geselle deinen Geldbeutel in die Hände bekommt? Dieser Identitätsdiebstahl wäre eher eine geschenkte Persönlichkeit, denn leichter als durch den Leichtsinn, all das Wichtige in eine kleine Mappe zu pressen, kann man es Verbrechern kaum machen.

Eine Regel des Minimalisten lautet: Der Besitz muss sich immer dem Bedarf anpassen. Oftmals ist es ausreichend, wenn man nur seinen Personalausweis mitnimmt. Wenn man weder Geld abheben möchte noch mit ihr bezahlen will, darf die Bankkarte zuhause bleiben. Wer zu Fuß unterwegs ist, braucht den Führerschein nicht. Wer gesund ist, braucht kein Versicherungskärtchen. Wenn du um die Ecke zum Bier holen gehst, brauchst du nicht deine Stempelkarte vom Frisör. Der Ausweis fürs Fitnessstudio ist unnötiger Ballast beim Waldspaziergang. Überleg dir mal, wie viel Stress, welche Unmengen an Telefonaten und Formularen du dir ersparst, sollte nicht ein prall gefüllter Geldbeutel abhanden kommen, sondern das aufs Nötigste reduzierte Portemonnaie.

Denk daran, dass du deinen Geldbeutel fast ununterbrochen trägst. Der kann im wahrsten Sinne des Wortes ein Klotz am Bein sein, wenn Volumen und/oder Gewicht zu hoch sind. Es ist minimalistisch, wenn du nur noch die abgespeckte Version mitnimmst.

Es genügt, wenn du an dem Ort, wo du deinen Geldbeutel zuhause ablegst, ein bisschen Platz für deine Dokumente schaffst. Es dauert nur ein paar Sekunden, den Geldbeutel vor dem Verlassen des Hauses zu packen, wenn man halbwegs Ordnung hält. Je nach Tagesablauf kann man dann Dinge wie Geld, Fahrkarte oder sonstigen Papierkram mitnehmen. Sollten die Karten am jeweiligen Tag nicht benötigt werden, lagern sie zuhause viel besser.

Schnappe dir deine Geldbörse, gleich wirst du zum Mini-Minimalisten. Teile den Inhalt deiner Geldbörse auf verschiedene Stapel:

- täglich

- regelmäßig

- manchmal

Und schon ist das Teil, das du ständig mitschleppen musst, leicht wie eine Feder. Gut, es ist eine Feder aus Leder, aber trotzdem leichter als vorher.

Da wir entrümpeln, muss natürlich noch das Überbleibsel unserer Aktion angesprochen werden: Müll. Telefonnummern von Fremden, Kassenzettel, Visitenkarten, Gutscheine, abgelaufene Coupons. Da hast du ganz schön gesammelt. Da wandert einiges in den gleichnamigen Eimer, oder? Und nun darfst du mit den zusammengeknüllten Kügelchen Basketball am Papierkorb spielen! Volltreffer! 3 Punkte!

Du siehst: Es macht Spaß, unnötigen Ballast loszuwerden.

Ich hoffe, dass du nun in der richtigen Stimmung bist. Jetzt musst du dich nämlich überwinden und größere Dinge vor die Tür setzen.

Sperrmüll.

Es ist Zeit für die großen Brocken. Bei dieser Aktion dreht es sich um das Aussortieren von Staubfängern.

Wieso? Weil es gute Gründe gibt.

Entrümpeln ist nicht nur die offensichtlichste Lösung gegen den Warenwucher in Haus und Garten, es erleichtert das Gemüt. Versprochen! Dein Besitz spiegelt ja auch in gewissem Maße deine Verfassung wieder. Wer bei sich Ordnung schafft, räumt zugleich im Inneren auf. Ich will nicht sagen, dass du ein Chaot bist, weil du unordentlich bist. Alles behalten ist aber, wie Probleme in sich reinfressen. Das geht bis zu einem gewissen Maße, dann wird es krankhaft. So, wie man sich manchmal die Sorgen von der Seele reden muss, muss man auch wegwerfen können. Sich zu überwinden bringt nicht nur Freiräume, auch dein Gewissen wird erleichtert. Und ein leichteres Leben ist nun mal zu erstreben.

Du machst dich jetzt auf die Suche nach Sachen, die einfach nur noch weg müssen. Gesucht ist Zeug, das niemand mehr will. Der gesuchte Sperrmüll besteht aus Dingen, die sogar geschenkt noch zu teuer sind. Man müsste Leute dafür bezahlen, dass sie es annehmen.

Jeder hat Sperrmüll angesammelt. Bei diesen Dingen war man bisher einfach nur zu träge, sie zu entsorgen. Solche Kandidaten finden sich oft im Keller, auf dem Speicher oder in der Garage. Manche funktionieren nicht mehr. Einige sind vom vorletzten Umzug. Viele haben mittlerweile die Farben gewechselt. Keine Sorge, sie sind leicht zu finden, es sind keine guten Chamäleons. Meistens sind sie jetzt schimmelgrün oder aschgrau. Alter Fernseher, ausgedienter Lattenrost, wackeliges Regal, Tapeten von Anno Dazumal, Schuhkartons mit Kram, Kartons voller Schuhe, all diese Sachen kann man unter dem Sammelbegriff Sperrmüll zusammenfassen. Sie versperren dir den Weg in ein freieres Leben, also ist es Zeit für die Müllhalde. Schnapp dir Zettel und Stift, damit du erstens einen Überblick behältst und zweitens nichts vergisst?! Du wirst überrascht sein, wie viel sich schon bei der ersten Inspektion auftreiben lässt.

Ja, doch. Das muss jetzt sein. Bau einen Turm der Schande. Bastel dir deine eigene Müllhalde im Wohnzimmer, Keller oder Hof, wenn du dir keine Chance für einen Rückzieher lassen möchtest. Ansonsten heißt es bei der nächsten Gelegenheit: Raus aus deinem Verantwortungsbereich mit dem Zeug!

Wie wäre es, wenn bei der Sperrmüllaktion Volksfeststimmung herrscht? Knall dir drei Bier, drei Weinschorlen oder einen Cocktail und einen Schnaps hinter die Birne. Bei jedem Teil, dass deine Wohnung verlassen muss wie Zicken das Camp im Dschungel, grölst du ihnen hämische Gesänge hinterher. *Auf Nimmerwiedersehen! Na na na na, hey hey hey. Gooodbye!*

Sobald die Mülltonnen und Container in deiner näheren Umgebung vollgestopft sind wie Onkels beim Familienessen, geht es an die großen Stücke. Auch alte Möbel und ähnliche Giganten lassen sich einfach loswerden. In vielen Städten kann man Großmüll abholen lassen. Sollte das etwas kosten, ist es gut investiertes Geld. Es ist auf jeden Fall besser, als auf die städtische Sperrmüllabfuhr zu warten, weil man dadurch keine Chance mehr hat, es sich nochmal anders zu überlegen. Auch ein paar Touren auf die örtliche Mülldeponie oder ähnliche Abladestationen sind kein Staatsakt. Wenn du schweres Gerümpel hast, trommele eine Mannschaft zusammen. Wie oft hast du fleißiges Bienchen denn schon bei Umzügen geholfen?! Es ist Zeit, Schulden und die berühmten Gefallen einzufordern. Bei der Abfallentsorgung bewahrheitet sich die Devise *viele Hände, schnelles Ende*. Wenn alle anpacken, habt ihr es im Nu hinter euch.

Mach dir keine Sorgen wegen deiner Helfer. In deren Keller und Abstellkammern sieht es genauso aus. Da man mit fremdem Müll noch rabiater umgeht als mit eigenem, werden Familie und Freunde kurzen Prozess mit Couch, Leuchtern oder den undefinierbaren Porzellanstücken machen. Wahrscheinlich bekommen sie in der Eile gar nicht mit, was da gerade zerfetzt wird.

Glaub mir, wenn die Sachen weg sind, überkommt dich ein Kribbeln der Erleichterung. Dieser ganze Müll hat sich nämlich doch ganz unbewusst im Unterbewusstsein eingenistet.

Willst du das beste wissen? Du musst es nur einmal machen. Was weg ist, ist weg!

Man kann es nicht oft genug wiederholen, es ist ganz wichtig: Lass es nicht nur bei einem Plan bleiben, setze das Vorhaben so früh wie möglich um. Heute kannst du auf jeden Fall anfangen, Säcke zu stopfen, Tonnen zu füttern und Möbel handgerecht zu zerlegen. Das ist das Mindeste!

Der Weg zum Glück ist diesmal schweißtreibend, versuchen wir es deshalb mit einer Prise Positivität! Ein schöner Nebeneffekt vom Ausmisten: Man bewegt sich mal wieder, man ist beschäftigt, man ist auf Zack. Am Ende des Tages hast du ein tolles Workout hinter dir und ein *Nichts* vorzuweisen. Wer in Aktion tritt und Sperrmüll entsorgt, wird garantiert mit Glücksgefühlen belohnt.

Ausmisten.

Zweites Level! Nächster Schwierigkeitsgrad!

Wenn man ohnehin gerade am Entrümpeln ist, kann man auch dafür sorgen, dass es sich lohnt. In deiner Wohnung wirst du Etliches finden, dass du rauswerfen könntest, weil das Teil dein Leben nicht besser macht. Dinge, die zwar nicht dauerhaft stören, aber nicht vermisst würden, gehören in keinen minimalistischen Haushalt.

Nimm dir ein paar Minuten und schlendere durch die Zimmer. Du wirst materiellen Überfluss entdecken, der weg kann und deshalb jetzt ausgemistet wird.

Ein paar Anregungen gefällig?!

- Sitzgelegenheiten, die so unbequem sind, dass man lieber stehen bleibt.
- Bilder, die man ganz bewusst übersieht.
- Dekoration, die keine bewundernden Blicke, sondern nur Staub

anzieht.

- Geschenke, die du dir nie gewünscht hast.

Es gibt viele Gründe, warum man sich gegen den Verbleib eines Gegenstandes entscheiden kann. Nicht nur Zeiten ändern sich. Auch Dinge, die zwar noch genauso aussehen wie früher, dürfen kritisch beurteilt werden. Durch technischen Fortschritt oder Weiterentwicklung von Geschmack und Persönlichkeit, muss man sich von Sachen trennen. Das ist der Lauf der Dinge, wenn man nicht in einem Warenlager versinken will.

Hat eine Sache ihren Zenit überschritten, kann sie weg. Wenn du zögerst, etwas in die ewigen Jagdgründe zu schicken: Entscheidend ist der aktuelle Wert – sowohl der materielle als auch der immaterielle. Klar, das Teil hat mal viel gekostet. Klar, du fandest es mal toll. Aber heute ist es leider nichts mehr wert. Es ist kein guter Wein, der nicht älter, sondern besser wird. Es ist Schrott, der verschrottet werden darf. Selbst wenn du manchen Sachen ganz subjektiv gönnen würdest, dass sie für immer wertvoll bleiben, sind sie in der objektiven Betrachtung nur noch Müll. Und müssen deshalb auch so behandelt werden.

Ein weiterer Grund, ein Teil auf den Ausmisthaufen zu verbannen, ist der schwindende Nutzen. Wenn dir ein Teil einerseits sehr wenig bringt, aber sehr viel Arbeit macht, spricht viel dafür, es zu entsorgen. Stichwort Abstauben. Stichwort Pflege. Nehmen wir halbtote Blümchen. Die Dinger waren mal bunt und farbenfroh. Doch seit geraumer Zeit ist es ein tristes Dasein auf dem Fensterbrett. Mal werden sie gegossen, mal müssen sie Diät halten. Wenn du vergisst, die Rollläden hochzuziehen, sieht es tagelang ganz schwarz für sie aus. Dann kommt ein neuerlicher Rettungseinsatz. Schuldbewusst wird der teure Spezialdünger gekauft, um das Grünzeug wieder auf Halbmast aufzupäppeln. Die Pflanzen bringen ein bisschen Freude, machen etwas Arbeit, bereiten kleinere Sorgen und verursachen nennenswerte Kosten. Es entsteht daher ein minimalistisches Ungleichgewicht. Aussortieren!?

Eine andere Beschäftigungsmaßnahme sind Lampen, die zwar leuchten können, bei denen aber kein wichtiges Licht aufgeht. Du hast bestimmt auch so eine Kandidatin: Irgendwann mal gekauft, weil man solche Teile eben kauft, wenn man durch das Möbelhaus geht und sich auf die neue Wohnung freut. Nach dem Einzug zeigt sich der Fehlkauf, denn eigentlich reicht für die gewünschte Helligkeit die Birne an der Decke. So ein Teil verursacht Schwermütigkeit in einem leichten Leben, weil es mietfrei bei dir wohnt, und gereinigt und gepflegt werden will. Sie frisst immer mal wieder Strom, will viel zu häufig abgestaubt werden. Solch einseitige Beziehungen lassen sich sonst nur Teeniemädchen, die sich vor lauter Selbsthass ritzen, gefallen.

Nutzt du ein Teil höchstens sporadisch? Dann besser gar nicht!

Sachen, die nur aus Schuldbewusstsein in Benutzung sind, benötigt man nicht. Und wenn man etwas nicht benötigt, kann man es auch unnötig nennen.

Es herrscht bei den Zweifelsfällen Unsicherheit. Man stellt sich die Frage: Brauche ich es irgendwann vielleicht doch nochmal oder nicht? Im Ausland hat sich ein schöner Spruch etabliert: *When in doubt, throw it out.* Um mit ein wenig Hintergrundwissen zu blenden: Diese Weisheit stammt aus der Prä-Kühlschrank-Zeit. Gemeint waren Lebensmittel, bei denen man sich nicht sicher war, ob sie noch genießbar sind. Solltest du kein Ausländisch (in diesem Fall das ungewöhnliche Englisch) sprechen, übersetze ich dir die Sache so: *Wenn du unsicher bist, wirf es raus.* Unsere Variante ist: Wenn du dir nicht sicher bist, ob du einen Gegenstand noch brauchen könntest, entsorge ihn. Sollte das Entsorgen ein Fehler gewesen sein, sorgst du eben für Ersatz. Das kannst du dann positiv sehen: Wenn du ein Ding wirklich vermisst, kannst du endlich mal wieder etwas Nützliches kaufen!

Du hast bestimmt so einige Stücke, bei denen du sogar überlegen musst, zu welchem Zeitpunkt du sie das letzte mal benutzt hast. Wenn du beim Nachdenken bereits in die dunkelgrauen Zellen vorstoßen musst, kann es mit großer Wahrscheinlichkeit weg. Dies wird beispielsweise der Fall bei Utensilien sein, die zu deinem früheren Ich gehört haben. Interessen und Geschmäcker ändern sich nun mal. Alten Hobbys darf man eine Chance geben, vergangenen Zeiten auch nachtrauern, aber nach dem dritten Bandscheibenvorfall und dem vierten Hexenschuss sollte man sich eingestehen, dass man kein Spitzensportler mehr wird. Gib beispielsweise deiner staubigen Ausrüstung den Gnadenstoß.

Auch bei weniger offensichtlichen Staubfängern ist der Verlust verschmerzbar und fällt nicht weiter auf. Du hast mit den Dingen möglicherweise schon Jahrzehnte verbracht, aber die Trennung wird schmerzlos. Keine Sorge, du wirst den Platzfressern nicht nachweinen. Der Mensch ist nicht nur anpassungsfähig, er vergisst und er verdrängt. So eine grandiose Persönlichkeit wie du, kommt auch mit dem harten

Schicksal, ohne *Gegenstand hier bitte einsetzen* leben zu müssen, zurecht.

Wenn du beim Aussortieren zum Richter wirst, bist du gleichzeitig auch Henker. Neigst du zu übertriebenem Mitleid? Dann gibt es eine gute Methode, sich vor der persönlichen Verantwortlichkeit zu drücken. Durch einen Blick auf das jeweilige Verfallsdatum kannst du die Entscheidung ganz wissenschaftlich und bürokratisch fällen. So musst du dein Gewissen nicht belasten.

Vielleicht hast du schon mal von 12 Monaten als Grenze gehört. Etwas ein Jahr unangetastet zu lassen, ist zwar ein hartes Stück, aber berechtigt es, das Teil wegzuwerfen?! Für mich ist das eher der Frühherbst der Schonfrist. Man denke an einen dicken Mantel. Wenn der Winter mild war, es nicht mal weiße Weihnachten gab, kann es schon mal sein, dass eine Jacke nicht benutzt wurde, obwohl man sie noch benötigen wird. Meine Variante: 24 Monate links liegen gelassen heißt, dass ihr keine Freunde mehr seid.

Sogar du wirst mir zustimmen, dass Dinge, die seit 730 Tagen beziehungsweise 17520 Stunden nicht mehr im Einsatz waren, entlassen werden sollten, oder? Abgesehen von deinem Familienfotoalbum kann so ziemlich alles, was seit zwei Jahren in einem Schrank schmort und keine rechtlichen Aufbewahrungsfristen hat, entfernt werden.

Wenn es dir als Ansporn oder zur Überwindung hilft: Es fällt zwar viel an, das du dadurch aussortierst, aber du schaffst ja eigentlich Platz für Neues. Wir verschweigen unserer Gier einfach mal, dass wir diesen Freiraum nicht füllen werden.

Ich verstehe, dass das Loslassen schwer fällt, aber Dinge zu behalten, die man weder benötigt noch benutzt ist schlicht verschwenderisch. Kein Minimalist braucht Dinge, nur weil sie noch was wert sind oder man sie möglicherweise irgendwann vielleicht unter gewissen Umständen nochmal brauchen könnte.

Wir wollen entrümpeln! Wir wollen Zeug vor die Tür setzen!

Während du überlegst und entscheidest und räumst und tust und machst, kannst du einen Zu-Verschenken-Karton auf den Gehweg stellen. Jeder freut sich, wenn er etwas auf der Straße findet – sogar deinen alten Kram. So tust du anderen einen Gefallen, und musst weniger wegwerfen.

Wackelkandidaten auf dem Abstellgleis.

Ich könnte jetzt schreiben, dass die Trennung von unnötigen Dingen kein Problem ist. Ich könnte dir sagen, dass du dich nicht so anstellen sollst. Aber die Wahrheit ist, von manchen Dingen, die weg sollten, kann man sich eben nicht einfach so lösen.

Entrümpeln war einer der Bereiche, bei dem ich mir besonders schwer tat. *Sachen, die noch funktionieren wegwerfen? Unding! Frevel! Verschwendung!* In den heiklen Fällen half mir eine Strategie, die zwar nicht effektiv war, aber mit etwas zeitlicher Verzögerung alle unnötigen Sachen des Hauses verwies.

Als erstes muss die Entscheidung getroffen werden, dass man etwas nicht mehr braucht. Dann fehlt jedoch noch die Überwindung. Bestimmt bleibt auch bei deiner Entrümpelungsaktion das ein oder andere Teil über, das du doch nicht entsorgen kannst. Falls es bei dem letzten Schritt der Entsorgung hapert, leistet das Abstellgleis die letzte Überzeugungsarbeit. Die Gier wird ausgetrickst, denn wir rücken die Sachen nur von A nach B. Das ist offensichtlich nicht das Ziel, aber es ist der Anfang der Lösung.

Das Abstellgleis funktioniert ganz einfach: Durch die vorangegangene Säuberungsaktion solltest du genügend ungenutzte Lagerflächen haben. Räume ein Möbelstück frei. Im Idealfall ein Regal an einem viel frequentierten Ort. Wenn du ein bisschen Tetris spielst, sollte es null Problem sein, deinen Wackelkandidaten einen eigenen Bereich zu widmen. Das wird dein Regal der Schande, durch das du regelmäßig mit den Dingen konfrontiert wirst, die du eigentlich gerne loswerden würdest. Deine Sammelstelle darfst du auf keinem Fall im Keller haben. Mach dir klar, dass man die meisten Sachen, die man im Keller lagern kann, direkt entsorgen sollte! Die werden dann echt nicht mehr gebraucht.

Zurück zum Abstellgleis: Alle Sachen, von denen du dich noch nicht trennen kannst, werden auf das Abstellgleisregal geräumt. Alle Wackelkandidaten, bei denen du noch überlegen musst, bei denen du die obligatorische Nacht drüber schlafen willst, gehören auf das Abstellgleis.

Dort darf das Zeug Staub fangen, verbleichen und dir auf die Nerven gehen, weil du es einfach nicht anrührst. Denn: Wenn du etwas tatsächlich noch benutzt, musst du es ja vom Abstellgleis nehmen.

Wie lange du deine Kandidaten auf die Folter spannen möchtest, bleibt dir überlassen. Aber mach dir bewusst, dass auch diese Dinge ihren wohlverdienten Tod sterben möchten. Ich bin mir sicher, in einer fernen

Zukunft überkommt dich der Tatendrang. Und dann ist das Abstellgleis dran. Meine Glaskugel sagt: In einem starken Moment einige Wochen später wirfst du die ersten Dinge weg.

Bis du es blank geräumt hast, ist dein Regal ein Ausstellungsstück deines Überflusses. Dadurch wirst du daran erinnert, dass du es gar nicht nötig hast, neue Dinge zu kaufen. Solange das Abstellgleis viele Gäste hat, solltest du dir ein Kaufverbot auferlegen. Apropos Gäste!

Ein willkommener Anreiz ist ja immer, dass man für seine Sachen noch etwas bekommt. Und sei es nur ein Lächeln. In diesem Sinne kannst du deinem Besuch Sachen aus dem Regal als Abschiedsgeschenk anbieten. Dann weißt du auch, dass die lieben Kleinen in guten Händen sind.

Trennung ist käuflich.

Aber es geht auch profitorientierter. Ich habe alle meine Wackelkandidaten auf einigen der diversen Onlinemarktplätze angeboten. Durch das finanzielle Abschiedsgeschenk war der Abschiedsschmerz erträglich. Und nachdem man einen rechtlich-bindenden Vertrag eingegangen ist, steht man sowieso vor vollendeten Tatsachen. Man muss zwar Zeit investieren, aber wenn man nach und nach Sachen loswird, ist es das wert.

Reich wird man mit seinem alten Plunder wahrscheinlich nicht. Manchmal bekommt man nur wenige Euro Trennungsschmerzensgeld. Es geht ja auch weniger ums Finanzielle, sondern um die verpflichtende Veräußerung. Das muss man sportlich sehen. Da spielt es fast schon keine Rolle mehr, ob man einen Reibach oder Reinfall macht.

Es gibt im Internet genügend Adressen, um Dinge zu verkaufen. Bücher, Kleidung, Elektronik, Spielsachen, Geschirr: Durch ein wenig Recherche findest du für jede Produktgruppe eine passende Zielgruppe. Um keine Zeit zu verschwenden, solltest du dich auf wenige Marktplätze beschränken. Empfehlenswert sind natürlich die Plattformen, die im Moment angesagt sind. Man kennt es ja mit den Trends. Da kann sich ständig etwas ändern, daher nenne ich hier keine Namen. Und auch, weil ich nicht wegen *irgendwas, irgendwas, Markenrecht* verklagt werden möchte.

Da das Einstellen schneller geht, wenn man es direkt mit mehreren Dingen macht: Geh nochmal auf Beutezug. Ob Abstellgleis, Regal oder Schrank, du findest bestimmt etliche Weggefährten, die du für das passende Mitgift ziehen lassen würdest.

Ein Kniff, um den Aufwand beim Anbieten zu reduzieren, ist der gebündelte Verkauf. Sammlungen, Kleidungspakete, Kochsets oder Bücherreihen bringen dir durch den Mengenrabatt vielleicht weniger Geld, aber du sparst dir das einzelne Einstellen, Verpacken und Verschicken. Und damit Zeit.

Trotz unserer digitalisierten Welt muss natürlich nicht alles über einen Bildschirm laufen. Flohmärkte sind eine gute Idee, wenn man entweder Sachen hat, die für viele Menschen interessant sind oder einen passenden Themenmark findet. Das Reinholen der Kosten wie Sprit und Standgebühr sollte dein einziges Ziel sein. Ich würde mich an deiner Stelle lieber herunterhandeln lassen, als den Kram wieder nachhause zu tuckern. Dieses Wochenende findet bestimmt irgendwo ein netter Trödelmarkt statt. Das wäre doch ein schöner Ausflug für dich und deine Lieben!?!

Schlechte Laune kann wertvoll sein.

Im Laufe der Zeit sollte dein Abstellgleis immer leerer werden. Manche Dinge wird man aber einfach nicht los. Am Ende widmen wir uns noch der hartnäckigsten Form der Belagerer: Sachen, die man nicht mehr benutzt, die niemand kaufen will, die man aber trotz viel gutem Willen einfach nicht wegwerfen kann.

Ich habe in meiner Verzweiflung, einfach nichts wegwerfen zu können eine gute Entdeckung gemacht: Zerstörungswut! Ja, das ist genauso destruktiv, wie es klingt. Du musst die Sachen kaputt machen, wenn du dich dazu überwinden kannst.

Du hattest einen schlechten Tag? Hat dich jemand beschimpft? Bist du beleidigt, weil einfach nichts klappen will? Ist dir die passende Antwort zum dummen Spruch deiner Kollegin wie so oft erst auf dem Heimweg eingefallen? Warst du bis abends faul, obwohl du voller Pläne aufgewacht bist? Jetzt ist die Gelegenheit deine Aggressionen abzubauen.

Mach den Mist vom Abstellgleis kaputt!

Trampel drauf herum, steche es ab, zerreiße es, zerfetze es.

So ein bisschen Zerstörungswut tut gut.

Nachrichten oder die Ablenkung hat Sendepause.

weniger Stress, mehr Zeit

Selig ist der geistig Arme! Das war noch nie zutreffender als im Informationszeitalter.

Mit diesem Tipp werde ich vielleicht für Verwunderung sorgen, aber wenn alle Ratschläge 0815 wären, hätte ich ja keinen Ratgeber schreiben müssen.

Ich habe eine einfache Empfehlung, die dir Zeit spart, deine Aufmerksamkeit nicht stiehlt, deine Nerven schont und sogar für ein angenehmeres Miteinander sorgen kann: Wir verhängen eine Nachrichtensperre. Bleib nicht auf dem Laufenden! Es ist Zeit für den Informationsstopp! Zeit für eine Sendepause!

Ja, ich erzähle dir jetzt ernsthaft, dass du ignorant und desinteressiert sein sollst.

Es wird gerne über TV-Junkies gelästert, die sich stundenlang von seichter Unterhaltung berieseln lassen. Wieso es in Ordnung ist, diese Programme zu verteufeln und zu belächeln, aber sogenannte Nachrichten bei der Kritik außen vor zu lassen, erschließt sich mir nicht. Passive Unterhaltung lässt sich über einen Kamm scheren: Man schaltet ab, man tut nichts.

Zeit.

Dass es Zeit kostet, die verschiedenen Informationen zu verarbeiten, ist offensichtlich. Man beschäftigt sich mit dem Konsum von Nachrichten, obwohl man diese Augenblicke auch in gelebtes Leben investieren könnte. Es summieren sich im Laufe der Woche etliche Stunden, die man garantiert besser nutzen könnte.

Der Konsum von Nachrichten jeglicher Arten und Sorten kostet Aufmerksamkeit, die an keiner anderen Stelle verfügbar sein kann. Zeit ist wertvoll, also stellt sich die Frage: Sind Nachrichten die Zeit wirklich wert?

Relevanz.

Firlefanz.

Die Welt vernetzt sich, dadurch werden auch Neuigkeiten globaler. Man erfährt von Dingen, die man eigentlich nicht wissen sollte. Der Schuss ins Blaue ist selten ein Volltreffer. Die Relevanz für dein Leben ist bei den allermeisten Neuigkeiten mehr als fraglich. Man bekommt nicht lokale Nachrichten seines Viertels, *es* betrifft dich nicht mal um drei Ecken. Wie viele Artikel und Beiträge du in deinem Leben wohl schon über die verschiedenen Länder Südamerikas konsumiert hast?! Das mag ganz interessant gewesen sein. Auswirkungen auf dein Leben haben die

Geschehnisse jedoch ungefähr genauso wie ein Mord in einer Seifenoper.

Es wird behauptet, dass man informiert sein muss. Darüber lässt sich streiten. Wieso sollen kleine Häppchen an Informationen über Gott und die Welt wichtig sein? Wann warst du das letzte mal in einem der besagten Länder? Was würde sich ändern, wenn du keine Ahnung hättest, wer dort gerade wessen Amt übernommen hat? Wenn du ehrlich zu dir bist, wäre dein Leben ohne diese Informationen keinen Deut schlechter. Im Gegenteil: Hättest du nicht Zeit gespart und den Kopf frei für eigene Gedanken gehabt?

Ganz nüchtern betrachtet lässt sich festhalten: Es ist Geschichtsunterricht der Neuzeit. Man erfährt Dinge, die bereits passiert sind. Ich könnte mich beispielsweise nicht weniger für die Lottozahlen interessieren, wenn ich nicht gespielt habe. Wenn ich im Süden bin, juckt mich das Wetter im Norden nicht. Irgendwelche Geburten im Zoo? Gut, da kann man drüber reden, falls die Tierkinder süß aussehen.

Was wissenswert ist, darfst du ruhig selbst entscheiden. Es ist ein Unterschied, ob man aktiv nach bestimmten Informationen sucht oder Nachrichten per Gießkannenprinzip auf sich niederprasseln lässt. Bei der einen Variante geht es um Dinge, die zu deinem Leben passen und es wahrscheinlich beeinflussen. Bei der zweiten Version handelt es sich lediglich um ein Unterhaltungsprodukt.

Es wird gerne behauptet, dass Wissen Macht ist. Damit sind bestimmt nicht 20-sekündige Clips oder 10-zeilige Artikel gemeint. Bei den alltäglichen Neuigkeiten handelt es sich in den meisten Fällen um Mitteilungen, die man sofort vergisst, weil sie aufgrund der schieren Masse direkt wieder durch das Sieb fallen. Meldungen, die man wegen der Kurzlebigkeit sowieso wieder vergisst, sind höchstens mächtig irrelevant.

Auch der Punkt, dass man durch den Nachrichtenkonsum gut informiert wird, ist streitbar. Es handelt sich ja weder um alle Ereignisse noch um die interessantesten. Es ist eine Selektion der Redaktion, die man vorgesetzt bekommt. Ob Nachrichtensendung, Zeitung oder Artikelsammlung auf der Startseite, es ist lediglich eine Handvoll Neuigkeiten, die Redakteure aus dem großen Pool der weiten Welt gepickt haben. Und in aller Fairness muss man sagen: Die Suche nach wichtigen Ereignissen gleicht der Suche nach der Nadel im Heuhaufen.

Die Zeit der Nachrichtenaufnahme kann man sich sparen. Man verpasst ja doch nichts, das wirklich wichtig ist. Heutzutage lebt niemand isoliert. Deine Bekannten, Freunde, Kollegen, Verwandten und Konsorten können den Filter der Nichtigkeit spielen. Sollen die doch schauen, welche Sportereignisse stattfanden, wessen Affäre zu einem Staatsdrama emporgehoben wurde, wer welchen Fummel anhatte oder weshalb man sich aufgrund seiner vermeintlichen Privilegien schuldig fühlen muss. Wichtige Neuigkeiten wird man früher oder später mitbekommen. Ob das nun 2 Tage nach dem eigentlichen Ereignis ist oder man es erst 3 Tage danach in der Kantine erzählt bekommt, wen juckt das? Es ist der gleiche Unterschied. In Sachen Nachrichten ist es ausreichend, sich sporadisch mit ihnen zu beschäftigen.

Man kann sich in den freien Minuten des Tages auch mit anderen Dingen beschäftigen als den Schicksalen von Fremden. Man kann sich nützliches Wissen aneignen! Man kann produktiv sein! Man kann sich um seine Nächsten kümmern! Was deine Großtante zum Mittagessen hatte, ist genauso wichtig wie eine königliche Hochzeit.

Ein Nachrichtenentzug wird zu dieser Erkenntnis führen: Du hast nicht alles mitbekommen, aber nichts verpasst. Was geschehen ist, hat dein Leben überhaupt nicht verändert, sonst hättest du es mitbekommen.

Du willst weniger Zeit verschwenden? Lösche die Apps, entferne die Lesezeichen, such dir einen anderen Sender, wechsele den Kanal, lass die Zeitschrift liegen.

Stimmungskiller.

Nachrichten schlagen aufs Gemüt.

Wir müssen eine masochistische Ader haben. Wenn man geschaut oder gelesen hat, ist die Stimmung immer wieder im Keller. Achte mal darauf: Wie groß ist der Anteil der Nachrichten, die schlechte Laune machen? Ich kann mich nicht erinnern, jemals Nachrichten konsumiert und mich danach gut gefühlt zu haben. Es wird nicht angespornt und Mut gemacht. Es wird Angst verbreitet und Abneigung gefördert.

Warum sollte man sich dieses Prozedere weiter antun? Auf Mord und Totschlag folgt anderweitige Kriminalität. Nur so nebenbei, ach übrigens: Banker haben den Steuerzahler letztens um ein paar Quadrillionen erleichtert. Aber keine Sorge, das Schlupfloch zur rechtlichen Grauzone wird in der nächsten Legislaturperiode vielleicht gestopft. *Super, das motiviert zum Arbeiten.*

Skandale, Dramen, Gewalt und Verbrechen lassen sich zwar ganz einfach vermarkten. Aber das genügt heutzutage nicht mehr. Es gibt zu viele Nebenbuhler um deine Aufmerksamkeit, und damit deren Einnahmen. Besonders im Internet sind die Portale unaufrichtig geworden. Durch die irreführenden Klickköder-Titel kommt man sich verschaukelt und veralbert vor. *Schockierend! **Du wirst nie glauben, wie sehr ich in der Überschrift lüge!*** Und schon wieder vergehen Minuten, die frustrierend enden. Da die Konkurrenz groß ist, werden die langweiligsten Skandale dramatisiert, damit niemand umschaltet oder das gefürchtete X in der Ecke klickt. Dafür sollte man niemanden belohnen. Für die verschiedenen Magazine, Blätter, Betreiber oder Sender geht es um Quoten und Zahlen. Unsere Währung ist Zeit, die du viel besser nutzen könntest. Unser Gewinn sind Nerven, die geschont werden.

Besonders gefährlich ist der Sumpf der Politik. In diesem Bereich droht deine im Treibsand zu versinken.

Die Damen im Hosenanzug und die Herren im Sakko lieben die Öffentlichkeit. Sie suchen sie auch, wenn es eigentlich nichts zu sagen gibt. Obwohl sie es nie zugeben würden, dürsten sie nach Aufmerksamkeit. Man braucht nur ein Mikrofon vor eine Kamera zu halten, schon schubsen sich die Generalsekretäre und Parteivorsitzenden wie die Heavy-Metal-Fans im Moshpit. Und dann pfeift der Kessel, es wird Dampf geplaudert. Wann hat ein Politiker das letzte mal unmissverständlich ausgedrückt, was Sache ist? Die Millionenfrage: Wann hat er/sie/es es sich auch daran gehalten?

Im Tagesgeschäft wird vorgeschlagen, angeregt, es werden rote Linien gezogen. Sollte sogar mal versprochen oder garantiert werden, kann man davon ausgehen, dass sich bei den dazugehörigen Verhandlungen sowieso etwas ändert.

Wenn du leichter Leben möchtest, wenn du weniger Hintergedanken, weniger Ballast haben möchtest, kann ich dir nur empfehlen, weniger mitzubekommen. Vogel-Strauß-Taktik! Mach es bei politischen Dingen, die du nicht aktiv beeinflussen kannst, wie die drei Affen: Sieh über das Schlechte hinweg, höre beim Negativen nicht hin und behalte deine Abwertungen für dich.

Politiker wurden gewählt, jetzt müssen sie liefern. Schenken wir ihnen einfach wenig Aufmerksamkeit, damit sie sich auf ihre Arbeit konzentrieren können.

Der minimalistische Weg in Sachen Politik ist, sich kurz vor den Wahlen beziehungsweise während des Wahlkampfes zu informieren. Was hat die Partei beziehungsweise der Politiker seit der letzten Wahl geleistet? Informiere dich über Geschehenes und Gesagtes, dazu über das Wahlprogramm. Das geht recht schnell. Dafür muss man sich nicht wochenlang überzeugen lassen, und erst recht nicht ständig, unentwegt, dauerhaft, ununterbrochen über deren Machtspielchen und Mehrheiten, über ihre Kehrtwenden, Kompromisse und Umfrageergebnisse auf dem Laufenden sein.

Sich politisch zu engagieren ist ein ehrbares Hobby. Sich abseits von Wahlen mit Politik zu beschäftigen, macht dagegen wahnsinnig. Streitgespräche gehören ins Parlament. Diese Aufgaben haben Politiker für uns übernommen. Dafür werden sie fürstlich entlohnt. Sie investieren ihre Zeit, wir unsere Steuern. Wenn du weder dein Geld mit Politik verdienst noch Ambitionen dazu hast, muss der politische Kommentar nicht zu deinem Tagesgeschäft gehören.

Energieverschwendung.

Wenn es um politische Nachrichten geht, müssen wir auch auf die Lagerkämpfe zu sprechen kommen. Die Politiknews sorgen für angestauten Frust, den man direkt wieder loswerden will. Und wenn man Pech hat findet man sich auf irgendeiner Seite des Spektrums wieder. Dann muss man ganz vehement gegen irgendetwas sein.

Ob online oder offline, ob mit Bekannten oder Fremden, es wird täglich ein neues Kapitel der unendlichen Debatte aufgeschlagen. Das endlose Ärgernis bekommt durch Nachrichtenkonsum immer wieder einen Kraftschub.

Uninformiert sein sorgt dafür, dass man sich nicht mehr streiten muss. Sticheleien und Beleidigungen scheinen derzeit salonfähig. Der eine ist zu links, die andere zu rechts. Politik ist ein Bereich, bei dem man sich gut und gerne raushalten darf. Es hilft nicht, die polarisierenden Themen mit Samthandschuhen anzufassen. Man würde sich die Finger auch in Backofenhandschuhen verbrennen. Empörte Kommentarspalten-Aktivisten kontern: *Aber man muss doch was tun.* Lass dich nicht auf den ganzen Krawall ein. Wer kein Mitglied eines Debattierclubs ist, darf auch einfach von etwas überzeugt sein, ohne es ins kleinste Detail zu begründen. Diese Streits und Diskussionen sind Zeitverschwendung.

Es ist immer das gleiche Prozedere: Gegensätzliche Meinungen treffen aufeinander, es kommen Argumente, dann folgen Beleidigungen. Man trennt sich, und ist genauso weit wie vorher. Die andauernden Debatten führen zu nichts außer Zornesfalten und hohem Blutdruck. Es wird dabei ja nicht mal versucht die Welt zu retten. Es ist schlicht ein Alibi. Man *hat was getan.* Aber niemand hat es bemerkt. Es ist verlockend, andere zu belehren, wenn man überzeugt ist, es besser zu wissen. Man könnte dem vermeintlichen Gegner aber auch das Recht auf eine andere Meinung lassen.

Stellvertreterkäufe und Impulskäufe oder lass mal stehen.

weniger Dinge, mehr Geld

Bei den Besitztümern lässt sich ein wünschenswertes Gleichgewicht der Leichtigkeit am besten so ausdrücken: Man hat, was man braucht. Im Idealfall weder mehr noch weniger.

Es dreht sich beim minimalistischen Hab und Gut im Endeffekt alles um die Notwendigkeit. Was nötig ist, um dein Leben zufriedenstellend zu leben, sollst du haben. Dein Haushalt darf aus den Dingen bestehen, die dein Leben so angenehm wie möglich machen. Dein Besitz unterstützt dich, macht dich glücklich, fällt dir jedoch nie zur Last. Du besitzt keinen Ballast, sondern Helfer.

Und vielleicht fehlt auch etwas, um das Lebensglück zu steigern.

Die minimalistische Balance bedeutet nicht, dass du nichts mehr kaufen darfst. Doch leider kauft man trotz guter Absichten oft falsch ein. Zusätzlich zum Aussortieren des Unnötigen muss also auch darauf geachtet werden, dass man nicht überstürzt einkauft. Exemplarisch werden wir uns nun zwei Arten von Käufen widmen: Stellvertreterkäufe und Impulskäufe, die zwar Kosten verursachen, aber kaum Nutzen bringen.

Stellvertreterkäufe.

Unsere Evolution ist der Beweis: Der Mensch strebt danach besser zu werden. Biologische Veränderungen mal Außen vor, auch im Privaten suchen wir Verbesserung. Wir haben große und kleine Ziele, wir wollen uns weiterentwickeln. In unserer Konsumgesellschaft bringt uns das in ein Dilemma, denn der Wunsch nach Verbesserung hat mittlerweile starke Auswirkungen auf unser Konsumverhalten.

Wir kaufen Dinge in der Hoffnung, dass sie unser Leben besser machen. Dem guten Willen folgt die Produktsuche. Das Problem ist, dass sich die Anschaffung im Nachhinein oft als Fehlkauf entpuppt. Oft wird nämlich die eigentliche Aktivität durch Konsum ersetzt. Oder es wird schon mal gekauft, obwohl die angestrebte Entwicklung bei genauerer Betrachtung doch nicht zur Persönlichkeit passt.

Schauen wir uns mal an, was oftmals hinter einem unnötigen Kauf steckt, damit du dir diese Fehlkäufe in Zukunft ersparen kannst.

Aus irgendeinem Anlass wird ein Bereich im eigenen Leben betrachtet, der eine (möglicherweise eingebildete) Verbesserung vertragen könnte.

Ich müsste abnehmen.

Ich müsste mehr Sport machen.

Ich bräuchte ein Hobby.

Ich bräuchte mehr Freunde.

Wenn man ein Problem vor sich hat, sucht man natürlich nach einer Lösung. Der falsche Gedankengang ist dann, nach einem Produkt zu suchen, das zur Erfüllung des Wunsches führen soll. Das Risiko eines Stellvertreterkaufs ist in diesem Moment immens.

Ich kaufe Diätshakes, damit ich abnehme.

Ich kaufe ein besseres Fahrrad, damit ich mehr Sport mache.

Ich kaufe die komplette Ausrüstung, damit ich im Hobby durchstarte.

Ich kaufe Unterhaltung für Freunde, die ich noch nicht habe.

Dass das eine falsche Reihenfolge ist, wird klar, wenn man sich bewusst macht, dass Geld ausgeben keine Veränderung bewirkt, sondern diese nur vortäuscht. Stellvertreterkäufe sind Simulanten! Es wird durch die neuen Produkte eine Wunschvorstellung gekauft, die allerdings nicht einfach so kommt. Der Kauf führt lediglich dazu, dass man sich kurz auf die Schulter klopfen und einreden kann, etwas getan zu haben.

Ein Stellvertreterkauf ist es, wenn man eigentlich direkt in Aktion treten könnte, seine Zeit aber erstmal mit den verschiedenen Tätigkeiten rund ums Einkaufen verplempert. Man tätigt einen Stellvertreterkauf, wenn man ein Problem durch Überwindung von Ängsten und Widerständen lösen kann, aber erstmal einen Alibikauf vorschickt.

Veränderung lässt sich nicht mit neuen Geräten kaufen. Klar, manchmal kauft man ein Gerät, das beim Erreichen des Ziels tatsächlich von Anfang bis zum Ende unterstützt. In den allermeisten Fällen ist es allerdings sinnvoller, wenn man direkt in Aktion tritt. Für die meisten Veränderungen braucht es nicht das alte Ich im neuen Gewand, sondern ein neues Ich im alten Gewand. Sonst heißt es wieder: Du hattest gute Vorsätze, du besitzt alles, was man brauchen könnte, doch geändert hat sich ... nichts.

Stellvertreterkäufe basieren auf Wünschen.

Kommen wir mal zu ein paar Beispielen, um die Theorie zu verdeutlichen.

Stellvertreterkäufe sind beispielsweise der Anfang vom Ende der guten Vorsätze, bevor es überhaupt richtig losging. Wenn man am Jahresende oder bei der Einweihung des neuen Kalenders ein weiteres paar Laufschuhe kauft, tut man dies, weil man sich wünscht, sportlicher zu werden. Stellvertretend für die Runde um den Block wird sich zuerst vor den Schreibtisch gesetzt und nach einem passenden Modell gesucht. Es wird ein neues Laufoutfit angeschafft, weil man begeistert von der Vorstellung ist, in Zukunft nach dem Arbeitstag joggen zu gehen.

Statt direkt einzukaufen, könntest du auch zur Probe einen Monat in deinen alten Latschen rennen. Dadurch minimierst du das Risiko eines Stellvertreterkaufes. Du merkst, ob Joggen zu dir passt.

Du ersparst dir im Fall der Fälle nicht nur Kosten, sondern gewinnst auch Informationen darüber, welche Anschaffung sich wirklich lohnen wird. Einkaufen kann jeder. Das ist einfach. Es führt allerdings nie zu der gewünschten Veränderung. Die Veränderung bekommst du ausschließlich durch deine Aktivitäten.

Den Wunsch mehr Leute um sich herum zu haben, setzt der geneigte Käufer möglicherweise mit einer Popcornmaschine um. *Genau das* fehlte noch für die vielen lustigen Filmabende mit den neuen filmreifen Freunden, die dann sicher Schlange stehen werden, um den Platz neben dir auf dem Sofa zu bekommen. Ein solcher Kauf vertreibt höchstens die Zeit der langweiligen Einsamkeit. Die Ausgangssituation bleibt unverändert. Die Lösung liegt nicht auf Lager im Onlineshop, sie wartet am Ende deiner Taten: Wenn du Gesellschaft möchtest, sei nett und aufgeschlossen. Und lade Leute ein.

Je eher man sich damit abfindet, dass die guten Ideen nicht durch einen passenden Konsum, sondern ausschließlich durch die Umsetzung der

Wünsche verwirklicht werden, desto weniger Zeit und Geld wird verschwendet. Das Leben, das man will, gibt es nicht zu kaufen. Es kann nur erarbeitet werden.

Tückisch sind die Stellvertreterkäufe besonders, wenn es sich um neue Hobbys dreht. Da kann man in seiner Neugier und Unerfahrenheit richtig viel Geld loswerden, nur um festzustellen, dass man auf das falsche Pferd gesetzt hat. Ganz klar: Ein Mensch braucht sein Hobby. Wenn man sich eine neue Freizeitbeschäftigung sucht, ist es meistens gut gemeint. Man will etwas Nützliches lernen, aktiver sein, sich etwas Gutes tun. Es wird jedoch zu oft schlecht umgesetzt.

Zu viele Leute ersetzen mit dem Kaufen der Ausrüstung quasi die Beschäftigung selbst. Es wird viel in die Theorie investiert, obwohl man die Praxis nur aus seinen Träumen kennt. Es wird wochenlang geplant. Es wird recherchiert, welcher denn eigentlich der beste Hersteller ist. Es wird verglichen, welches Modell am leistungsfähigsten ist. Es vergehen Monate von dem Interesse an einem neuen Hobby über den Kauf der kompletten Ausrüstung, bis endlich die Ausführung ansteht. Wenn die Stunde naht, sieht man aus wie ein Profi, obwohl man nicht mal Amateur ist. Wer kennt nicht die langsamen Radler, die ausgestattet sind, als ob sie gleich zur ersten Etappe bei der Tour de France antreten. Alles glänzt und wird in der Garage wahrscheinlich bis in alle Ewigkeit glänzen, weil das monotone Strampeln selbst dann nicht so viel Spaß macht, wie die Planung und Stellvertreterkäufe verheißen hatten.

Stellvertreterkäufe ersparst du dir durch ausgiebiges ausprobieren.

Sprichwörter sind manchmal minimalistische Weisheiten: Versuch macht klug.

Es gibt nämlich gute und ungute Herangehensweisen, wenn man Lust auf etwas Neues hat:

Neues Hobby, andere Interessen: Ja.

Komplette Ausrüstung zu Beginn kaufen: Nein.

Du musst lediglich die richtige Reihenfolge einhalten, um in Zukunft Stellvertreterkäufen zu entgehen: Je besser du wirst, desto professioneller darf dein Equipment werden. Für Anfänger reicht es, wenn man *es* einfach versucht. Probieren geht über studieren. Bevor du kaufst, versuche es ohne Ausrüstung. Sinn und Zweck eines Hobbys oder eines anderweitig guten Vorsatzes sind das gute Gefühl und das Resultat, nicht das ausgegebene Geld.

Stellvertreterkäufe rauben Zeit, Geld und zu guter Letzt Nerven, weil man eine Niederlage wegstecken muss.

Die Lösung ist einfach, denn es ist nur Angewohnheit, Wünsche mit neuen Dingen gleichzusetzen. Statt den einfachen Weg des Kaufes zu wählen, musst du dir angewöhnen, die Wünsche umzusetzen.

Anschließend, wenn tatsächlich Bedarf besteht, weil du die Gewissheit vom Ausprobieren hast, kannst du die notwendige Ausrüstung anschaffen, um dir das Leben leichter zu machen. Bevor du ein Produkt kaufst, das dir bei einer Lösung oder Veränderung helfen soll, arbeite mindestens einen Monat ohne das Produkt.

Vorteile, wenn man erstmal übt, statt direkt zu kaufen, gibt es zur Genüge:

- Du weißt, ob du einen Wunsch überhaupt verwirklichen möchtest oder es nur ein Strohfeuer war.

- Du hast Übung und verfügst über Erfahrung und Wissen, welche Anschaffung du wirklich brauchen kannst.

- Du tätigst keinen Stellvertreterkauf, weil du etwas kaufst, das langfristig genutzt wird.

Mach dir vor jedem Start in ein neues Abenteuer bewusst, dass du keine teuren Einkäufe brauchst, um die ersten Schritte zu deinem Ziel zu gehen.

Und wenn du doch Equipment brauchst, gilt: Viele Dinge lassen sich testweise leihen und mieten. Aber: Für die meisten Aktivitäten genügt für den Anfang das, was man zuhause hat.

Impulskäufe.

Impulskäufe sind eine Abart der Einkäufe. Impulsgekauftes wird ab sofort mit einem Einreiseverbot belegt. An deiner Haustüre finden ab sofort Grenzkontrollen statt.

Wir müssen Impulskäufe mit Handschuhen und Kneifzange anfassen, sie sind giftig. Sie sind das Resultat von Lust und Gier, von falschen Versprechungen und unüberlegten Entscheidungen.

Jeder kennt Impulskäufe. Wenn man im Geschäft steht, über den Flohmarkt schlendert oder im Onlineshop stöbert, sieht man aus dem Augenwinkel *irgendwas*. Dann werden die Synapsen zur Starkstromleitung. Man könnte *dies* dafür brauchen. *Jenes* würde ideal dorthin passen. Aus dem Hintergedanken wird eine Idee, daraus bildet sich ein Wunsch.

Und dann redet die nimmersatte Stimme in deinem Kopf auf dich ein: *Das gefällt mir. Ich will das haben!* Man geht der Verlockung des Moments auf den Leim. Wir nennen diese Einkäufe nicht Spontankäufe, weil Spontanität ja eher positiv gesehen wird. Es sind Impulskäufe, weil sie unkontrolliert und im Affekt getätigt werden.

Dinge, die man plötzlich haben möchte, obwohl man sie just in dem Moment entdeckt hat, sind mit Vorsicht zu genießen. Denn die Wahrscheinlichkeit, dass Impulskäufe fortan einsam und verlassen in einem feuchten Keller oder einem dunklen Schrank schmoren, ist hoch. Man konnte nicht wirklich überlegen, ob die Dinge tatsächlich zum eigenen Leben passen. Die Reizüberflutung und Glückshormone im Laden, die Aufregung beim Klicken durch die Sonderangebote oder die Ablenkung auf dem Trödelmarkt lassen kaum durchdachte Entscheidungen zu.

Der Impuls zu kaufen kommt schnell und überfallartig. Das effektivste Abwehrmittel ist daher, die Sache sofort zu entschleunigen. Widerstehen kann man, indem man ein Machtwort zur bettelnden Stimme im Hinterkopf spricht: *Abwarten!* Die besten Werkzeuge gegen Impulskäufe sind Nachdenken und Hinauszögern. Supermarkt, Onlineshop, kleines Lädchen in der Gasse, es gilt: Kommt Zeit, kommt Rat.

Eine Kaufentscheidung sollte nicht überstürzt getroffen werden. Wie wäre es mit dieser Idee: Sei diplomatisch, beziehe dein Unterbewusstsein mit in die Entscheidung ein. Schlaf drüber, morgen ist auch noch ein Tag. Zuhause, nachdem sich die Aufregung gelegt hat, wenn du groggy und verschlafen am ersten Schluck Kaffee nippst, stellt sich oft heraus, dass du die Sache eigentlich gar nicht wirklich möchtest.

Du findest nach einer respektablen Bedenkzeit heraus, ob du ein Bedürfnis hast oder nur ein Verlangen hattest. Aus gutem Grund sollte man wichtige Entscheidungen nicht überstürzt treffen. Wie man die Überbrückungszeit bis zum Kauf nennt, ist Ansichtssache wie eine Sehenswürdigkeit. Man kann es Geduld üben nennen. Wer gerne positiv denkt, könnte es zu Vorfreude entwickeln umdichten. Der Pessimist in dir darf es meinetwegen in der Schwebe schmoren lassen schimpfen.

Man sollte in diesem Fall aus der Vergangenheit lernen. Heutzutage ist es mit den Impulskäufen wie früher als Kind mit den Geschenken zu

Weihnachten. Je mehr Zeit damals verging und heute vergeht, desto klarer wird und wurde, ob man einen Wunsch wirklich wollte. Oder hattest du als Kind nur einen einzigen Entwurf von deinem Wunschzettel? Im September, als man sich das erste mal Gedanken über die Bescherung gemacht hat, wollte man im Nachhinein nur Schund. Im November, wenn die heiße Planungsphase begann, stand nämlich etwas völlig anderes auf den ersten Positionen der Liste. Ähnlich geht es dir auch im Erwachsenenalter, du bist halt ein kleiner Kindskopf. Sachen, die du *jetztgleichsofort* willst, bringen dich bald zum Kopfschütteln.

Impulskäufe erfordern, dass man einen Glückstreffer landet. Das kann gelingen, meistens greift man jedoch daneben. Lass vor dem Kauf so viel Zeit wie möglich vergehen. Wenn du das Ding dann immer noch möchtest, dann willst du es wirklich, dann brauchst du es wahrscheinlich sogar. Und dann kannst du es immer noch kaufen, es besteht ja keinerlei Zeitdruck. Auch die größten Raritäten lassen sich heutzutage noch ein zweites mal auftreiben.

Was passiert denn, wenn du *es* nicht *jetztgleichsofort* kaufst? Der Nachteil ist überschaubar, weil du nur mit zeitlicher Verzögerung kaufst. Der Vorteil ist unbezahlbar, weil du einen schlechten Kauf vermeidest.

Lust und Frust liegen bekanntlich nah beieinander. Impulskäufe sind auch gefährlich, wenn man aufgebracht und nicht man selbst ist. Auslöser ist nicht zwangsläufig, dass man sich schon zu lange keinen Schokoriegel mehr durch die Zähne geschoben hat. Aber wenn man in einer schlechten Stimmung ist und der Frust raus muss, wird der Impulskauf schnell zum Ventil. Impulsive Frustkäufe tätigt man unnötigerweise, wenn man ein negatives Gefühl verdrängen möchte. Es herrscht vielleicht Langeweile oder Traurigkeit. Auf der Suche nach Ablenkung oder Linderung wirst du in Geschäften und Läden fündig.

Frustkäufe sind nie eine Lösung. Sie sind das Pflaster auf der Schusswunde, die Betäubungsspritze nach der Amputation. Zuhause ärgerst du dich und hast ein neues Problem an der Backe.

Wenn du dich durch Einkaufen ablenken möchtest, gehe Lebensmittel oder Drogerieartikel besorgen. Fülle Vorräte auf, von denen du weißt, dass du sie verbrauchen wirst. Einkaufen sollte jedoch nur in Extremfällen ein Aufputschmittel sein.

Stattdessen sollte der Frust anderweitig bekämpft werden.

- Dass die beste Reaktion auf schlechte Laune ist, der Ursache auf den Grund zu gehen, wollte ich nur mal erwähnt haben. Wobei solch ein blöder Rat eher Salz in der Wunde ist. Aber wer weiß, möglicherweise findest du in der Zeit, die du ansonsten zum Shoppen genutzt hättest, ja einen Ausweg.

- Zerfetze ein paar Dinge von deinem Abstellgleis, um dich abzureagieren?

- Arbeite an einem Projekt weiter. Dann hast du ein Ergebnis vorzuweisen, doch anstelle eines Frustkaufes bist du einen Schritt näher an deinem Ziel.

- Tue etwas körperlich Anstrengendes. Schlechter Laune mit Bewegung zu begegnen ist immer empfehlenswert. Bald fehlt dir die Kraft zum Grübeln, zudem wird die Stimmung parallel zur Körpertemperatur steigen. Danach ist man stolz auf sich. Die Belohnung bekommst du nämlich in Form von Endorphinen kostenlos, der Körper rauscht auch ohne Einkauf vor Selbstzufriedenheit.

Nein oder nein.

weniger Stress, mehr Zeit

Du kannst sowohl dich als auch den Umgang mit deinem Terminkalender verändern. Wenn du deinen Alltag so überblickst, wirst du viele Zeitdiebe entdecken, die dir regelmäßig nicht nur wertvolle Lebenszeit, sondern auch den letzten Nerv rauben.

Zeitverschwendungen im Alltag sind bitter.

Die *kurzen* Treffen fressen sich durch die Tagesplanung wie die Raupe Nimmersatt. Böse wird es bei den Ganztagsveranstaltungen und Verabredungen, bei Feiertagen und Festen. Man verliert durch Fertigmachen und Anfahrt nicht nur ein paar Minuten, sondern den ganzen Tag. Durch verfehltes Pflichtbewusstsein und überstürzte Zusagen gehen Wochen des Jahres flöten.

Nicht alles, was so ist, wie es ist, muss so bleiben, wie es ist.

Der einfachste Weg, um an mehr Zeit zu kommen, ist gleichzeitig der schwierigste. Es ist leicht ausgesprochen, geht einem aber kaum über die

Lippen. Denn so ein einsilbiges *Nein* kostet Überwindung. Um Zeit zu sparen, sollten wir uns mit diesem wunderbaren Ausdruck der Abneigung, mit der wirkungsvollen Kraft der Negativität befassen.

Nein zu Treffen sagen, unnötige Termine absagen, Einladungen ablehnen und dafür die Zeit für eigene Vorlieben nutzen, ist unbezahlbar. Denn wenn du etwas nicht wiederbekommen kannst, ist das verschwendete Zeit.

Nein zu sagen ist Emanzipation. Mann und Frau sind danach unabhängig und können das tun, was getan werden soll, statt die Zeit während Nichtigkeiten verstreichen zu lassen.

Nein ist solch ein wertvolles Wort, man findet es in jeder Sprache: no, aucun, ingen, geen. Um die Sendung mit der Maus zu zitieren: Das war Englisch, Französisch, Schwedisch, Niederländisch.

Nein gibt es aus tausend guten Gründen in jeder Sprache. Es dürfte der wichtigste Ausdruck von allen sein, schon immer und für alle Ewigkeit. Ich bin mir ziemlich sicher, dass irgendein Halbaffe als erstes Wort überhaupt ein *Nein* heraus gekrächzt hat. Ob es dabei um Feuer, Bananen oder spitze Steine ging, kann ich nicht sagen, so gut kenne ich mich in der Geschichte der Menschheit nicht aus. Aber das Nein hat sich so sehr bewährt, dass sogar wir beiden höchstentwickelten und fortschrittlichen Menschen es noch benutzen. Allerdings viel zu selten.

Es wird Zeit, das Wort Nein öfter zu benutzen!

Etwas Gutgemeintes wie eine Einladung abzulehnen scheint Frevel zu sein. Scheinbar ist ein hartes Nein nur noch bei der Erziehung von Kindern erlaubt. Als Erwachsener soll man dagegen alles über sich ergehen lassen, um den/die/das Gegenüber nicht vor den Kopf zu stoßen. Aber mal ehrlich: Wieso soll man ständig abnicken und nachsehen?! Was soll der ganze Stress?! Du wirst es sowieso nicht schaffen, es allen recht zu machen. Daher ist es wichtig, dein Vokabular zu erweitern: *Nö, Nee, Lass mal.*

Beim Neinsagen geht es darum, Zeit für dich zu nutzen, statt für andere zu verschwenden.

Die Hemmungen sind groß. Man will kein Querulant sein, der zum Ausgestoßenen wird. Man will kein asozialer Alleingänger sein, der irgendwann einsam in seiner Wohnung von der Katze verspeist wird, weil er keine sozialen Kontakte mehr hat. Keine Sorge, eine komplette Funkstille muss nicht sein. Du sollst keine schönen Termine absagen, sondern die mit überschaubarem Mehrwert! Es muss nämlich nicht jedes Treffen und jeder Anlass sein, oder?

Quatsch mal mit dir durch, ob du dich nicht auch für gewisse Dinge brauchst! Verabredungen mit dir sind mindestens genauso wichtig wie Verabredungen mit anderen. Du hast Ziele und Projekte, stimmt doch!? Es ist kein Verbrechen, bei unerwünschten Treffen nicht zuzusagen! Auch dir gehören Sonntage, Feiertage und freie Tage.

Tasten wir uns mal ans Neinsagen heran, indem wir die Zusagen ändern.

Holen wir mehr aus den Treffen heraus, indem wir einen Gang zurückschalten. Der Großteil der Verabredungen wirkt so schrecklich, weil sie so viel langgezogene Zeit in Anspruch nehmen. Es ist in den meisten Fällen kein Beinbuch, wenn man die Frequenz zurückfährt. Es muss also ein Umdenken und eine andere Taktik her. Lass deine vergangenen Treffen mal Revue passieren. Welche Gespräche und Momente sind wie im Flug vergangen? Wann war es zäh wie Kaugummi? Kurzweilig ist es meist, wenn es unterhaltsam ist. Wenn man sich viel zu sagen hat oder etwas erlebt, nutzt man so gut wie die komplette Zeit. Das sind nützliche Treffen! Und dann rufe dir die Gegenstücke in Erinnerung. Manche Treffen sind zur Gewohnheit geworden, obwohl man den Leuten so wenig zu sagen hat, dass man sich die Hälfte der Zeit anschweigt. Diese Treffen finden zu häufig statt.

Es gibt leider keine allgemeingültige Lösung, aber auf jeden Umstand sollte sich reagieren lassen. Sag die ständigen Treffen ab, handle eine niedrigere Häufigkeit aus.

- Statt sich zwei mal die Woche mit jeweils einer Person zu treffen, kann man sich auch einmal die Woche mit zwei Personen treffen.

- Statt dich zu jedem Essen und jeder Geburtstagsfeier einer Familie, eines Paares oder eines Freundeskreises zu quälen, besuchst du genau die Hälfte.

- Statt einen weiten Weg zurückzulegen, kann man sich auch irgendwo in der Mitte (oder bei dir) treffen.

- Kurz und knapp treffen, dann wird die Zeit genutzt und es entstehen keine andauernden Sprechpausen.

- Wähle Orte und Aktivitäten, die dir zusagen oder einen Mehrwert bringen.

Einige Treffen solltest du durch diese Filterungen loswerden oder aufwerten können. Nun schauen wir, dass nicht zu viele neue Verabredungen hinzukommen.

Jetzt geht es darum, weder überrumpelt noch übertölpelt zu werden.

Die Zukunft ist ein verlockender Zeitpunkt, man ist super unbeschäftigt und mega aufgeschlossen. Man kündigt sich vollmundig auf Veranstaltungen an, man sagt liebend gern zu Treffen zu, man willigt lächelnd in Einladungen ein. Kurz vor der jeweiligen Stunde der Wahrheit taucht ein ungutes Gefühl in der Magengegend auf.

Jasager verbauen sich die Zukunft, obwohl sie es besser wissen müssten. Denn eigentlich wollte man nie mit. Durch das schlechte Gewissen kommt man nicht mehr aus den Nummern raus. Jasager quälen sich dann halt durch. Danach: Himmelhochjauchzen, weil das nächste Treffen in so weiter, weiter Ferne ist.

In Zukunft wirst du es besser machen. Es ist bei den beschriebenen Kandidaten doch sowieso absehbar, dass dir bis zum Treffen die Lust vergangen ist. Die beste Abwehr gegen ungewollte Zusagen ist eine **klare Klippe.**

Statt automatisch zuzusagen, kann man sich auch angewöhnen, automatisch klipp und klar abzusagen. Wenn du reflexartig alles Nervige ablehnst, bist du auf der sicheren Seite.

Das Absagen braucht eine Umstellung. Man muss sich selbst klar machen, dass man viel zu tun hat. Wenn du dich als beschäftigten Menschen siehst, der eigentlich immer etwas mit freier Zeit anfangen kann, antwortest du fortan von einem anderen Standpunkt. Statt sich in Floskeln und Zusagen wie *Ja, können wir mal machen.* oder *Okay, da habe ich noch nichts vor, glaube ich.* zu verheddern, kann man seinem zukünftigen Ich auch direkt den Rücken freihalten.

Es gibt für jede Art von Einladung, die du nicht wahrnehmen möchtest, eine Absage, die du aussprechen darfst. Spontanität ist schön und gut, vorteilhafter ist es, wenn du immer ein paar Ausreden in der Hinterhand hast. Schichtdienst? Lernen? Besuch der Schwiegereltern? Termine der Kinder? Es muss lediglich zu deinem Leben passen, und von der einladenden Partei nicht zu überprüfen sein. Dir fällt bestimmt was ein. *Ich* habe keine Zeit, weil mein Hund die Hausaufgaben oder die Seminararbeit oder die Steuererklärung gefressen hat. Oder so ähnlich. Es ist zwar nicht die feine englische Art, aber man muss auch mal an sich selbst denken.

Durch direkte Ablehnung läuft man Gefahr, dass man andere Leute vor den Kopf stößt. Solltest du zu gutmütig oder die Ablehnung zu heikel sein, kannst du es auch charmanter verpacken und die eigentliche Absage zeitversetzt erteilen.

Bei der **Taktik der Unwissenden** herrscht die gleiche Ausgangslage: Du wirst zu etwas eingeladen, auf das du realistisch betrachtet keine Lust haben wirst. Dann heißt es Zeit schinden, wie die führende Fußballmannschaft kurz vor dem Spielende. Lass die Frage kurz auf dich wirken. Während dein Gegenüber meint, dass du in deinem geistigen Terminkalender blätterst, suchst du nach der richtigen Antwort.

- *Hmm, muss mal zuhause schauen, was mein Terminkalender sagt.*

- *Ich glaube, da habe ich schon was vor, muss ich mal abklären.*

- *Ähm, vielleicht. Aber nur vielleicht.*

Ganz wichtig ist, dass du dich nicht sofort festnageln lässt. Wenn die Person auf der Stelle eine Antwort will, dann musst du *schweren Herzens* absagen. Wichtig: Ihr geht nur getrennter Wege, wenn du entweder direkt abgesagt hast oder dir eine Schonfrist gesichert hast.

Du darfst dich weder überrumpeln noch überreden lassen!

Du stehst danach unter Umständen unter Zugzwang, du schuldest eine Antwort. Das heißt aber nicht, dass du dich von deiner Position bewegen musst. Ich würde dir abraten, zuhause noch Zeit mit Grübeln und mentalem Tennis zu verbringen. *Soll ich doch?! – Soll ich nicht?! – Soll ich doch?! – Soll ich nicht?!* Derartige Gedankenspiele mit dem schlechten Gewissen sind Energieverschwendung. In einer freien Minute tust du das, was du sowieso willst: Du sagst ab. Wahrscheinlich hast du so viel zu tun, dass du gar keine Lüge bräuchtest, aber man will ja einen triftigen Grund liefern.

Diese Weisheit habe ich mir schon so oft gesagt, dass ich sie schlau finde: Eine Notlüge ist die Wahrheit, solange sie jemand glaubt. Saug dir einen Vorwand aus den Fingern. Mein Gott, wenn du dich für deine Schwindeleien schlecht fühlst, darfst du sie gegen 3 Ave Marias tauschen.

Zu Stoßzeiten kannst du sogar zwei Fliegen mit einer großen Klappe schlagen. Das funktioniert, indem man zwei Termine gegeneinander absichert.

- Zu dem flüchtigen Bekannten sagst du: *Ich kann dir sonntags leider nicht bei den Einladungskarten helfen, weil da meine Tante kocht.*

- Und bei der Familie kannst du mit dem passenden Gegenstück absagen: *Tante Helga, diesmal kann ich echt nicht, ich werde beim Basteln gebraucht.*

Falls du doch mal überrumpelt wurdest, ist kurzfristig Termine absagen kein Kapitalverbrechen. Wenn sich die Aufregung rund um die Zusage gelegt hat, sobald die Vernunft einkehrt, greifst du dir das Kommunikationsmittel deiner Wahl und machst den Fehler rückgängig. Da brauchst du dein Spiegelbild nicht anschwindeln: Oftmals ist der Gegenpart genauso glücklich über die unverhoffte Freizeit, und von deinen *spannenden* Anekdoten verschont zu bleiben.

Denk daran: Du bist auch ein Mensch, mit dem du Zeit verbringen darfst. Man verliert sich selbst, wenn man es jedem recht machen muss.

Budgets setzen oder Spreu und Weizen trennen.

mehr Geld

Ein Budget verbindet man im Eifer des Gefechts gerne mal mit etwas Negativem. Es wird dabei an einen erzwungenen Geiz gedacht.

Ein Budget ist allerdings weder positiv noch negativ, weder gut noch schlecht. Ein Budget ist die Einhaltung eines Rahmens. Es ist die Rechenschaft gegenüber deinen Ausgaben. Es ist das Tor zum finanziellen Minimalismus. Es hilft dir dabei, deine Ausgaben zu senken und Konsumentscheidungen zu treffen, die für dein Leben wichtig sind. Durch ein sportliches Budget ist man gezwungen, sich auf das Wesentliche zu besinnen.

Ein Budget ist ein Werkzeug des Minimalisten, das aufzeigt, welche Schräubchen man drehen sollte. Denn: Wer nicht in ungesundem Überfluss leben will, muss sich seiner Ausgaben bewusst sein. Egal, ob man sich arm oder reich fühlt, es hilft, die Geld fressenden Bereiche, die wenig interessieren, ausfindig zu machen. Dort lohnt es sich für jeden Minimalisten, die Zügel anzuspannen.

Durch ein gutes Budget sieht man, wo man über die Stränge schlägt, aber auch, wo man eine falsche Sparsamkeit an den Tag legt. Beim Budgetieren geht es darum, zu wissen, wofür man sein Geld ausgibt.

Wenn man sein verfügbares Geld künstlich verkürzt, trennt man die Spreu vom Weizen. Es wird ermöglicht, die Ausgaben zu senken, indem man sich für die wichtigen Dinge des eigenen Lebens entscheidet. In Zeiten von Privatkrediten, Finanzierungen und Dispo mag es einem so vorkommen, dass das Geld immer sprudelt, doch auch bei viel verfügbarem Einkommen sind die Möglichkeiten endlich. Man muss sich immer für bestimmte Ausgaben entscheiden, während man sich andere verkneift. Durch ein Budget als Hilfsmittel triffst du bewusstere Entscheidungen und merkst, welche Käufe dir wichtig sind. Ob für dich 10 Euro oder 1000 Euro viel Geld sind, ist egal. Die Höhe des Budgets ändert nichts am Prinzip. Ziel ist: Den Rahmen einzuhalten und dadurch unterm Strich die Gesamtausgaben zu senken.

Sich mit seinen Ausgaben auseinanderzusetzen, macht keinen Spaß. Wenn man nicht gerade seinen Reichtum zählt, gibt es angenehmeren Zeitvertreib, als sich mit der Kohle zu beschäftigen. Doch auch diese Arbeit gehört zur Lebensfreude des Minimalisten.

Der Sinn eines Budgets besteht darin, dass man seine Ausgaben im Zaum hält und Sparpotenzial findet. Budgets schärfen Bewusstsein und lehren Anerkennung. Man wird sich bewusst, für welche Lebensbereiche man sein Geld ausgibt. Man erkennt, dass einem manche Bereiche wichtiger sind als andere. Durch ein straffes Budget soll die Trennung und Unterscheidung zwischen guten und unnötigen Ausgaben herausgearbeitet werden.

Ich finde, dass man Dinge am besten wertschätzen kann, wenn man sich aktiv für sie entscheiden muss. Damit meine ich nicht, dass man im Kaufhaus A *und* B, sondern A *oder* B wählt. Es wird aufgrund der budgetierten Geldknappheit auf A verzichtet, wodurch man B mehr Aufmerksamkeit schenken kann. Denn das ist ja ein Ziel des Minimalismus: Weniger besitzen, aber das, was man hat, wertzuschätzen. Budgets sind eine gute Gelegenheit, um bei alltäglichen Ausgaben zu sparen, was für die meisten Minimalisten interessant sein dürfte.

Budgets müssen keine Hauruck-Methoden sein, deshalb finde ich sie wunderbar, um beinahe spielerisch Ausgaben zu senken. Ein Ziel, das sich erreichen lässt, motiviert viel mehr als nach den Sternen zu greifen und am Ende mit leeren Händen dazustehen. Erfolge gehören zur Veränderung, so gewöhnt man sich an das neue Leben nämlich mit einer positiven Note. Es ist auch beim Sparen möglich, langsam herunterzufahren, statt hastig den Stecker zu ziehen. Das führt über kurz oder lang nämlich zu Problemen kennt man ja vom Computer.

Oh je, das erste Budget.

Wir erarbeiten nun ein erstes Budget für dich.

Der Zeitraum ist ein Monat. In Sachen Zahlungen wie Lohn oder dem Bezahlen von Verbindlichkeiten hat sich das so bei uns eingebürgert, also machen wir die Sache nicht komplizierter, als sie ohnehin schon ist. Weil bei bis zu 31 Tagen niemand den Überblick behalten kann, braucht es Stift und Papier oder Tabelle und Tastatur. Du ahnst es: Durch Aufschreiben und Addieren musst du dich leider quälen. Wenn du im Kopfrechnen so gut wie ich bist, wäre ein Taschenrechner auch nicht verkehrt.

Nun musst du dir überlegen, wie viel Geld du im Moment insgesamt ausgeben kannst oder möchtest. Es handelt sich dabei nicht um deine Gehaltszahlung oder sonstigen Geldeingang. Deinen monatlichen Spielraum musst du um alle Kosten bereinigen, die du nicht von jetzt auf gleich ändern beziehungsweise einstellen kannst. Stromkosten, Handyrechnung, Gesundheitsaufwendungen, Versicherungen und das weitere Elend sind für das Prinzip der Budgets unerheblich. Uns geht es nur um die Ausgaben, die du im jeweiligen Monat durch dein Kaufverhalten beeinflussen kannst. Nur wenn du dich dafür oder dagegen entscheiden kannst, ist es für dein Budget relevant. Du kannst an der Tankstelle ja leider nicht entscheiden, ob du lieber Miete, Mitgliedschaft und andere unvermeidliche Fixkosten bezahlst oder dir vier überteuerte Schokoriegel für den Heimweg gönnst. Zahlungsverpflichtungen, die du nicht *jetztgleichsofort* in Luft auflösen kannst, gehören nicht zum ersten Budget. Sie werden vorher von deinem gesamten Geldeingang abgezogen.

Bevor du deinen Ausgangspunkt festlegst, solltest du zudem beachten, dass immer wieder größere und/oder unerwartete Zahlungen anfallen können. Das reicht von einer Nachzahlung der Nebenkosten, einem runden Geburtstagsgeschenk für dein Lieblingselternteil über eine Strafe für das Überqueren einer rotbeampelten Straße bis zur defekten Waschmaschine. Je größer der Puffer ist, durch den man Unfälle abfedern kann, desto besser. Ich wäre hier großzügig, dann ist das Budget auch eine sportliche Herausforderung. Wir sind ja nicht im Kindergarten.

Dein frei verfügbares Geld ist die Grundlage für deine täglichen Konsumentscheidungen, damit bestreitest du deinen Alltag. Am Ende deiner Rechnung sollte die Summe stehen, die du verkonsumieren möchtest.

Verteilungskämpfe.

Die Ausgangslage steht. Nun kommt die Feinarbeit.

Die verschiedenen Bereiche deines Lebens werden jetzt aufgegliedert und mit Einzelbudgets ausgestattet. Damit man sich nicht in Einzelheiten und den Überblick verliert, sollten die Kategorien nicht zu klein sein. Aber auch nicht zu groß, weil man sonst nicht erkennt, in welchen Bereichen man Prioritäten setzen möchte. Wir erinnern uns: Das verknappte Geld soll ja nur noch sinnvoll ausgegeben werden.

Kategorien könnten sein:

- Aussehen: Styling, Schuhe, Klamotten, Schminke, Friseur
- Unterhaltung: Bücher, Videospiele, Filmabos
- Ernährung: Lebensmittel
- Genuss: Snacks, Getränke unterwegs, Suchtmittel
- Veranstaltungen: Kino, Konzerte, Kneipen, Restaurants, Hotel
- Transport: Fahrtkosten, Fahrkarten, Benzin, Parkgebühren
- Zuhause: Dekoration, Möbel, Dienstleistungen wie Putzdienst oder Bügelservice

Und dann gilt es das gesamte Geld aufzuteilen. Du musst dich entscheiden, was du als wie wichtig erachtest. Hier ist Brainstorming angesagt. Setze dir Budgets, die dir erlauben, etwas zu kaufen, aber dich zwingen mit weniger als bisher auszukommen, wenn du in diesem Bereich minimalistischer leben möchtest.

Gar nicht so einfach, oder? Die Beträge müssen hin und her geschoben werden, wie wenn der Kokser eine Line baut. Ich sage es nochmal, weil es so schön ist, dich zu ärgern: Ein Budget sollte knapp sein, weil dadurch das Bewusstsein geweckt wird, was Vorrang hat. Im Zweifelsfall ist ein Verzicht der beste Entscheider. Falls du es vermisst, muss es ins nächste Budget passen.

Am Ende dieser Tortour solltest du eine schöne Tabelle haben, die deine verschiedenen Lebensbereiche, deine Interessen und damit deine Persönlichkeit gut widerspiegelt. Wenn du gerne zuhause bist, kannst du dein Augenmerk und damit Geldbeträge auf diese Kategorien richten. Sollte dir beispielsweise Ernährung besonders am Herzen liegen, wird dieser Bereich besonders üppig ausgestattet. Und umgekehrt oder kreuz und quer. Rechne zur Sicherheit nochmal nach, die Summe deiner Einzelbudgets, darf dein Ergebnis von oben nicht überschreiten.

Die Umsetzung.

Es gibt zwei Möglichkeiten, um das Budget effektiv umzusetzen. Die eine ist **das Bargeld**, die andere **der laufende Schriftverkehr**. Ich finde das Budgetieren mit Bargeld deutlich einfacher, aber das Bezahlen mit Karten und ähnlichen Diensten ist bekanntlich auch beliebt.

Beginnen wir mit den Scheinen und Münzen. Es werden dabei Umschläge mit deinen Kategorien beschriftet. Das Geld wird anschließend auf die einzelnen Umschläge verteilt. Entnahmen erfolgen, wenn eine Ausgabe erfolgt. Ich würde dir empfehlen, dennoch zusätzlich auf oder im Briefumschlag Buch zu führen, um dich zu erinnern, wofür das Geld draufging.

Mach es dir einfach, mach doch die Umschläge zu deiner Geldbörse. Du könntest es wie die Einkaufsköniginnen im Fernsehen machen: Umschlag mit zum Einkaufstrip.

Leider lässt sich wahrscheinlich nicht jeder Bezahlvorgang splitten, beziehungsweise es ist in dem Moment zu peinlich, wegen einem Haargel einen Lebensmitteleinkauf aufzuteilen. Für solche Fälle stellt man sich einfach schnell eine Quittung aus, und verschiebt das Geld bei der nächsten Gelegenheit.

Um Mehrarbeit zu vermeiden, kannst du dir aber auch vornehmen, an einem Tag nur einen Bereich anzutasten. So wäre der heutige Betrag in deinem Geldbeutel beispielsweise ausschließlich für Lebensmittel reserviert. Positiver Nebeneffekt: Impulskäufe und unnötige Einkäufe aus anderen Bereichen lassen sich so gut vermeiden.

Auch bei einzelnen, sporadischen Zahlungen mit Karte oder bei Online-Bestellungen lässt sich eine Korrekturmöglichkeit für die Bilanz in den Umschlägen finden. Derartige Beträge müssen manuell entnommen werden. Dieses Geld wandert irgendwann zurück auf dein Konto. Egal auf welchem Zahlungsweg: Hast du Geld in einer Kategorie ausgegeben, muss es aus dem Verkehr gezogen werden.

Die zweite Variante ist die laufende Buchführung. In einer Datei oder auf einem Schreibblock legst du wieder eine Tabelle mit den verschiedenen Kategorien an. Bei den Ausgaben führen wir nun einen Countdown durch. Wir zählen nämlich runter, bis du pleite bist und kein Geld mehr ausgeben darfst. Im Laufe des Monats listest du alle Ausgaben auf. Das klingt übel, ist aber alles halb so wild. Die Daten lassen sich bestimmt schnell notieren, während das Wasser für den abendlichen Tee aufkocht. Man geht ja nicht ständig einkaufen.

Der Clou: Die jeweiligen Kosten werden direkt vom Budget abgezogen. Das Budget nimmt Schritt für Schritt ab, du hast aber stets den vollen Überblick darüber, was du über den Monat verteilt so ausgibst.

Beispiel:

Budget für Aussehen	**Gesamtsumme: 100 Euro**
Unterhosen für 10 Euro	Restsumme: 90 Euro
Haarschnitt für 15 Euro	Restsumme: 75 Euro
Haargel für 3 Euro	Restsumme: 72 Euro

Wenn du richtig spitze und fleißig bist, fügst du noch das Datum hinzu. So erinnerst du dich an bestimmte Ausgaben, die andernfalls nur ein *HÄÄÄ!* hervorgerufen hätten.

Eine Kombination verschiedener Varianten ist auch denkbar. Doppeltgemoppelt und so.

Schwer.

Die härteste Nuss, die es bei den Budgets zu knacken gilt: Standhaftigkeit. Ehrlicherweise bist du nämlich nur deinem Budget Rechenschaft schuldig. Verlockungen sind überall. Rechtfertigungen, um Geld auszugeben sind schnell gefunden.

Du betrügst dich im wahrsten Sinne des Wortes selbst, wenn du deine Budgets aus Jux und Tollerei sprengst. Respekt solltest du vor der Leistung deines früheren Ichs schon haben. Halte dich an dein Budget. Es ist nur ein Monat. Überleg doch mal, es hat so viel Arbeit gemacht, die Budgets zu entwerfen. Denken. Schreiben. Und dann das ganze Rechnen! Mit Zahlen!

Da wir ein böses Erwachen vermeiden, das Budget nicht frühzeitig sprengen wollen, solltest du dich täglich daran erinnern, dass du auf dein Geld achten musst. Es muss immer wieder gedacht werden: Ohne etwas zu ändern, kann keine Veränderung kommen. Ohne Zurückstecken gibt es keine minimalistische Balance. Umstellung ist schwer, doch das Leben ist auch lebenswert ohne Geld auszugeben. Wer sich auf das Wesentliche beschränken möchte, muss Unnötiges unvermeidlich links liegen lassen. Wenn du dir *diese eine* zusätzliche Ausgabe genehmigst, wenn du dir jene kleine Budget-Überschreitung gönnst, läuft alles weiter in dem Trott, der dich dermaßen genervt hat, dass du dir dieses Buch gekauft hast.

Sieh den ersten Monat als Entgiftungskur an. Sich einen Monat von unnötigem Konsum zu befreien, ist anstrengend, aber es reinigt. Du musst dich nicht mehr fragen, was du dir leisten kannst. Du sparst Zeit, weil du dich nicht mit neuen Produkten beschäftigen musst. Jeden Verkäufer, der dir etwas andrehen möchte, kannst du milde anlächeln. Bei dir zieht das nicht, weil es dein Budget bestimmt nicht hergibt.

Es kommt durch ein herausforderndes Budget Abwechslung ins Leben. Am Ende des Monats beschäftigst du dich vielleicht mit ganz ungewohnten Fragen. Wie zum Teufel ist mein Geldhaufen auf einen eisernen Kern aus metallenen Münzen geschmolzen? Kann ich mir jetzt wirklich nicht das Duschgel der Influencerin kaufen? Selbst kochen statt bestellen? Wenn das Geld knapp wird, dann ist das halt so. Not macht erfinderisch. Wenn es hart auf hart kommt, musst du es tun wie Ballerinas vor dem Auftritt und Turner vor dem Turnier: stretchen, strecken, dehnen.

Aus Fehlern soll man lernen. Wenn das Geld in dem Monat nicht reicht, darfst du dir die Kassenzettel anschauen und dich über den Schrott, den du dir geleistet hast, ärgern. Die Analyse wird dir wahrscheinlich die Erkenntnis bringen, dass es einen gewaltigen Unterschied zwischen den Ausgaben gibt. Der Teil, den du sofort wieder tätigen würdest, und die Ausgaben, die du dir beim nächsten Budget verkneifen wirst.

Es sei noch gesagt, dass deine Einzelbudgets nicht in Stein gemeißelt sind. Dein Budget darf lebendig sein. Im Laufe der Zeit können die Lebensbereiche andere, größere oder kleinere, Stücke vom Kuchen bekommen. Du wirst vielleicht merken, dass dir ein Bereich doch wichtiger/unwichtiger ist, als eingangs angekommen. Es dauert möglicherweise ein paar Runden, bis man die eigenen Vorlieben und den dazugehörigen Verbrauch kennt. Egal, so bleibt das Leben spannend.

Nach und nach wird immer offensichtlicher, was dir wichtig ist. Monat für Monat wird klarer, welche Ausgaben du dir ohne Lebensqualitätsverluste abgewöhnen kannst, sowie welcher Luxus für dich einfach dazugehört.

Sobald du nur noch vernünftige Ausgaben tätigst, hast du ein minimalistisches Budget.

Sparen durch Budgets.

Du warst bestimmt so motiviert, dass du schon beim ersten Budget über das Ziel hinausgeschossen bist. Es klingelt am Monatsende in der Kasse, wenn du den ein oder anderen Umschlag schüttelst? Nach der Abrechnung steht bei so mancher Kategorie ein Batzen unterm Strich? Glückwunsch! Aber steh nicht auf, um zu jubeln, bleib sitzen. Ich habe schlechte Nachrichten: Das ist Sparpotenzial.

Nächsten Monat wird nicht das überschüssige Geld plus den Beträgen vom neuen Budget verbraten. Stattdessen wird das Budget verringert. Du hast es geschafft, mit weniger Geld auszukommen und dennoch zufrieden zu sein. Diese Ersparnis öffnet in anderen Bereichen den Türspalt zu einem minimalistischeren Leben wie tolle Urlaube, eigenes Haus, früherer Renteneintritt oder weniger Arbeitszeit. Aber zurück zum neuen Budget, du kannst dir vorstellen, um welchen Betrag dieses gestutzt wird.

Im neuen Monat beginnt der Kampf von Selbstdisziplin gegen Kauflaune auf ein Neues. In diesem Fall ist das Leben ein Videospiel. Du hast das nächste Level erreicht, der Schwierigkeitsgrad wird erhöht. Schauen wir mal, wer in dieser Ebene der fieseste Gegner ist, der von dir gekauft werden möchte. Für Erfolge bestraft zu werden, ist wahrlich eine bittere Pille. Es tut mir für diesen Nackenschlag auch wirklich leid, aber der Weg zu Ausgaben, die nur noch das Nötige beinhalten, ist ist voller Kiesel. Er ist sehr, sehr steinig.

Bald wirst du es geschafft haben, mit der Summe deiner Ausgaben vollkommen zufrieden zu sein. Bei mir hat es einige Durchgänge gebraucht, bei jeder Runde lernt man dazu. Trotz kleiner Niederlagen und schlechten Käufen, wartet auf dich ein Sieg der Vernunft.

Kirchensteuer oder Geschenk des Himmels.

mehr Geld

Bei diesem Ärgernis können wir glücklicherweise anderen die Schuld in die Schuhe schieben. Diesen Mist haben dir leider Gottes deine Eltern eingebrockt. Man muss es so sagen, Mama und Papa haben dir enorme Kosten in die Wiege gelegt. Sei es drum, nachtragend werden wir nicht sein. Die Auswirkungen vom Planschen mit Johannes dem Täufer hast du nun aber lange genug ausgebadet.

Die Sache mit der Kirchensteuer ist schon unfair. Die Entscheidung wurde für dich getroffen, das Geld wird zudem automatisch eingezogen. Du hattest kein Mitspracherecht, außerdem wird dir die Kirchensteuer so clever abgeknöpft, dass es dir kaum auffällt. Möglicherweise zahlst du schon seit Jahren, ohne einen immateriellen Gegenwert zu bekommen. Viel Geld von dir hat sich in heiße, aber wahrscheinlich nicht in heilige, Luft aufgelöst. Es wäre spannend zu erfahren, welche Gesamtsumme du bisher an die Kirche abgetreten hast, oder? Wobei das wohl nur schlechte Laune bringen würde. Wir denken lieber positiv, die Zukunft wird sparsamer.

Bevor ich aus der Kirche austrat, machte ich mir so meine Gedanken. Wird das peinlich? Lohnt sich der Aufwand wirklich? Muss ich eine Erklärung abgeben? Kann mein Austritt abgelehnt werden? Schlimme Befürchtungen sind nicht eingetroffen, doch ich werde dich nicht anlügen: Aus der Kirche auszutreten, ist äußerst lästig.

Ablauf.

Leider kann man den Kirchenaustritt nicht einfach schriftlich erledigen. Zeitgemäß wäre es ja, aber das ist dann so einfach, dass es die Leute tatsächlich machen würden. Da die Pfarrer ordentliche Lobbyarbeit leisteten, werden einem ein paar Hürden in den Weg gelegt. Der Kirchenaustritt soll wahrscheinlich so unangenehm sein, dass man es aus Bequemlichkeit im letzten Moment dann doch bleiben lässt. Man muss unsinnigerweise persönlich vorsprechen, und das, obwohl Gott doch alles sieht. Zum Glück bist du kein Blinder mit Krückstock, daher gehen wir diese Sparmöglichkeit jetzt an.

Es wird sachlich beim Sachbearbeiter auf dem Amt erledigt. Zuständig sind Standesamt oder Amtsgericht. Du brauchst möglicherweise einen Termin, auf jeden Fall aber deinen Personalausweis oder Reisepass. Wer verheiratet oder geschieden ist, benötigt unter Umständen das Familienbuch. Diese Einzelheiten sind abhängig vom Bundesland, hoffentlich hast du Glück!

Wenigstens erklärt man den Austritt nicht bei Nonnen, die einen lieb anschauen und damit möglicherweise umstimmen. Man geht hin, klopft an, tritt ein. Anschließend verkündet man feierlich und mit ernster Stimme, dass man aus der Kirche austreten möchte.

Das war schon der mündliche Teil. Man muss nur ein kleines Formular ausfüllen lassen. Binnen weniger Minuten sind deine Daten eingetragen, du musst nur noch unterschreiben. In den meisten Bundesländern wird eine Gebühr fällig, doch das ist gut investiertes Geld. Über kurz oder lang hast du diese Ausgabe wieder eingespielt.

Nachdem du ausgetreten bist, bekommst du eine Bescheinigung. Im Normalfall wird das Finanzamt automatisch informiert. Solltest du dich ob deiner neuen Freiheit beflügelt fühlen, kannst du den Damen und Herren allerdings auch nochmal Bescheid geben. Mit Ablauf des Monats bist du von deiner Zahlungspflicht entbunden.

Sei ehrlich: Das ist kein Hexenwerk. Sei nochmal ehrlich: Du hast gerade Zeit. So ein Zufall, es ist perfektes Wetter für einen Spaziergang.

Was dich von der heutigen Erlösung trennt, ist nur die Überwindung. Klar, niemand geht gerne aufs Amt. Jeder vermeidet Mühe, wenn es möglich ist. Aus der Kirche auszutreten, haben sich schon viele vorgenommen, aber wenige umgesetzt. Tu dir und deinen Finanzen einen Gefallen, du musst nicht direkt mit dem Teufel tanzen, aber wenigstens aus der Reihe!

Gründe.

Nun weißt du, was dich erwartet. Damit es nicht nur beim Vorhaben bleibt, gibt es jetzt noch eine Predigt.

Für einige Leute ist der Kirchenaustritt mit einem moralischen Dilemma verbunden. Man hat Angst, dass man etwas Verwerfliches tut, gar sündigt. Ich betrachte das Ganze lockerer. Es dreht sich doch ausschließlich um dein Verhältnis zur Kirche. Du bist jahrelang indirekt für den Verein arbeiten gegangen, deshalb darfst du dich fragen, ob das Preis-Leistungs-Verhältnis stimmt. Zahlst du, obwohl du kaum etwas zurückbekommst? Wenn du nie betest, nie in die Kirche gehst, mit Religion nichts am Hut hast, aber lammfromm die 8/9 Prozent deiner Einkommensteuer abdrückst, denke ich mir nur: Lieber Gott, lass Hirn regnen!

Zahlst du nicht schon genug Steuern? Davon bekommen Kirchengemeinschaften, Bischöfe und ähnliche Kostenverursacher übrigens satte staatliche Unterstützungen. Die Kirche übernimmt gute und wichtige Aufgaben unserer Gesellschaft, keine Frage. Dafür werden sie allerdings auch angemessen aus der Staatskasse entlohnt. Du finanzierst die Kirche also sowieso bis ans Ende deiner unfrommen Tage. Derzeit zahlst du sogar doppelt!

Das Vermögen der Kirche ist schier unendlich. Mit deinen Kröten kannst du bestimmt Besseres anfangen, als Reiche noch reicher zu machen. Glaubst du ernsthaft, dass die Kirche dir eine Arme-Kirchenmaus-Steuer zahlen wird, wenn du in Nöte gerätst?! Das ist einseitige Nächstenliebe. Wenn ich mir die protzigen Bauten und unfassbaren Reichtümer anschaue, werde ich endgültig zum Ketzer. Eigentlich wird Lotto Idiotensteuer genannt. Ich frage mich jedoch, wer sich hier zum Deppen macht. Die Chance auf Erleuchtung dürfte in den Häusern mit den hohen Türmen genauso hoch sein, wie zuhause. Wenn dich Gott nur mag, wenn du ihn bezahlst, war er nie dein Freund.

Selbst wenn du derzeit kein zu versteuerndes Einkommen hast, ist es besser die Sache zu erledigen, bevor es zu spät ist.

Und überhaupt: Solltest du bemerken, dass es ein Fehler war, kannst du auch einen Kirchenwiedereintritt durchführen. Die nehmen dich bestimmt mit Kusshand. Vielleicht sogar mit Salbung, du kannst ja mal fragen. Die Rückkehr ist übrigens kostenlos. Ein Schelm, wer dabei Böses denkt.

Daher gilt: Die gesparte Kirchensteuer ist ein Geschenk des Himmels, das du jetzt annehmen darfst.

Versicherungen oder verheddert im Sicherheitsnetz.

mehr Geld

Wo wir beim Thema sind, apropos höhere Gewalt.

Versicherungen sind schon komisch. Es werden Unterschriften gesetzt, damit jemand da ist, der für den Schlamassel gerade steht. Man zahlt zwar artig seine Beiträge, aber eigentlich hoffen alle Beteiligten, dass der berühmte Fall der Fälle niemals eintritt. Das Ziel ist quasi, Geld aus dem Fenster und in den Rachen der Gesellschaften zu werfen.

Versicherungen gehören zu unserem Leben wie Unkraut zum Garten. Das heißt aber nicht, dass man für jeden Lebensbereich eine Versicherung benötigt. Wir sind sowieso gezwungen, ein bestimmtes Maß an Versicherungen abzuschließen. Jede zusätzliche Versicherung kann da schon zu viel des Guten sein. Jeder ist in Sachen Krankenversicherung und Pflegeversicherung fällig. Fast alle zahlen zudem in die Versicherungen von Arbeitslosigkeit und Rente ein. Autohalter können sich nicht drücken, dazu verlangen viele Vermieter eine Haftpflichtversicherung vor dem Mietvertrag. Das ist ein ganz schöner Batzen. Man hat schon so viele Zwangsversicherungen. Man könnte meinen, das stillt das Bedürfnis. Weit gefehlt! Es scheint, als ob die meisten von uns gar nicht genug von den Policen bekommen können. Mittlerweile kann jeder Lebensbereich abgesichert werden. Um beim Unkraut zu bleiben, muss man aufpassen, dass die Versicherungen nicht wuchern. Wahrscheinlich ist auch in deinem Leben nun eine gute Zeit zum Jäten!

Die minimalistische Herangehensweise beim Geld ist: Achtung, *die paar Euro* pro Monat summieren sich! Daher gilt: Wir werden uns von unnötigen Versicherungen trennen und bei den zukünftigen wählerisch sein.

Mal anders betrachtet.

Es gibt sicherlich viele sinnvolle Versicherungen. Um entscheiden zu können, welche Varianten du dir sparen kannst, ändern wir mal den Blickwinkel.

Versicherungen sind Sicherheitsnetze. Man erkauft sich ein gutes Gefühl und versichert seiner Unsicherheit, dass alles geregelt ist, falls etwas passieren sollte.

Versicherungen sind Wetten gegen die Wahrscheinlichkeit. Sie sind eine seltsame Art von Glücksspiel. Versicherungsunternehmen können sich gerne als Wohltäter darstellen, die nur das beste für dich wollen, sie betreiben allerdings ein Geschäft mit Angst und Hoffnung. Man hat Angst, dass etwas passieren könnte und die Hoffnung, dass der entstandene Schaden übernommen wird. Wie bei Wettanbietern werden die Chancen geschätzt, diesmal für den Schadensfall statt für Sieg oder Unentschieden. Ein Pendant zu den Quoten gibt es auch. So wird das Risiko der auszuzahlenden Schadenssummen durch die Beiträge auf alle Teilnehmer verteilt. Der Buchmacher behält selbstredend seinen Teil, komme was wolle.

Jede Versicherung ist ein Geschäft, bei dem die Masse der Versicherten unterm Strich mehr zahlt, als in der Summe für Schadensfälle ausgezahlt wird. Sonst wäre das Geschäftsmodell nicht derart lukrativ, dass überall dafür geworben wird.

Zocken kann Spaß machen. Doch wie beim Wetten sollte man nur einsteigen, wenn man davon ausgeht, dass man gewinnt.

Du wirst mit den ganzen Leuten da draußen, die sich ebenfalls versichern, in einen Topf geworfen. Während sich für Unachtsame Versicherungen rechnen, sind es die Vorausschauenden, die den Spaß finanzieren. Es gibt Leute, die mehr einzahlen, als sie rausbekommen, und Leute, für die sich die Versicherung lohnt. Bei jeder einzelnen Police lohnt es sich abzuwägen, auf welcher Seite man sich befindet. Bei jeder einzelnen Versicherung solltest du dich fragen, wie hoch die Wahrscheinlichkeit ist, dass *du* sie in Anspruch nehmen musst.

Wenn du mit dir und deinen Dingen so umgehst, wie sie es verdienen, also vorsichtig, behutsam, respektvoll, und ein helles Köpfchen bist, haben sich die meisten Versicherungen gegessen. Deine Beiträge dienen dann dazu, den Tölpeln die Kohlen aus dem Feuer zu holen.

Lohnt es sich?

Bei Versicherungen gilt es, die Kosten und den wahrscheinlichen Nutzen zu vergleichen: Wie viel zahlst du ein? Wie viel bekommst du maximal heraus? Und ganz wichtig: Unter welchen Voraussetzungen wirst du überhaupt bezahlt? Wo lohnen sich Versicherungen trotz der abzusehenden Geschäftsgebaren der Versicherer?

Und dann musst du auch mal deine eigene Tollpatschigkeit einschätzen. Wie viele Smartphones hast du denn bisher zerstört, dass du sie versichern musst? Jonglierst du mit Handys? Wenn du in der Vergangenheit keine technischen Geräte geschrottet hast, sollten die Chancen gut stehen, dass es so weiter geht. Wer hauptsächlich Kontaktlinsen trägt, muss seine Brille nicht versichern. Eine gut geplante Reise braucht nicht versichert zu werden, wenn man gesund ist.

Dein Versicherungsportfolio muss auf deinen Lebensstil ausgerichtet sein. Du kannst dich doch gut einschätzen. Wie wahrscheinlich ist es, dass X eintritt. Wenn du eine Versicherung abschließt, solltest du davon ausgehen, dass du zu eben jenen gehörst, die davon profitieren.

Wobei der Profit auch profitabel sein muss. Wenn man weniger oder gar nur einen Bruchteil seiner summierten Beiträge bekommen kann, ist das System ein bisschen witzlos. Es muss beachtet werden, dass nicht jeder Schadensfall ausgezahlt wird, aber auch nicht jede Auszahlung zufriedenstellend ist.

Komme was wolle, die Versicherungen sind gewinnorientiert. Meistens wollen die Versicherungen sich zwar nicht den Ruf durch Geiz ruinieren. Sie sollen aber gleichzeitig möglichst knausrig sein. Eigentümer und Anteilseigner wollen schließlich schwarze Zahlen. Ich will nicht, dass du schwarz siehst, aber eine realistische Einschätzung kann dir Geld und Frust ersparen!

Nun gehen wir mal davon aus, dass tatsächlich etwas passiert ist. Sollte dein Ersuchen wider Erwarten nicht wegen Selbstverschuldung, Naturgewalt, Fahrlässigkeit oder grober Leseschwäche des Sachbearbeiters abgelehnt werden, wirst du womöglich mit Krumen abgespeist. Wenn etwas kaputt geht, wird man nämlich oft enttäuscht. Da hat man sich eine verlängerte Garantie oder Ähnliches aufschwatzen lassen, bekommt aber nur den aktuellen Zeitwert ausbezahlt. Es wird behauptet, du hättest das Teil so gedroschen, dass es noch einen Appel und zwei Eier wert ist. Statt einer hohen Summe, durch die du den Verlust tatsächlich ersetzen könntest, erwartet dich irgendein rechnerischer Wert, der einer Beleidigung gleich kommt. Ein neuwertiges Teil wird schnell zum alten Eisen gezählt, wenn es darum geht auszuzahlen. Im Kleingedruckten stehen oft die wichtigen Details, die über Abschluss und Kündigungen entscheiden lassen.

Beispiele unrentabler Versicherungen mit miserablen Gewinnchancen gibt es in vielen Bereichen. Wer wenig besitzt, braucht meist keine Hausratsversicherung. Was sollst du da ausbezahlt bekommen? Braucht man eine Versicherung durch die irgendwann die Beerdigungskosten gedeckt werden sollen? Wie wäre es denn einfach mit sparen, statt Leute dafür zu bezahlen, dass sie dein Geld sparen? In der ganz fernen Zukunft, wenn es bei dir soweit ist, wurden bestimmt sowieso sowohl Jungbrunnen, Zeitreisen als auch Zellverjüngungen entdeckt. Und überhaupt: Hochzeitsrücktrittskostenversicherung?!

Schau mal aus dem Fenster! Es ist das perfekte Wetter für Trennungen. Damit ist jetzt ein toller Zeitpunkt, um ein paar Kündigungen zu schreiben, oder?

Neue Versicherungen.

Wenn dir in Zukunft Versicherungen angeboten werden, sei bitte misstrauisch und skeptisch.

Schätze vor jedem Neuabschluss ab, wie hoch die Chance ist, dass du auf der Seite der Gewinner stehst. Überleg, ob du auch ohne den versicherten Gegenstand gut und gerne leben könntest. Quäle dich durch das Klitzekleingeschriebene und wäge ab, über wie viele Hürden du springen musst, bevor du bezahlt wirst.

Auch renommierte Versicherungsunternehmen beziehungsweise deren Vertreter wollen einem viele Schrottpolicen andrehen. Hausbesuch, E-Mail, Anruf, Bannerwerbung, Dialogpost: Irgendein Versicherungsfuzzi nervt doch immer. Denn jederzeit gibt es *zufällig* gerade eine ganz neue Versicherung, die jetzt *jeder* abschließt. *Das hat dir gerade noch gefehlt.* Nicht! Wenn sie nicht doppelt abdeckt, greift sie wahrscheinlich am Sanktnimmerleinstag.

Die paar Versicherungen, die sich zurecht durchgesetzt haben, kennt man wahrscheinlich. Je ungewöhnlicher der Titel klingt, je seltener man sie gehört hat, desto kritischer sollte man die Versicherungen hinterfragen, desto genauer recherchieren.

Aber Vorsicht! Mittlerweile verdienen so viele Personen mit, auch bei den Antworten muss man schauen, woher sie kommen. Das Internet mag alles wissen, es verheimlicht aber auch so manches. Portale, die sich durch die Vermittlung von Versicherungen finanzieren, sind beispielsweise kein guter Ratgeber. Da können sie in ihren Beiträgen noch so oft behaupten, dass sie ganz fair und unabhängig sind. Sobald sich dort ein Link findet, wo die besprochene Versicherung abgeschlossen werden kann, sollte sich deine Gutgläubigkeit in Luft auflösen. Es müssen nicht mal Lügner sein, aber parteiisch sind Menschen, die eine Provision für einen Abschluss bekommen, immer. Da können sie auf ihren Passfotos noch so vertrauenswürdig lächeln.

Sogar Händler verdienen sich derzeit ein Zubrot durch Absicherungen, Garantieverlängerungen und ähnlichen Zusätzen. Es sollten die Alarmglocken schrillen, wenn der Elektrohändler oder Supermarkt plötzlich mehr von dir will, als dass du nur Sachen kaufst. Wenn der Verkäufer gleich noch eine Versicherung andrehen möchte, darf man auch erstmal ablehnen. Lass dich nicht unter Druck setzen. Ein Angebot, über das man nicht mal nachdenken kann, ist selten gut.

Sei mit deinen Unterschriften geizig, lass dich nicht überrumpeln.

Der Markt der Versicherungen, Policen und Garantien ist angeschwollen wie eine Eiterbeule. Es lässt sich mit den Unterschriften zu viel Geld verdienen, als dass es nur nützliche (und damit minimalistische) Angebote gibt.

Genügsamkeit oder antrainierte Zufriedenheit.

weniger Stress

Eines der Resultate, die man durch einen minimalistischeren Lebensstil erreichen kann, ist eine höhere Zufriedenheit. Mit Blick auf unsere minimalistischen Themen kann man die Lebensglück-Chancen verbessern, wenn man sich in Bescheidenheit übt. Und das üben wir jetzt, wie ein Lehrer sagen würde.

Einstellungssache.

Wer sich das Leben leichter machen möchte, sollte sowohl sein Verhalten gegenüber Besitz als auch seiner Ansprüche gegenüber dem Konsum hinterfragen. Will, Muss, Brauche, Verlange, Benötige, Fordere – so viele Worte, so viel Unfug, weil sie so viel Unzufriedenheit schüren.

Wenn man sich jeden Tag bewusst macht, dass man zwar Wünsche haben und nach Fortschritt streben kann, deshalb aber nicht im Überfluss versinken und einen Nachschlag fordern muss, findet man bald eine schöne Balance. Wer sich oft genug daran erinnert, dass das Glück nicht vom eigenen Besitz, sondern von dessen Betrachtung abhängig ist, hat die minimalistische Denkweise bald verinnerlicht. Ständig wiederholte Gedankengänge erzeugen im Laufe der Zeit eine neue Realität.

Du magst das Beste verdient haben, aber manchmal genügt auch das, was man schon hat. Eine genügsame Herangehensweise sorgt für weniger Sorgen!

Genügsamkeit und eine vernünftige Anspruchshaltung zu haben, ist Einstellungssache. Wer es böse meint, würde behaupten, dass man aufgibt und sich mit der Situation abfindet. Aber ich finde, dass es uns im Großen und Ganzen gut geht, und wir uns über das freuen dürfen, was da ist.

Denken wir mal in Stereotypen: Möchtest du lieber die arme, zufriedene Frau, die glücklich über ihr bescheidenes Hab und Gut ist, oder der reiche, verbitterte Mann, der im Warenreichtum versinkt und dennoch in jeder freien Minute nach noch mehr geiert, sein?

Es wird einfacher, zufrieden und glücklich zu sein, je öfter man sich denkt: *Es ist cool, dass ich das habe. Generationen vor mir hatten dieses Glück nicht.* Sogar Milliarden Menschen, die am heutigen Tag und gar nicht so weit weg von dir leben, genießen die vielen Vorzüge eines bescheidenen Lebens in unseren Breitengraden auch nicht. Dennoch schafften und schaffen es viele von ihnen zufrieden und glücklich zu sein.

Eine vollgestopfte Wohnung ist nicht nötig, wenn man trotz kahler Stellen gar nichts vermisst. Wieso soll man ständig Erweiterungen anschaffen, wenn es einem nicht schlecht geht? Ein bisschen Bescheidenheit schadet nicht. Man kann Kleinigkeiten genießen, wenn man nicht ständig das größte Stück vom Kuchen abbekommen will.

Wir Leben in Zeiten des Überflusses. Für Genügsamkeit muss man sich vom Zeitgeist lösen. Ständig wird man mit Eindrücken von Sachen, die man haben könnte, genervt. Werbung, Nachbarn, Kollegen und Fremde behaupten: Diese Couch ist weicher, dieser Topf glänzt mehr, dieses Regal ist brauner. Das mag objektiv stimmen. Dennoch wird dein Leben nicht stimmiger, wenn du ihnen immer wieder auf den Leim gehst.

Bei vielen Dingen, bei denen man sich Unzufriedenheit einredet, handelt es sich um Produkte, die man früher aus guten Gründen wollte. Sie sind weder abgelaufen noch vergammelt! Klar, man hat sie schon tausendmal gesehen. Doch es sind Sachen, die helfen, deinen Alltag angenehmer zu gestalten.

Genügsamkeit ist mit genug verwandt. Man hat genug Dinge, die noch bestens funktionieren. Oft genügt das, was man hat. Es muss nicht immer wieder die neuere Variante gekauft werden. Ständige Neuanschaffungen sind bestenfalls kurz aufregend. Nüchtern betrachtet ist die Selbstverständlichkeit, ständig mehr/neue Waren zu haben, monoton. Es ist durch und durch langweilig, sich dauernd zuhause umzuschauen, nach Makeln und damit Begründungen zu suchen, warum man eine Alternative oder einen Zusatz kaufen müsste. Es sind dann negative Gedanken, die den Alltag dominieren. Wenn man stattdessen durch die Wohnung streift und die Dinge – solange sie einwandfrei funktionieren – akzeptiert, wie sie sind, hat man den Kopf frei für wichtige Projekte.

Fakt: Es könnte immer eine neue Sache gekauft werden.

Solange du Geld zur Verfügung hast, könntest du es für weitere Anschaffungen ausgeben. Doch wer nicht aufpasst, läuft sich im Hamsterrad des Konsums die Seele aus dem Leib. Irgendwann, wenn Umwelt oder Gesundheit endgültig ruiniert sind, stellt man sich wahrscheinlich die Sinnfrage: Was habe ich eigentlich mit meinem Leben angestellt? *Ich habe eingekauft und weggeworfen!* Kehre in dich ein, wahrscheinlich fällt dir auf, dass das, was du hast, gar nicht so übel ist. Zufriedenheit mit dem Ist-Zustand hat positive Nebeneffekte. Für die kurzzeitigen Glücksgefühle in Form der nächsten Neuanschaffung muss doch wirklich kein Geld ausgegeben werden. Das ist ein Rausch, der immer wieder blitzschnell verpufft.

Genügsamkeit sorgt dafür, dass man nicht ständig nach dem Kick durchs Kaufen suchen muss. Das Leben wird nicht zum Drahtseilakt in ständiger Angst vor dem freien Fall, falls dich Kredit, Dispo, Verbindlichkeiten und Finanzierung ins Straucheln bringen.

Es gibt immer zwei Betrachtungsweisen, man kann das Gute und das Schlechte sehen. Wenn du dir zum Beispiel ein Möbelstück anschaust, das dich schon seit Jahren begleitet, kannst du deinen Blickwinkel beeinflussen und so im Laufe der Zeit immer genügsamer werden. *Der Tisch ist so erfahren, der hat zwar keine Falten, aber dafür Kratzer.* oder *Der Tisch ist so alt, der sieht schon voll ramponiert aus.* Genügsamkeit ist die Entscheidung zwischen Glas halbvoll und halbleer.

Funktionalität entscheidet – auch bei Lifestyleprodukten wie Smartphones.

Bei den alltäglichen Dingen wird der Lebenszyklus gefühlt immer kürzer. Man kauft, wirft weg, man bestellt, retourniert. Es wird auf den Putz gehauen, als wäre man ein Maurer. Bei einem Pixelfehler geht ein neues Gerät samt Display zurück zum Verkäufer. Dort geht die Rückabwicklung weiter. Nach der Ausschlachtung darf der Restmüll im Meer versenkt werden. Ein bisschen weniger Anspruchshaltung sorgt für ein viel längeres Produktleben. Durch Zurückfahren der Geschwindigkeit kann man nicht nur etwas für den Geldbeutel, sondern auch für das Gewissen etwas tun.

Heutzutage wird bekanntlich gerne mit der Moralkeule geschwungen. Bei allen Themen, die sich um die Zerstörung oder Erwärmung der Welt drehen, ist schnell der Schuldige gefunden. Jemand anderes war es! Man selbst kauft ja nur, was man möchte. Man selbst hat sich ja seinen Lebensstandard ehrlich erarbeitet! Betrachtet man das große Ganze ist der eigene Teil schließlich klitzeklein. Wieso soll man zurückstecken, wenn die Anderen Kohle abbauen, die Anderen Auto fahren, mit Plastiktüten einkaufen, grillen oder in den Kurzurlaub fliegen? *Da darf man sich wohl ein neues Handy gönnen!*

Es wird Wasser gepredigt und Wein getrunken. Wer sich ständig neue Geräte aufgrund kleinster Fortschritte und Veränderungen zulegt, ist scheinheilig, wenn er/sie/es es wagt, über Umweltverschmutzung zu klagen. Wer ständig überflüssig konsumiert hat schlicht das Recht verwirkt, sich über andere zu beschweren. Und das ist doch eine der größten Freuden des Lebens, oder geht das nur mir so?!

Man kann sich und der Umwelt einen großen Gefallen tun, wenn man Dinge benutzt, bis sie verbraucht sind beziehungsweise bis sie ihre Arbeit getan haben. Man kann die Müllproduktion und seine eigene Geldverschwendung entschleunigen, indem man seine Ansprüche vom siebten Himmel auf den Boden der Tatsachen holt. Für genügsame Minimalisten führt der Weg zur Zufriedenheit hinaus aus der Wegwerfgesellschaft.

Technische Neuerungen, die das Leben erleichtern, sind wunderbar und jedem gegönnt. In den meisten Fällen handelt es sich bei den Anschaffungen allerdings nicht um technische Weiterentwicklungen, sondern um kosmetische Veränderungen. Es werden gute Produkte weggeworfen, weil man eifersüchtig war, aufgestachelt wurde oder nicht nur dazugehören, sondern auffallen wollte. Besonders bei Technik gilt: Nur weil es nicht neu ist, ist es nicht wertlos. Sobald es eine neue Version eines Elektronikgeräts gibt, muss man sein altes Ding nicht mutwillig zerstören (lassen). Es ist in den meisten Fällen immer noch ein Wunderwerk der Technik. Es gilt, Leistung entscheiden zu lassen, nicht mehr zu bewerten, ob man damit Neid schüren kann.

Gebrauchsgegenstände dürfen benutzt werden, bis sie verbraucht sind. Kleine Mängel machen ein Teil nur für Winkeladvokaten mangelhaft.

Genügsamkeit steht dafür, dass man Produkte nicht um der Neuheit Willen kauft. Es werden langjährige Verträge abgeschlossen und irgendwelche Rohstoffe aus den tiefsten Bergbauten geklopft, weil ...?! Weil das neue Smartphone *4 Klingonen* mehr hat als der Vorgänger und 19 Nanogramm weniger wiegt?! Das klingt verschwenderisch. Das klingt nach einem reichen, verbitterten Mann, der sich über seinen Besitz definiert. Das ist weder minimalistisch noch bist das du!

Stattdessen könnte man auch begeistert sein, was das derzeitige Smartphone alles kann. Wir könnten auch einfach dankbar sein, dass das ganze Zeug funktioniert. Technik, Herstellung, Vertrieb und Unterhalt sind für den Normalgebildeten derart kompliziert, dass das Meckern auf derart hohem Niveau schon abgehoben wirkt. Erkläre mir mal, wieso mir meine Mutter kostenlos Fotos aus 500 Kilometern Entfernung ohne zeitliche Verzögerung schicken kann?! Wenn deine Antwort irgendwas mit

Wellen und Satellit lautet, hast du genauso wenig Ahnung wie ich. Wir sollten uns also glücklich schätzen, so ein verrücktes Teil in der Tasche zu haben, statt die paar Kratzer oder die paar Millisekunden Verzögerung bei den Reaktionen zu monieren.

Arbeit wertschätzen und in Relation setzen.

Von unserem Geld kaufen wir die erbrachte Leistung von Fremden. Wenn man mal überlegt, was man für seine Arbeit alles bekommt, fällt es leichter, etwas genügsamer zu sein.

Es wird viel geschimpft über den Kapitalismus, über Ausbeutung und Gier. Im Grunde genommen ist Geld eine wunderbare Sache. Die Möglichkeit der Bezahlung mit Geld bedeutet, dass man sich die Aufgaben im großen Stil teilen kann. Jeder erbringt seinen Teil der Arbeit und kann das erarbeitete Geld gegen die Erträge der anderen tauschen.

Das alleine ist schon gut, weil man sich auf eine Tätigkeit, die einem liegt, spezialisieren kann. Aber es wird noch besser. Hierzulande spielt es fast keine Rolle, wie man sein Geld erarbeitet hat. Nicht alles ist perfekt, du hast vielleicht nicht den Hauptgewinn erwischt. Aber nüchtern betrachtet, hast du ein gutes Los gezogen. Man macht immer ein gutes Geschäft, wenn man das Geld clever einsetzt. Man investiert einige Stunden seines Tages und bekommt dafür fast alles. Also das, wofür man sich entscheidet. Bisschen arbeiten, über kurz oder lang kannst du dir fast alles kaufen, was es gibt! Durch Massenproduktion, Import und Wettbewerb kann man trotz eventuellem Lohndumping unglaublich viel gegen die eigens erbrachte Leistung tauschen. Das ist doch eine Tatsache, mit der man zufrieden sein kann, oder?

Statt sich über diesen Service und jene Qualität zu beschweren, sollte man sich mal überlegen, für wie wenig Kraftanstrengung man das alles genießen kann. Jemand anderes nimmt dir diese Drecksarbeit ab, die du ja offensichtlich nicht erledigen kannst/möchtest. Es ist angebracht ein bisschen Demut zu zeigen, und nicht immer mehr zu verlangen. Minimalistisch sein heißt: Nicht ständig meckern, weil etwas nicht den Traumvorstellungen entspricht!

Klar, man könnte es als Geldmacherei sehen, doch in die Produktion von Dingen und der Erbringung von Dienstleistungen wurde sehr oft sehr viel Kraft und Anstrengung investiert. Viele Menschen haben angepackt, um dich zu bedienen. Sei es sichtbar wie der Paketbote oder unsichtbar wie der Fabrikarbeiter, du bekommst für deinen Geldwert viele helfende

Hände. Nur weil man etwas durch das Wedeln von ein paar Scheinen bekommen kann, heißt das nicht, dass man die damit verbundenen Leistungen wie Luft behandeln muss.

Wer sich über die Selbstverständlichkeit, wie einfach alles erhältlich ist, wieder freuen kann, lebt besser.

Die Bescheidenheit, dass man einfach froh ist, dass sich jemand die Mühe gemacht hat, einen Gegenstand herzustellen, ist vielerorts völlig abhanden gekommen. Dienstleistungen und Produktionen anderer Leute dürfen wertgeschätzt werden. Ich-Bezogenheit führt in diesem Zusammenhang zu Frust, weil man ständig nur die negativen Aspekte sieht: zu spät, zu schlecht, zu teuer.

Genügsamer ist es, wenn man sich klar macht, dass auch die Mitmenschen ihre Leistung erbracht haben. Bei mir funktioniert das gut, wenn ich Alltägliches in Relation setze. Ich stelle mir vor, wie hart ich für einen Betrag arbeiten musste. Dann vergleiche ich das mit der Arbeit, die mir erspart wurde, weil andere ihren Ertrag gegen mein Geld tauschen. Das Ergebnis ist immer ein gutes Geschäft für mich. Ich bekomme so viele Dinge, die ich möchte, und muss dafür nur ein wenig meiner Leistungsfähigkeit aufwenden.

Um mal so richtig bescheiden zu wirken: Ich kann mich immer wieder über Tiefkühlgemüse freuen. *Ja, richtig gelesen! So genügsam bin ich! Bin ich nicht toll?!* Spaß beiseite. Es ist schon sehr erfreulich, wie wenig Arbeit, Zeit und Anstrengung ich investieren muss, um beispielsweise eine Packung Spinat zu bekommen. Müsste ich ihn selbst anbauen, ernten und putzen – puh, bei mir würde es schätzungsweise nie Spinat geben. Die ganzen Vorgänge übernehmen andere fleißige Leute für mich. Es wird noch besser: Wieder andere Leute halten ihn quasi jederzeit bereit und verkaufen ihn mir mal mehr, mal weniger freundlich wann immer ich Lust darauf habe. Wenn der Spinat ein bisschen angetaut ist, wenn er wässrig und schrumpelig aussieht, könnte ich mich natürlich aufregen. Ich könnte mich beim nächsten Einkauf bei der Kassiererin beschweren und ihr die Laune noch mehr vermiesen. Aber eigentlich sollte ich mich immer noch glücklich schätzen, so einen genialen Deal machen zu können.

Bevor du den negativen Gedanken folgst, solltest du schauen, ob es nicht eigentlich gut ist, wie es ist. Ein großer, dicker Bär aus einem gemütlichen Dschungel könnte dir ein Liedchen singen: *Probier's mal mit Genüg-*

samkeit!

schwarzer Bildschirm oder Ablenkung reduzieren!

weniger Stress, mehr Zeit

Da wir dieser Tage durch Leistungsdruck und Erwartungshaltungen auf Optimum getrimmt werden, muss an dieser Stelle gesagt werden, dass Nichtstun nicht verwerflich ist. Die Seele muss auch mal baumeln, sonst kommt der Geist ins taumeln.

Wir wollen die Anspannung regelmäßig auf Schlumpfgröße schrumpfen. Entspannen, Nichtstun, woran denkt man da? Füße hoch, Glotze an, oder? Und nun kommt das berühmte Wort: Aber! Entspannung ist ungleich Ablenkung.

Sie sind Zeitfresser, die an deinen Nerven sägen und deine Aufmerksamkeit einsaugen. Damit dein Leben nicht noch stressiger wird, kümmern wir uns jetzt über wahre Parasiten: Fernseher und all ihre Artverwandten!

Die Ergüsse des linearen Fernsehprogramms, die seichten Sendungen und saudummen Shows, bringen oft keinerlei Erholung, obwohl man viel Zeit in sie investiert. Wir werden positiv in die Zukunft blicken, weil wir ab sofort schwarz sehen.

Steht bei dir auch einer der schwarzen Kästen? Zahlst du für den Kabelempfang und ärgerst dich trotzdem über die ständigen Werbeunterbrechungen? Stöhnst du oft auf, weil du durchgeschaltet hast, aber einfach nichts kommt? Das freut mich! Nicht, dass ich mich an deinem Leid ergötze, doch das sind gute Vorzeichen. Vielleicht kann ich dich ja dazu bringen, die Glotzbox, den Flimmerkasten, den Fernsehapparat rauszuwerfen.

Man muss es ihnen lassen. Sie sehen für ihr Alter wirklich top aus. Sie haben abgenommen, sind jetzt schlank und flach. Dennoch sind die Fernseher ein Feind des Minimalisten.

- Er kostet bei der Anschaffung einen stattlichen Betrag.

- Er frisst Strom und sorgt für hohe variable Kosten.

- Er muss ständig abgewischt werden, weil er herumsteht und Staub sammelt.

- Er ist ein mietfreier Untermieter, der Wohnzimmer und/oder Schlafzimmer belagert.
- Er lädt ständig neue Gäste ein. Dreist machen sich Receiver, die Player und die Konsolen breit.
- Er braucht Aufmerksamkeit.

Zeitdieb.

Die Anschaffungskosten hat man schon geschluckt, Stromkosten sollte man bekanntlich immer klein halten, daher wollen wir uns jetzt intensiver mit dem Zeitfaktor beschäftigen.

Es ist überraschend, wie viel Zeit man tatsächlich mit seinem Fernseher verbringt. Ich habe die Umfrage der folgenden Zahlen zwar nicht durchgeführt, die Fragestellungen kenne ich ehrlich gesagt auch nicht. Die Angaben stammen allerdings vom statistischen Bundesamt, daher könnten sie sogar richtig sein. Wobei die Genauigkeit nicht allzu wichtig ist, ich will dich einfach nur durch die Zahlen schocken und dadurch antreiben, den Fernseher rauszuwerfen.

Angeblich verbringt unsereins durchschnittlich 224 Minuten vor, neben und am Fernseher.

Das entspricht nach meiner Kalkulation 3,73 Stunden am Tag! Ufff. Fast vier Stunden flimmert der Kasten? Da kann man sich nicht über seine Stromrechnung beschweren. Da stößt das Rumheulen, dass man heute zu nichts gekommen ist, auf taube Ohren. 13440 Sekunden täglich, das klingt erstmal zu viel. Solche Zahlen schiebt man reflexartig weit von sich weg. Man ist sich sicher, dass die Anderen den Schnitt heben. Das müssen die faulen Langzeitarbeitslosen sein, auf die man in diesen Momenten gerne eindrischt.

Aber überschlagen wir mal. Beim Wachwerden wird das Frühstücksfernsehen eingeschaltet, damit man in die Gänge kommt. Heimkommen, erstmal kurz Füße hoch, Glotze an. Dann beim Kochen, anschließend beim Essen. Während man am Smartphone daddelt, läuft auch irgendwas. Abends ist klar, von wem man sich in den Schlaf wiegen lässt. Vom Wochenende inklusive dem faulen Sonntag fangen wir gar nicht erst an. Das könnte also doch hinkommen, oder?

Hab Erbarmen, noch mehr Ziffern! Rechnen wir die Umfrage für den Schockeffekt hoch:

- 26,13 Stunden in der Woche

- 113 Stunden im Monat

- 1358 Stunden im Jahr

Diese Zahlen entsprechen 56 von 365 Tagen vor der Flimmerkiste. Was man mit der Zeit alles anfangen könnte!

Hoffentlich siehst du den Zeiträuber auf dem kleinen Tisch nun mit anderen Augen.

Nervensäge.

Klar, diese Zahlen beinhalten wahrscheinlich auch das berühmte Hintergrundrauschen. Die durchgängigen Nebengeräusche lenken ab. Man schaut mal hin, hört mal zu, obwohl man eigentlich etwas anderes tut. Es ist deshalb nicht nur Zeit, die draufgeht. Auch Konzentration und Lebensqualität gehen flöten, wenn man regelmäßig von den viel zu lauten Werbespots angebrüllt wird.

Früher war es bei mir so mit den Hausaufgaben. Wenn ich mich aufraffen konnte, war mein Ritual *Hefte raus, Fernseher an*. Vom verminderten Lerneffekt will ich jetzt gar nicht reden, der wäre meinem Jugendlichen-Ich bestimmt schnurzpiepegal gewesen – allerdings in anderen Worten. Hätte mir aber mal jemand gesagt, dass ich den Mist nur unnötig in die Länge ziehe wie Kaugummi! Gut, hinterher ist man immer schlauer. Deshalb sollst du in Zukunft aus meiner Vergangenheit lernen: Egal was du tust, auch du vertrödelst mehr Zeit als notwendig, wenn du den Kasten laufen lässt. Effektiv arbeiten kann man nicht, man wurschtelt vor sich hin.

Gewinner sein.

Weiter im Programm!

Eine gute Motivation ist ein abschreckendes Beispiel. Das ist in diesem Fall der Blick auf die graue Masse. Man will ja zurecht etwas Besonderes sein. Wir sind unter uns, wir können ehrlich sein. So leben wie die meisten, nichts für uns, oder? Manchmal tut es gut, zu schauen, wohin sich die Mehrheit bewegt, um dann im Stechschritt in die entgegengesetzte Richtung zu marschieren. Wenn sich die Nation tagaus, tagein vor dem Fernseher versammelt, kannst du Chancen nutzen und Möglichkeiten erarbeiten.

Denn es ist ganz eindeutig: Wenn man Fernseher schaut, ist man faul und passiv. Man sitzt oder liegt herum, lässt sich das Denken abnehmen. Es könnte sein, dass manche vom Fernsehprogramm inspiriert werden. Dass eine Wetterfee die Muse eines Künstlers ist, habe ich jedoch noch nicht gehört.

Man sitzt auf dem Sofa oder liegt im Bett und fährt die Denkfunktion herunter. Nicht nur die Muskeln im Körper werden nicht genutzt, auch dein Gehirn fährt auf Sparflamme. Kein Wunder, dass man ein negatives Bild vom typischen Fernsehfan hat. Vorurteile kommen ja nicht von Ungefähr. Wenn du die Zeit nutzt, statt sie wie die graue Masse vor der Glotze zu verschwenden, bekommst du 224 Minuten pro Tag geschenkt. Ohne Fernseher hast du Zeit für Abenteuer! Deine Kollegen werden Augen machen, während sie einen Satz heiße Ohren bekommen. *Was!?! Du hast so viel am Wochenende erledigt?*

Egal wo, egal mit wem: Vorbei sind die Zeiten, an denen man peinliches Jeopardy spielen musste: Was ist eine langweilige Antwort? *Fernseher geguckt,* wenn man gefragt wird, was man so gemacht hat.

Lackaffen loswerden.

Wenn dir die verlorene Zeit Schnuppe ist wie ein verglühender Stern, bringt dir die Abschaffung des Fernsehers vielleicht Seelenfrieden. Labernden Lackaffen und tratschenden Tussneldas bist du höchstens noch am Wahlstand ausgeliefert. Der Blick auf normale Menschen wird frei.

Bei den ganzen Shows, Serien und Filmen werden schließlich unrealistische Ideale vorgelebt. Da sieht man Leute in ihren neusten und teuersten Outfits, die ihr *voll real, gar nicht gekünsteltes echtes Leben* zur Schau stellen. Während man so auf seiner durchgesessenen Couch liegt, wird man eifersüchtig, weil solch ein Lebensstil ja offensichtlich glücklich macht.

Die Leute im Fernsehen sehen nach ihren vier Schichten Schminke ja immer so *gesund und zufrieden* aus. Es frustriert einfach, wenn man ständig ein Leben im wahrsten Sinne des Wortes vorgespielt bekommt, in dem alle viel besser aussehen als man selbst, viel mehr besitzen als man selbst und viel aufregender sind als man selbst.

Es ist ganz klar eine Traumwelt. Und diese Blase kann man so einfach zerplatzen lassen. Es ist nur ein roter Knopfdruck.

Die beste Lösung.

Fernseher raus!

Es ist ganz einfach, man muss nur ein paar Kilo wuchten. Mehr gibt es eigentlich nicht zu sagen. Man muss sich nur noch überwinden.

Früher habe ich mit dem Kopf geschüttelt, wenn jemand kein TV-Gerät hatte. Leute ohne Fernseher, was machen die bloß in ihren freien Stunden? Lesen und Brettspiele? Es ist wie bei der Frage, was Vegetarier denn überhaupt essen. So wenig, wie man sich nicht nur von Fleisch ernährt, hat man auch andere Beschäftigungen, als sich berieseln zu lassen. Nach einer kurzen Entwöhnungsphase, in der man sich abends wirklich fragt, was man jetzt tun soll, überwiegen die Vorteile.

Man bekommt Zeit geschenkt. Die Sache mit den Kabelgebühren erledigt sich. Die Nebenkosten sinken. Man wird ausgeglichener, weil die Störgeräusche ausbleiben. Es gibt kaum gute Gründe, weshalb man heutzutage einen Fernseher behalten und sich dem Stumpfsinn der Fernsehsender ausliefern sollte.

Insofern man weder Filmjunkie noch Serienfreak ist, wurde der Fernseher durch die Vermehrung der Bildschirme ohnehin obsolet. Wenn man tatsächlich mal etwas schauen möchte, hat man mindestens ein Abspielgerät und eine Alternative. Irgendeine Kombination aus Smartphone, Notebook, Tablet, Netbook und ähnlicher Technik wird sich in jedem Haushalt finden. Und wenn nicht, auch egal. Man verpasst ja doch nichts. Die paar Events, die sehenswert sind schauen sich doch sowieso besser in Gesellschaft an. So hat man einen guten Anlass, Freunde oder Familie oder Gastwirte zu besuchen.

Fernseher verlieren schnell an Wert. Wenn man noch Gewinn aus der Trennung schlagen möchte, ist die Devise: Lieber jetzt als gleich. Dein Fernseher ist vielleicht technisch noch nicht komplett überholt, aber seine Zeit zieht vorbei. Reich wird man durch einen Verkauf nicht, einen Urlaub könnte man sich davon höchstens auf Balkonien leisten. Da man sich in Zukunft viel erspart, macht man aber so oder so ein gutes Geschäft. Wenn du deinen Fernseher beispielsweise in den derzeit beliebten Kleinanzeigen anbietest, bekommst du vielleicht nicht nur eine Abwrackprämie, du kannst das olle Teil sogar abholen lassen.

Entsorgen ist ein drastischer Schritt. Auch wenn ich dir dazu rate, kann ich es nachvollziehen, falls du noch nicht so weit bist. Ich habe ein paar Kompromissvorschläge, die dir vielleicht zusagen.

Reduziere die Berieselung.

Fernseher aus spart immer Strom, Zeit und schont die Nerven. Also:

Nicht mehr auf gut Glück anschalten und durchzappen. Eine gute Möglichkeit, um wenigstens effektiver fernzusehen ist, sich vom linearen Fernsehen zu trennen. Wenn du die üblichen Sender nicht mehr einschaltest, was verpasst du schon? Ein vorgegebenes Programm voll Wiederholungen ist einfach nicht mehr zeitgemäß. Falsche Dokus, Amateur-Kochshows, der Verkauf von Ramsch oder Prominente aus den hinteren Reihen des Alphabets, die irgend etwas machen: Man schaut sich Sendungen an, die man eigentlich nicht sehen wollte. Schalte den Fernseher nur ein, wenn wirklich etwas Gutes kommt! Du sollst die Fernsehprogrammzeitschrift nicht zu deinem Terminkalender machen, aber wenn du schon schaust, dann soll es sehenswert sein.

Setze möglichst auf Sachen ohne Werbung. So wird man nicht ständig aus dem Moment gerissen, sondern kann wirklich abschalten. Die Spielzeit wird nicht künstlich verlängert, dadurch kann man den Fernseher auch schneller wieder vom Strom nehmen. Auf Datenträgern, online und sogar bei den zwangsfinanzierten Rundfunkanstalten finden sich entsprechende Angebote.

Smartphone oder der hinterlistige Telefonapparat.

weniger Stress, mehr Zeit

Der Fernseher ist bei vielen Menschen nur noch flächenmäßig der größte Zeiträuber. Mittlerweile verleiten auch ganz kleine, unscheinbare Bildschirme zum Vergeuden der wertvollen Sekunden. Während beim Fernsehen meist einzelne, lange Blöcke draufgehen, knabbern sich die kurzen Momente am Handy durch den ganzen Tag. Kaum hat man sich versehen, sind die Pläne Ideen geblieben. *Ach, wo ist denn die Zeit nur hin?* Du hast sie beim Trödler verbummelt! Du hast dir die Nase an der Scheibe plattgedrückt!

Wir müssen uns bewusst machen: Hinter Mattscheibe und Display, sowie auf den Speicherplätzen verstecken sich gewaltige Zeitfresser. Wer kennt es nicht: Man wollte nur kurz die Uhrzeit checken, *ups, da ist ja eine Benachrichtigung auf dem Bildschirm.* Schon verirrt man sich im Hasenbau und verschwendet seine Zeit. Statt etwas getan, hat man Zeit vertan.

Dort sind ein paar Minuten flöten gegangen. Hier war es ne halbe Stunde. Fatal ist, dass man sein Smartphone mittlerweile in jeder wachen Minute bei sich hat. Man kann einfach nicht die Finger davon lassen, das summiert sich zu einem Ärgernis.

Apps und Spiele.

Ständig auf das Handy glotzen, lenkt vom eigentlichen Leben ab. Man ist mit Codes oder Servern beschäftigt, ignoriert seine Umwelt und verliert sich in einer anderen Dimension. Shoppingapps, TV-Apps, Kochapps, Malapps, es gibt Apps wie Sand am Meer. Mit den allermeisten vertreibt man Zeit, ohne einen Nutzen zu haben. Apps sind schnell angeschafft. Ein Klick, schon installiert das Smartphone Programme, die nüchtern betrachtet absolut absurd sind.

Fangen wir mal mit dem einfachsten Brocken an. Dass Handyspiele Zeitverschwendung sind, muss eigentlich nicht mehr gesagt werden. Man drückt auf dem Bildschirm herum, schießt Bälle ins Eck oder springt über Löcher. Man löst einfache Rätsel und meistert leichte Aufgaben. Dann blinkt es auf dem Bildschirm, man hat es geschafft, man wird gelobt. Und schon ist man angefixt. Kaum hat man geblinzelt, ist man süchtig und versucht durch stundenlanges Spielen irgendwelche höheren Levels zu erreichen. Währenddessen lässt man sich immer wieder mit Werbung belästigen oder zahlt sogar für Inhalte des Spiels.

Genug.

Du bist erwachsen. Handyspiele sind Kinderkram. Sie sind die unterste Entwicklungsform der Videospiele. Man wird nicht mal in aufregende Welten entführt. Billigste Grafiken reihen sich aneinander und ergeben hirnrissige Geschichten. Du hast nichts erreicht, wenn du die Spiele schaffst. Es interessiert nämlich niemanden. Niemand wird dir für deine Leistung auf die Schulter klopfen. Du wirst nicht mit Glückshormonen belohnt, wenn du das Spielziel erreicht hast. Vielleicht gibt es ein kurzes Zucken deiner Mundwinkel, doch spätestens beim Blick auf die Uhr, ärgerst du dich wegen der verschwendeten Zeit.

Es ist Zeit für Deinstallationen!

Auch die ganzen Apps, die dich mit Nachrichten, Tipps, Ratschlägen, Neuigkeiten und Hinweisen versorgen, oder die Einkaufsprogramme von Onlineshops stehen einem minimalistischen Leben im Weg. Man wird abgelenkt, es werden Informationen aufgedrängt, die man nie wissen wollte. Es ist kein besonders wissenswertes Ereignis, wenn ein Fußballtrainer entlassen wurde oder ein uralter Schauspieler gestorben ist. Wenn die nächste Bestellung nur einen Fingerdruck entfernt ist, kauft man schneller und spontaner, als es gut sein kann. Je mehr Apps du auf deinem Smartphone hast, desto mehr Zeit wirst du mit ihm verbringen.

Je öfter und länger du am Bildschirm hängst, desto weniger erreichst du im sogenannten echten Leben abseits von Codes und Server. Die ganzen passiven Unterhaltungsapps, die du ohne Nutzen nutzt, können ohne Bedenken gelöscht werden. Du wirst sie nur kurz vermissen.

Die ganzen Billigapps bereichern dein Leben nicht. Sie saugen deine Aufmerksamkeit auf wie ein Schwamm. Man schaut mal hier, man guckt mal dort. Aber man gewinnt nichts, das den Alltag einfacher macht. Es ist ein Zeitvertreib, der aufregt. Die Gedanken wechseln in Sekundenschnelle zwischen verschiedensten Welten. Wenn all die unterschiedlichen Eindrücke nachts geordnet werden müssen, braucht man sich nicht über Kopfschmerzen beim Aufstehen zu beschweren.

Es ist Zeit für noch mehr Deinstallationen!

Messenger und Chatprogramme.

Bei Apps wie den Messengern und Chatprogrammen bekommt man ständig ein Kribbeln, weil man das Gefühl hat, etwas zu verpassen. Man redet sich ein, dass etwas Wichtiges sein könnte. Schon ist der Bildschirm entsperrt, vorsichtshalber werden schnell die üblichen Kanäle gecheckt. Vielleicht hat ja jemand eine Nachricht gesendet.

In Sachen Kommunikation sind Smartphones Fluch und Segen. Einerseits kann man jeden blitzschnell erreichen. Andererseits ist man immer erreichbar – ebenfalls für jeden. Die Verfügbarkeit durch das Smartphone strengt an. Sie belastet, weil man sich zumindest unterbewusst überwacht und abrufbar fühlt. Man fühlt sich verpflichtet zu antworten, man kommt kaum zur Ruhe.

Wer alle 15 Minuten überprüft, ob etwas Neues auf dem Bildschirm steht oder sich von dem blinkenden Licht in der Ecke locken lässt, vergeudet enorm viel Zeit, ist ständig aufgeregt und abgelenkt. Kommunikativ zu sein ist vielleicht eine positive Eigenschaft, aber wir übertreiben es. Man ist Mitglied in so vielen Chatgruppen, die nicht interessieren, quatscht mit Leuten, die man kaum kennt. Man nimmt dadurch an zu vielen Unterhaltungen teil, die einen nicht interessieren. Es mag dich ehren, dass du so viele Verehrer/Interessenten/Kumpels/Zuhörer hast, aber die ganzen oberflächlichen Floskeln kann man sich eigentlich sparen. Es ist doch immer das Gleiche. Die gleichen Gespräche zu führen ist, wie die selbe Folge in der zehnten Wiederholung zu sehen. Das können Leute machen, die das geistig fordert, du kannst deine Zeit besser nutzen. Die meisten Gruppennachrichten gehen dich zwar nichts an, doch selbst beim Überfliegen lenken sie ab. Deine Gedanken verlassen das Hier und Jetzt und wandern für kurze Geistesblitze durch die virtuelle Welt. Egal was du eigentlich tust, du kommst dadurch aus dem Rhythmus. Die Soforthilfe: Nutzlose Gruppen verlassen, unbekannte Bekannte ignorieren!

Bei Freunden und Verwandten sieht die Sache etwas anders aus. Man sollte, darf und möchte auf dem Laufenden bleiben, dennoch darf das Hin-und-Her-Geschreibe entschleunigt werden. Die ständigen Hintergedanken, dass man auf dem neusten Stand sein muss, sind unnatürlich. Das Leben geschieht an vielen verschiedenen Orten gleichzeitig, man muss nicht krampfhaft versuchen, stets überall am Puls der Zeit zu sein. Bis vor ein paar Jahren dauerte es tagelang, bis schriftliche Nachrichten ankamen. Man muss sich also nicht unter Druck setzen, binnen Minuten zu antworten. Wer kein Arzt in der Notaufnahme ist, braucht nicht auf Abruf zu stehen. Sollte tatsächlich mal etwas Wichtiges anstehen, weiß man entweder Bescheid und kann sich darauf einrichten. Oder man wird angerufen. Das funktioniert ja auch mit diesen neumodischen Flachbildtelefonen!

Weniger Teilhabe am Chat ist mehr Zeit ohne Smartphone.

Machen wir den Einstieg einfach: Um das ständige Blinken und Brummen abzustellen, darfst du Kontakte stumm schalten. Dabei kannst du mit den notorischen Spammern anfangen. Die Personen, die ständig Emojis schicken, aber nie etwas mit Substanz schreiben, sind die ersten auf der Liste. Das sind deine Versuchskaninchen, um zu testen, wie es ist, wenn das Smartphone nicht ständig vibriert oder anderweitig Aufmerksamkeit fordert.

Entschleunigend ist es auch, wenn man sich an bestimmte Zeiten hält. Und so beispielsweise seine Nachrichten nur einmal am Tag abruft. Wenn eine schriftliche Mitteilung nicht mal 24 Stunden warten kann, dann hat der Absender das falsche Kommunikationsmittel gewählt. Für das Beantworten von Sofortnachrichten reicht eigentlich der Abend. Die Bildchen werden in ein paar Stunden noch genauso unlustig sein. Es spielt doch keine Rolle, wann du die 27 Smileys zurückschickst.

Das ist natürlich leichter gesagt als getan, man ist ja nun schon ein paar Jährchen Junkie. Um der Disziplin nachzuhelfen, kannst du auch mal stundenlang die Datenverbindung deaktivieren. So holst du dir Stück für Stück Freiheit und häppchenweise Macht zurück. Denn dann entscheidest nur du, wann die Mitteilungen kommen und gehen.

Ein kalter Entzug mag schwer sein, dennoch würde ich dir empfehlen, mal ein bisschen schusseliger und vergesslicher zu werden. Es ist sehr befreiend, wenn man das Handy einfach mal zuhause oder außer Reichweite liegenlässt.

Die asozialen Medien.

Mittlerweile kann man nicht nur mit seinem Bekanntenkreis quatschen, sondern mit der ganzen Welt. Die sozialen Medien sind eine echte Gefahr, sie sind eine Aufmerksamkeitsdroge auf Steroiden. Der schnelle Fix kommt durch Anerkennung und Ablenkung. Unser minimalistisches Ziel ist klar: Weniger bis keine Zeit in die verschiedenen Apps und Seiten zu stecken.

Vielleicht bringt dich diese Betrachtungsweise dazu, dich von deinen Accounts zu trennen: Social-Media-Plattformen verursachen eigentlich nur miese Laune. Man ist zu vielen subtilen Manipulationen ausgesetzt. Man wird bombardiert von vermeintlich intimen Eindrücken der Anderen. Da Bilder bekanntlich nicht lügen können, leben diese hübschen Menschen den Traum. Und es gibt viele *ach-so-schöner* Damen und Herren! Binnen weniger Minuten werden hunderte solcher Profile angeschaut. Es werden tausende Fotos überflogen, die sich alle ähneln und zeigen: Alle haben es besser als man selbst.

Die sozialen Medien bringen dich dazu, unglaubwürdigen Idealen nachzueifern. Die gestellten Fotos sind eine neue Form vom Angeben. Es wird getrickst, gemogelt und gelogen. Eigentlich weiß man es, trotzdem wird man eifersüchtig. Man bekommt Minderwertigkeitskomplexe, obwohl ein einzelnes Leben niemals mit den besten, gestellten Szenen von Millionen Menschen mithalten kann. Man vergleicht seinen Alltag mit dem Schauspiel von Fremden.

Mit etwas Glück stolpert man zwischendurch mal über ein Social-Media-Profil von einem alten Schulkameraden. Wenn er oder sie dann noch im ehemaligen Heimatort wohnt oder – noch besser – ordentlich zugenommen hat, kann man sich ein bisschen aufbauen. Und selbst dann hat man ja nur negative Gedanken. *Immerhin ist mein Leben nicht so traurig, wie ich mir seines/ihres vorstelle.*

Nun kann man all das Gepose und Geklecker toll, spannend, futuristisch und modern finden. Durch die virtuelle Währung sieht man, ob man dazu gehört und das eigene Leben einen Sinn hat. Man hofft auf Herzen/Daumen/Sterne oder die ganz wertvollen Kommentare. *Vergiss nicht den Hashtag Klonkrieger, wenn du die Bilder hochlädst!*

Wenn man dabei sein will, wird das Essen aus dem Bistro um die Ecke solange drapiert, bis ein heißes Bild gemacht werden kann. Und die Warmspeise kalt geworden ist. Man verrenkt sich beim Selfie den Hals, damit man schlanker aussieht, lässt das Bild anschließend so oft filtern, dass die Haut rein wie Quellwasser ist. Man verstellt sich, um Anerkennung zu bekommen.

Und was hat man davon? Man ist damit beschäftigt in seinem Profil zu wirken, wie man nicht ist. Gelobt wird man also nicht selbst, sondern die erschaffene Kunstfigur. Man verplempert seine Zeit, um Fremden mit seinem unechten Leben zu imponieren.

Und dann vergleicht man sich wieder mit den ach-so-schönen Damen und Herren. Der Kreislauf setzt sich fort. Man ärgert sich über die vergleichsweise wenigen Reaktionen auf den eigenen Beitrag. Man bekommt schlechte Laune, weil man nicht mal in der Traumwelt das erreicht, was den Anderen gelingt.

Social-Media hat Zeit gekostet, doch die positiven Auswirkungen aufs eigene Leben sind im Nanopixelbereich. Man hat Herzblut investiert, doch die Realität ist immer noch so, wie sie war. Man steht immer noch seinem Spiegelbild samt Doppelkinn(-ansatz) und all den Hautunreinheiten gegenüber. Statt den Elan genutzt zu haben, sein Leben zu verbessern, hat man sich verstellt. Das kann auf Dauer nicht gesund sein.

Foren und Kommentarspalten.

Wer die Social-Media-Beiträge zu oberflächlich findet, verliert sich manchmal in Foren.

Das gebündelte Wissen ist wunderbar, wenn man Hilfe benötigt. Doch auch diese Medaille hat ihre Kehrseite, denn die Anonymität wiegt in hässlicher Sicherheit.

Viele Meinungsäußerungen sind so toxisch, dass man sich bei einem persönlichen Gespräch dafür schämen würde. Oft wird der eigene Frust abgebaut, indem beim Nächsten für schlechte Laune gesorgt wird. Anonymität bringt Mut und Übermut. Klar, es fällt so leichter klipp und klar zu sagen, was man denkt. Das Problem: Keiner interessiert sich für ein gesichtsloses Profil. Um dort aufzufallen und Aufmerksamkeit zu bekommen, muss man den Bogen überspannen. Es werden garstige Kommentare hinterlassen. Es wird bis an die Grenzen der Nutzungsbedingungen beleidigt.

Wenn im Internet geschrieben wird, ist es zu oft Gemecker. Wer sich auf derartige Unterhaltungen – aktiv oder passiv – einlässt, hat einen Erkenntnisgewinn in Form eines Totalverlustes. Einer lässt seine schlechte Laune an der Tastatur aus, und zieht alle mit nach unten. Diese ganzen Unterhaltungen und Meinungsäußerungen in Foren, unter Beiträgen oder nach Artikeln sind Beschäftigungstherapie.

Wenn wir am Smartphone/Computer/Tablet schreiben, dann bitteschön mit Leuten, die wir kennen oder Leuten, die der Mühe wert sind. Wenn wir Hilfe benötigen oder helfen können, wird auf den Tasten geklimpert. Alles andere ist Zeitverschwendung und regt nur unnötig auf. Wer viel Zeit in Kommentare und Konsorten investiert, verliert sein Lebenswerk, wenn der Server streikt oder der Praktikant löscht. Am Ende waren es dann viele Worte, und doch wurde nichts gesagt. Das sind doch keine schönen Aussichten, oder?

Arbeit oder Zeit und Kraft gegen Schmerzensgeld.

weniger Stress, mehr Zeit

Die Arbeit, das leidige Thema.

Wenn wir Lottogewinner, Erben und andere Glückspilze ausklammern, ist Arbeit der logische Weg, um an Geld zu kommen.

Von Sozialleistungen zu leben ist zwar eine Option, aber ich bezweifle, dass man damit glücklich wird. Von irgendwelchen Damen oder Herren auf dem Amt oder in der Agentur abhängig zu sein, kann man wahrlich nicht als unabhängig und frei bezeichnen. Ein selbst erarbeiteter Lebensunterhalt macht wahrscheinlich sowieso zufriedener als ein geschenkter. Geld gehört zum Leben, daher gilt für den Großteil unter den Minimalisten: Ganz ohne Arbeit geht es nicht.

Arbeit ist wichtig, aber nicht alles.

Wir leben in einer Gesellschaft in der die Karriere einen erschreckend hohen Stellenwert hat. Sein Leben nach dem Job zu richten, ist in meinen Augen eine verquere Sicht. Nur weil die Arbeit dazugehört, muss sie nicht dominieren. Arbeit darf als Mittel zum Zweck angesehen werden. Man arbeitet, um sich seinen gewünschten Lebensstandard ermöglichen zu können. Dein Job muss kein Lebenswerk sein, für das du dich aufopferst. Es steht nirgendwo geschrieben, dass man sich aus missverstandenem Ehrgeiz verheizen lassen muss. Es darf auch ein Arbeitsleben abseits von Überstunden und Abrufbarkeit geben.

Um langfristig zufrieden zu sein, muss auch bei der Arbeit ein Gleichgewicht angestrebt werden. Arbeit ist der Tausch deiner Kraft und Zeit gegen deren Geld. Dabei muss das Verhältnis stimmen. Es darf nicht zu wenig Geld für zu viel Zeit und Anstrengung sein, das macht auf Dauer mürrisch. Das Gefühl zu wenig zurückzubekommen, obwohl man viel investiert, zermürbt. Daher sollte das Geschäft, das man durch seinen derzeitigen Beruf macht, durchleuchtet werden.

Bevor ich wieder alles schlecht mache, muss ich erwähnen, dass es selbstredend auch gute Jobs gibt. Wenn du mit deiner Arbeit zufrieden bist, ist das wunderbar. Man soll keine Mannschaft ändern, die gewinnt. Aber vielleicht ist ja eine Gehaltserhöhung angesagt!?

Ich will dir zwar nicht die Lust an deinem Job nehmen, aber rechne mal durch, ob dein derzeitiger Verdienst nach all der Inflation und Veränderung der Lebensumstände noch zufriedenstellend ist. Es gibt viele Faktoren, die sich auf die effektive Entlohnung auswirken. Neben deinen Lebensunterhaltungskosten, die vielleicht ohne dein Zutun gestiegen sind, muss man auch den Zeitfaktor berücksichtigen. Ist es eine Weltreise bis zum Arbeitsplatz? Die Straßen werden bekanntlich immer verstopfter, die Bahnen immer unpünktlicher. Addiert man zu der eigentlichen Arbeitszeit und der erzwungenen Erholungspause noch den Arbeitsweg, geht nämlich mehr Zeit drauf, als im Arbeitsvertrag ausgehandelt wurde. Öffentliche Verkehrsmittel, Stau und ein langer Arbeitsweg kosten außerdem minimalistische Grundwerte.

Bei der Bewertung deines derzeitigen Engagements gilt es also, über den Tellerrand zu blicken. Wie hoch ist dein Stundenlohn, wenn du Anreise und Heimweg verrechnest? Wie viel kostet dich der Transport? Sorgt dein effektiver Lohn noch für ein gutes Geschäft?

Nach einer Gehaltserhöhung zu fragen kostet Mut und Überwindung. Zu verlieren hat man aber nichts. Wenn du dein Anliegen mindestens sachlich und gut begründet vorbringst, ist das schlechteste Szenario, dass du auf einen späteren Zeitpunkt vertröstet wirst. Deine Situation wird sich nicht mal bei einer Ablehnung verschlechtern.

Apropos schlecht! Jetzt geht es los.

Bestandsaufnahme.

Die Entscheidung, den Job zu wechseln, sollte nicht übers Knie gebrochen werden.

Wenn du dich allerdings bei zu vielen der folgenden Punkte wiedererkennst, könnte es Zeit für Konsequenzen sein.

Die Arbeit ist der unerwünschte Lebensmittelpunkt.

Der Beruf dominiert dein Leben.

Der Wecker klingelt unnatürlich früh. Du musst raus, obwohl die Welt noch schläft. Du pellst dich aus der Decke, du wirfst dich in Schale. Es ist bitterkalt, weil du in der Dunkelheit aufbrechen musst.

Nach langer Anreise herrscht auf der Arbeit auch heute der gleiche Trott. Keine Freude, kaum Spaß. Du fühlst dich wie ein Herdentier, wenn in der Mittagspause zum Trog in der Kantine gezogen wird. Smalltalk, es geht um die Kunden. Pause vorbei: Wieder keine Freude, kaum Spaß. Du sitzt deine Zeit ab wie ein Häftling. Ausstechen.

Es dämmert, aber du hast einen Funken Hoffnung. Du glaubst, dass dein Leben nun beginnt. Beim Verlassen des Gebäudes nimmst du dir Dieses und Jenes vor. Du bist voller Tatendrang. Doch dann kreisen die Gedanken wieder um den Job. Während des Heimwegs fallen dir Lösungen zu den Problemen der Kunden ein. Du arbeitest unbewusst weiter, bis die Müdigkeit eingesetzt hat. Es ist dunkel, wenn du erschöpft zuhause ankommst. Deine Stimmung ist dementsprechend. Statt Sport gibt es Sofa, statt fleißig faul. Backofen an, Pizza rein, anschließend über kurze Umwege ins Bett. Du musst schließlich in ein paar Stunden wieder aufstehen.

Du schläfst mit der Befürchtung ein, dass die viele Arbeit dich krank macht. Wenigstens werden diese Gedanken sofort verdrängt, weil dir einfällt, dass du den einen Kunden direkt morgen früh anrufen musst.

Die Arbeit sorgt für schlechte Laune.

Deine Aufgabe erscheint dir sinnlos. Du bist frustriert. Die Wahrheit ist schlicht und ergreifend, dass ein großer Teil deiner Arbeit vergeudete Lebenszeit ist. Du musst dich ständig Papieren widmen, die kurz darauf im gleichnamigen Korb landen. Du glaubst nicht mal im Tagtraum daran, dass du mit deiner Tätigkeit etwas bewirkst. Nichts würde sich ändern, wenn du einfach weg wärst.

Es würde keinen Unterschied machen, ob du zur Arbeit gehst oder dich im Bett wälzt. Du hinterlässt trotz stundenlanger Plackerei keinen Fußabdruck.

Die Beschäftigungsmaßnahmen rauben dir Kraft, sie vernichten deine Hoffnungen. Du hast den Wunsch die Welt zu verbessern längst aufgegeben. Dieses Stimmungstief nimmt mittlerweile sogar deine Freizeit in Geiselhaft.

Die Arbeit wächst dir über den Kopf hinaus.

Der Leistungsdruck erdrückt dich.

Kopfschmerzen sind dein stetiger Begleiter. Du hast viel zu tun, und es wird ständig noch mehr. Du arbeitest von morgens bis abends, doch weder To-do-Liste noch Aufgabenstapel nehmen ab. Die Quelle an Arbeitsaufträgen versiegt nie. Du bist nie Herr der Lage, immer öfter überfällt dich Hoffnungslosigkeit, weil es einfach kein Ende gibt.

Du hast nicht nur viel (und noch mehr) zu tun, dein Aufgabenfeld vergrößert sich ständig, weil Chef und Kollegen ungewollte Projekte bei dir abladen. Du schaffst das schon, wird dir grinsend versichert. Depp vom Dienst! Du bekommst Bauchschmerzen, weil das alles so unverschämt ist. Es müssen ständig neue Tätigkeiten gemeistert werden. Du kannst keinen Arbeitsrhythmus entwickeln. Statt eine ruhige Kugel schieben zu können, musst du Sisyphusarbeit erledigen.

Und dann klopft mal wieder die Karriere. Regelmäßig warten Kurse und Zertifikate, die du dazwischen quetschen sollst. Es muss jede Fortbildungsmaßnahme wahrgenommen werden, weil man dich dafür im Betrieb braucht. Du hast zwar keinen Ehrgeiz, ein hochqualifizierter Kugelschreiberschieber zu sein, aber du wirst zur Urkunde für geprüfte Stiftrotation genötigt. Für dich ist es kein Urlaub, bei dem du mal raus kommst. Es ist eine Woche deines Lebens, in der du nicht ausspannen kannst. Wenn du bestanden hast, werden noch mehr Aufgaben bei dir abgeladen. Der Lohn deiner Mühen ist keine Gehaltserhöhung, dafür bekommst du aber jetzt schon direkt nach der Frühstückspause Kopfschmerzen.

Jede Sprosse, die du auf deiner Karriereleiter erklimmen könntest, erscheint dir sinnentleerter als die vorherige.

Die Arbeit wird nicht gut genug entschädigt.

Du ackerst und ackerst, bekommst aber zu wenig zurück. Du wirst verbitterter, weil die mangelnde Wertschätzung Gift für die Seele ist.

Du hältst dich für einen modernen Sklaven, weil du mehr als die Hälfte deines Tages dafür opferst, dir nach Abzug aller Verbindlichkeiten doch nichts Schönes leisten zu können. Als Lohn der Mühe bist du nach Feierabend kaputt und/oder frustriert, tristest ein ausgelaugtes Dasein. Du fragst dich, wieso du dich bei diesem Mist abrackern sollst. Da könntest du dich ja direkt arbeitslos melden, genug Sozialleistungen hast du ja schließlich gezahlt.

Du fühlst dich unterbezahlt. Deine Aufgaben sind so unangenehm, dass du ein Minusgeschäft machst. Und dann wollen sie, dass du mal wieder Überstunden schiebst. Du lässt die Kollegen nicht hängen, du hängst eine Schicht dran. Ob sie jemals bezahlt wird, ob du sie jemals abfeiern kannst, steht in den Sternen wie das Horoskop.

Das Aufstehen fällt dir immer schwerer. Dein Gehalt wirkt für den geleisteten Aufwand in der abgesessenen Zeit immer kümmerlicher. Es ist schon soweit, dass du dein Verantwortungsbewusstsein verfluchst. Der einzige Grund, warum du noch nicht aufgegeben hast, ist das Pflichtgefühl.

Die Arbeit macht verrückt.

Du arbeitest in einer Irrenanstalt.

Dir ist bewusst: Stress gehört beim Geld verdienen dazu. Ja, man bekommt schon mal unverschämte Forderungen und freche Kommentare. Aber dort ist es nicht mehr normal. Die haben alle einen Dachschaden! Sie bringen dich oft zum Schäumen, manchmal zum Weinen, aber sie treiben deinen Puls jeden Tag in ungeahnte Höhen. Es wird ohne Panik an der Frau oder Not am Mann Hektik verbreitet. Es herrscht ein Arbeitsklima, das nervös macht und die Konzentration erschwert. Unter solchen Bedingungen kann man nicht gewissenhaft arbeiten. Machst du dann in der logischen Konsequenz Fehler, wird sich lautstark beschwert.

Du verkaufst dich unter Wert, weil du deine Leistung aufgrund all der Nebenschauplätze nicht abrufen kannst. Es ist zum Ausrasten. Und die sind daran schuld!

Dir sind im Laufe der Zeit spezielle Kosenamen für deine Vorgesetzten eingefallen. Vollidiot, Schreckschraube, Spinner oder Schrulle schießt es in deinen Kopf, sobald es aus dem großen Büro nebenan ruft. Du kannst den angestauten Frust nur noch mit geballter Faust, die sich hinterm Rücken der Abteilungsleiterin in einen erhobenen Mittelfinger verwandelt, abbauen.

Danach hoffst du, dass es niemand gesehen hat. Denn auf deine Kollegen ist kein Verlass. Sie schweigen und nicken, während du den Ärger herunterschluckst, bis es dir zuhause hochkommt. Dein Arbeitsumfeld ist einfach zum Kotzen! Du fühlst dich wie Dr. Dolittle, weil du dich ständig mit dummen Kühen und blöden Schweinen unterhalten musst.

Anderen Job suchen?

Berufliche Veränderung ist kein Genickbruch. Dein Leben verläuft in die falsche Bahn, wenn du aus Angst vor einer beruflichen Laufbahn im Zickzackkurs jahrelang unglücklich bist. Du spürst den Zeitpunkt, ab dem der Körper Veränderung verlangt. Du fühlst, falls es genug ist. Für den Schritt zur Veränderung muss man nicht warten, bis man ausgebrannt ist und die Bestätigung vom Arzt bekommt, der vor einem Zusammenbruch des Kartenhauses warnt.

Brauchst du einen anderen Arbeitgeber?

Wenn der Job dein Ding ist, dir die Arbeit eigentlich leicht von der Hand geht, aber du trotzdem unglücklich bist, ist es ratsam, einen neuen Arbeitgeber zu suchen. Wenn es zwischenmenschlich nicht passt, muss man sich trennen. Das ist nicht nur bei Liebesbeziehungen so.

Ein Arbeitsplatzwechsel ist eine große Veränderung. Es kostet Überwindung, sich wieder der Fleischbeschau der Bewerbungen und Vorstellungsgespräche auszusetzen. Wenn der Leidensdruck noch nicht so hoch ist, dass einem alles egal ist, muss man rational denken.

Ausflüchte, warum man sich doch nichts Neues suchen braucht, sind schnell gefunden. Innere Widerstände möchten immer, dass man den

Weg des geringsten Widerstandes wählt. Doch Aussitzen ist beim falschen Arbeitsplatz keine Option. Man verbrachte und verbringt zu viele Stunden des Tages auf und mit der Arbeit, um sich ohne masochistische Ader weiterhin zu quälen. Man ist ja auch danach noch mit Beruf und Berufsumfeld beschäftigt. Je nerviger die Chefs und Kollegen, desto länger dauert es, um zuhause runterzukommen.

Obwohl man eigentlich überzeugt ist, dass ein Wechsel richtig ist, fallen einem die irrsinnigsten Gründe ein, den Angriff doch wieder abzublasen. Vorgeschoben wird gerne eine Variante von: *Ich kann meine Kollegen doch nicht im Stich lassen!* Feinfühlig sein ist oft von Vorteil. Schuldgefühle sind allerdings unprofessionell. Du bist niemandem Beistand verpflichtet. Dass deine Konsequenzen auch Auswirkungen auf deine Kollegen haben, muss akzeptiert werden. Wenn deine Büronachbarn in Zukunft deine Aufgaben übernehmen müssen, dann ist das eben so. Dafür werden sie bezahlt. Und sowieso: Du magst zwar fleißig und kompetent sein, aber wir sind alle ersetzbar.

Glücklicherweise trennt dich nicht viel von deinem Ziel. Setz dich vor die Stellenanzeigen und such dir etwas Besseres! Du bist die Mühe wert! Die Nerven, die du jetzt investierst, werden später geschont.

Du bist nur wenige Schritte von der neuen Situation entfernt: Fotos schießen, Bewerbungen schreiben, auf die Zähne beißen, ins fremde Büro gehen, lächeln, von dir schwärmen. Wenn du den Wunsch nach der beruflichen Veränderung nett verpackst, sollten alle Zweifel beseitigt sein. Es stimmt ja auch: Die Tätigkeit macht dir Spaß, aber du möchtest eine neue Herausforderung, und würdest dich gerne im neuen Unternehmen beweisen.

Deine Pläne musst du nicht für dich behalten, dein Umfeld hat vielleicht Vitamin B. Ansonsten: Verschwiegenheit muss auch mal sein. Deinen Arbeitskollegen und Vorgesetzten solltest du nichts von Plänen oder Taten verraten, weder von Bewerbungsunterlagen noch Vorstellungsgesprächen. Ein bisschen Geheimniskrämerei macht auch mal Spaß. Du darfst dich als feindlichen Agenten sehen. Lass deine Maske nicht fallen, solange du nach einem neuen Arbeitgeber suchst. Sollte es bei *dem einen* Unternehmen nicht klappen, hast du deine derzeitige Situation wenigstens nicht verschlechtert.

Aber wir denken positiv: Stell dir die Verzweiflung deines Vorgesetzten bei deiner Kündigung vor. Wie er/sie/es mit Angstschweiß auf der Stirn nach Strohhalmen greift, um dich fleißiges Bienchen zu halten. Dir wird bestimmt eine Verbesserung angeboten, die du dankend ausschlagen kannst. Wahrscheinlich kommt er mit einem tollen Kompromiss: Du bekommst mehr Geld und darfst dafür länger bleiben. Hurra! Oder noch besser: Du wirst mit einer Illusion geködert. Dir wird eine Beförderung versprochen, durch die du noch mehr Mist erledigen darfst. Durch deine neuen Aufgaben soll dir sogar eine zusätzliche Jobbezeichnung sicher sein: Senior-Chief-Executive-of-Mülltrennung-and-Exekutive-Coffeeautomat-Saubermakinger. *Äh, danke. Aber nein, danke!*

Anderes Tätigkeitsfeld.

Deine Arbeit bestimmt einen riesigen Teil deines Lebens, sie ist ein großes Stück deines Lebensinhalts. Man investiert jede Woche um die 40 Stunden. Das ist gewaltig. Wenn man sich überlegt, wie sich die Lebenserwartung entwickelt, wirkt es immer absurder, krampfhaft an nur einem Beruf festzuhalten. Dass man nach abertausenden Arbeitsstunden irgendwann genug hat, ist menschlich. Früher war das anders, aber die Zeiten ändern sich nun mal. Ein Leben lang als Schreiner arbeiten? Das ist keine Kunst, wenn man mit 40 ins Gras beißt. Sich allerdings, wie es mittlerweile gefordert wird, 50 Jahre so gut wie jeden Tag mit der gleichen Tätigkeit zu beschäftigen, kann zermürben.

Es braucht kein Schlüsselerlebnis, um die Fahrbahn wechseln zu wollen. Der Mensch wächst bekanntlich an seinen Herausforderungen, irgendwann hat die Psyche das Bedürfnis sich weiterzuentwickeln. So funktioniert Evolution eben auch. Denn wenn man immer das Gleiche macht, bleibt man der Selbe. Im Laufe der Zeit ändern sich nicht nur die Geschmacksknospen. Auch Interessen und Sichtweisen sind nicht in Stein gemeißelt. Irgendwann hat man genug vom Bekannten, man lechzt nach Veränderung.

Es ist weltfremd, von Minderjährigen zu verlangen, sich für eine Branche zu entscheiden, die dann übers Erwachsenenalter exklusiv bis ans Arbeitslebensende beackern werden muss. Man trifft in jungen Jahren so viele Fehlentscheidungen, ausgerechnet beim Job soll es dann ein Volltreffer gewesen sein!? Das falsche Tätigkeitsfeld gewählt zu haben, ist kein Drama. Der Wunsch nach einer neuen Aufgabe ist kein Genickbruch. Zugeben, dass man Veränderung braucht, erfordert nur den gewissen Mut. Und um Mut zu beweisen, muss man Verständnis zeigen.

Bei der Auswahl des Karrierewegs war man nicht unabhängig. Jugendlicher Leichtsinn ist keine billige Ausrede, sondern ein guter Grund, sich ein anderes Berufsfeld zu suchen. Man wurde von seinen Eltern, Freunden, Mitschülern, Verwandten und deren Eindrücken beeinflusst. Da man aufgrund des kurzen Lebenswegs wenig Erfahrungen hat, tritt man zwangsweise in die Fußstapfen anderer. Die Schuhe können passen, müssen sie aber nicht.

Es heißt, dass Glück unbezahlbar ist. Irgendwann muss man aber auch aufhören, sich fürs Unglücklichsein bezahlen zu lassen.

Oft geht eine Veränderung mit einer schlechteren Bezahlung einher. Das kann gar nicht so wild sein, wenn man fortan etwas tut, das mehr Spaß macht. Wenn man die Arbeit als den großen Lebensbestandteil sieht, die sie nun mal ist, kann man sich auch damit abfinden, dass die Entschädigung geringer ausfällt. Geld ist nicht alles. Beim Arbeiten ist die Bezahlung Schmerzensgeld. Wenn man weniger verdient, allerdings auch weniger leidet, kann auch eine Gehaltssenkung ein ziemlich gutes Geschäft sein.

Willst du es anpacken? Dann sorge vor!

Eine gute Vorbereitung sollte die Veränderung vereinfachen. Solltest du für deinen Traumjob auf eine neue Ausbildung oder ein zweites Studium angewiesen sein, ist gestern der beste Zeitpunkt, um mit dem Vorsorgen anzufangen. Häufe in der Zeit, in der du dich noch nicht überwinden kannst, Ersparnisse an. Durch ein sattes finanzielles Polster verringerst du die Angst vor einem Absturz. Durch gute Ersparnisse sorgt dein unglückliches, altes Ich für den Unterhalt deines hoffnungsvollen, neuen Ichs.

Auch die Befürchtung, dass man zu alt ist, dass der Zug schon abgefahren ist, ist ein Hirngespinst. Kein Mensch, der bei Trost ist, wird es dir übel nehmen, wenn du nach deinem persönlichen Glück greifst. Es gibt kaum etwas so Nachvollziehbares wie das Streben, sein Leben verbessern zu wollen. Menschen sind verständnisvoll. Nicht nur dein Umfeld sollte Nachsicht walten lassen, auch potenzielle Arbeitgeber dürften aufgeschlossen sein. Eine Neuorientierung ist doch aus Arbeitgebersicht nicht schlecht. Man bekommt einen Arbeiter, der schon Berufserfahrung hat, der den Dreh schon raus hat, aber neue Motivation mitbringt. Du musst deinen Spurwechsel nur gut begründen können, dann spricht vieles für dich.

Teilzeit.

Vielleicht ist es weder Art und Weise noch Ort und Stelle der Beschäftigung, sondern die Verweildauer, die stört. Nachvollziehbar. Wenn du all das Geld, das du erwirtschaftest, nicht brauchst, kannst du den zeitlichen Gegenwert auch anderweitig nutzen.

Wie sagt man so schön: Willst du was gelten, mach dich selten!

Teilzeit und Halbtags sind keine Schimpfwörter. Man muss kein Kind, das mittags bekocht werden möchte, zuhause haben, um seine Arbeitszeit zu reduzieren. Selbst ist der Mensch, auch eigene Gründe zählen. Das hat mittlerweile sogar die Politik akzeptiert und in Gesetzestexten Voraussetzungen für eine kürzere Arbeitszeit geschaffen. In den meisten Fällen besteht ein Recht auf Teilzeit. Dafür gibt es überschaubare Anforderungen wie beispielsweise Mitarbeiteranzahl und Angehörigkeit zum Betrieb.

Theoretisch sollte es möglich sein. Schauen wir mal, ob die Umsetzung für dich praktisch ist. Bevor du deine Arbeitslänge verkürzt, gilt es natürlich das Für und Wider abzuwägen. Die Vorteile liegen auf der Hand. Es muss weniger Zeit investiert werden, dadurch steigt die Motivation. Es muss weniger Präsenz gezeigt werden, dadurch wirkt der Arbeitsplatz nicht wie ein Gefängnis. Da du den Kopf auch für andere Dinge frei hast, fällt die Arbeit höchstwahrscheinlich leichter.

Der Nachteil ist nicht von der Hand zu weisen. Wer weniger arbeitet, spürt es im Geldbeutel. Solltest du kein schockierendes Verhandlungstalent besitzen, wirst du am Zahltag auf einen kleineren Betrag schielen. Die finanzielle Einschränkung kann abschreckend wirken. Weniger Bezahlung heißt aber nicht zwangsläufig, dass du vor dem Umzug ins Armenhaus stehen musst. Wer mit Geld umgehen kann, kommt meistens auch mit weniger zurecht. Wenn du das Geld nur ausgibst, weil es da ist, kannst du auch an beiden Stellen kürzen: weniger Arbeitszeit, weniger Konsumausgaben.

Bevor du irgendwelche Entscheidungen triffst, ist es notwendig, alle Fixkosten und variablen Kosten deines gewünschten Lebensstandards zu addieren. Miete + Nahrung + Strom + Lebenlebenswertmacher + Überschüsse als Sicherheitsreserve ergeben ein Einkommensniveau, das du erreichen musst. Vom Arbeitswahn unserer Gesellschaft musst du dich nicht verrückt machen lassen. Du musst nur so viel beziehungsweise wenig arbeiten, bis deine individuellen Bedürfnisse gestillt werden können.

Wenn die Vorteile überwiegen und du dir die finanzielle Umstellung zutraust, trennt dich eigentlich nur noch die Scheu von der Umsetzung. Die finanziellen Dinge werden sich regeln, die neugewonnene Zeit wird vergehen.

Der häufigste Grund weiterhin Vollzeit zu arbeiten, ist Angst vor einer kleinen Rente. Altersarmut ist der Buhmann der Nation. Die Gegenwart aus Angst vor der Zukunft zu hassen, ist allerdings nicht so prickelnd wie abgestandener Sekt. An besonders schlimmen Arbeitstagen wird sich gerne die tolle Zeit als Rentner ausgemalt. Man stellt sich vor, wie man mit der vielen freien Zeit die Welt bereist. Aber wenn du jetzt schon deine Träume bis ins Greisenalter aufschiebst, wirst du in der Zukunft kaum spontaner und reiselustiger sein. Wenn man Wasser in den Beinen und den allseits unbeliebten Rücken hat, bereist man die Welt wahrscheinlich nur noch vom Fernseher aus. Auch nicht verkehrt, in Hochauflösung und mit wilden Kamerafahrten sieht doch sowieso alles schöner aus. Da hat man in einer Stunde alles gesehen, und sich den Mittagsschlaf redlich verdient. *Du, Hildetrude, ich war heute auf Jamaika!*

Will heißen: Im Alter ist man doch eh gerne zuhause. Und dort gilt: Man braucht nichts mehr, weil man durch den Lauf der Jahre schon alles besorgt hat. Wie oft sieht man alte Leute shoppen? Ernsthaft. Denk mal an die Rentner deiner Familie. Wie oft verprassen sie ihr hart erarbeitetes Geld in der Weise, die du dir vorgenommen hast? Wie oft werden Reisen, Konzertkarten und Restaurantbesuche geshoppt? Alle alten Leute, die ich kenne, geben ihr Geld – wenn überhaupt – für Humbug aus. Im 1-Euro-Laden werden 100 unnötige Dinge gekauft. Im Supermarkt wird konserviertes Fertigessen gekauft, von dem am Ende des Tages drei Viertel weggeworfen werden? Und das ist nicht traurig. Es ist der Lauf der Dinge, dass Abenteuerlust und der Durst nach Neuem mit der Zeit abnehmen. Meist sinken die Ausgaben drastisch, weil man genügsamer wird und an dem ganzen neumodischen Zeug kein Interesse hat.

Sieh es mal so: Wenn du jetzt damit anfängst, deine Ausgaben ausschließlich an einen vernünftigen Nutzen zu knüpfen, wirst du im gehobenen Alter ein Profi sein. Du hast dann jahrelange Übungszeit, um jede Münze vier mal umdrehen zu können. Ja, ein fettes Auskommen wäre selbstverständlich nicht verkehrt. Allerdings: Wer in jungen Jahren auf schmalem Fuß lebt, wird auch als Oma/Opa nicht viel brauchen, und schon aus Gewohnheit wenig Geld ausgeben.

Kommt es hart auf hart, hilft halt der Staat. Soziale Zuschüsse im Alter?

Dann ist es eben so. Bis zum Rentenalter wirst du der Gesellschaft genug Gefallen getan haben, jetzt kann sie es dir im wahrsten Sinne des Wortes zurückzahlen. Du warst Jahrzehnte lang ein netter, ausgeglichener und höflicher Mensch, nun bekommst du etwas für deine vielen Steuern zurück. Andere Sichtweise: Die Politiker werden die Bürger auch in hundert Jahren noch schröpfen. Ob mit dem Geld dann ein Elfenbeinturm gebaut oder deine Rente aufgestockt wird, ist eigentlich der gleiche Unterschied. Eigentlich sollte man den selbsternannten Baumeistern einen möglichst geringen finanziellen Spielraum lassen. Sonst kommen die Herren und Damen vor lauter Überschüssen schon wieder auf die Idee einen Flughafen oder Bahnhof zu bauen. Halt, bleiben wir realistisch! Es wird zumindest damit angefangen, einen Flughafen oder Bahnhof zu bauen. Der Bauschluss von derartigen Projekten steht bekanntlich genauso in den Sternen wie die Rente für junge Generationen.

Angst vor der Zukunft gehört leider zum Leben. Sie sorgt dafür, dass man sich in der Gegenwart anstrengt. Die Zukunft bleibt jedoch trotz allem Engagement nur bedingt planbar. Wer weiß denn überhaupt, was kommen wird. Da die Lebenserwartung steigt, wird auch das Renteneintrittsalter immer weiter erhöht werden. Möglicherweise musst du bis zum vierten dreistelligen Geburtstag arbeiten, um etwas von deiner gesetzlichen Rente zu sehen. Vielleicht gibt es auch gar keine Rente mehr, weil die Welt untergegangen ist. Oder weil jeder eine Wunschmaschine zuhause hat. Oder weil es ganz anders gekommen ist. Vorsicht mag besser als Nachsicht sein, doch irgendwann sieht man vor lauter Horizont nicht mehr die Grube, die einem das Genick bricht.

Und nun mal keine falsche Bescheidenheit. Es ist ja nicht so, als ob du vorhast, in deiner gewonnenen Zeit ausschließlich im Bett zu liegen und Serien zu schauen. Nur weil du nicht offiziell arbeitest, musst du nicht untätig sein. In der zusätzlichen Zeit kann man auch ohne Gehalt für Mehrwerte sorgen. Das fängt beim Restaurieren und Reparieren an, weil dadurch eine Neuanschaffung hinfällig wird. Es geht weiter beim Erlernen neuer Fähigkeiten, wodurch Abhängigkeiten und Rechnungen von Handwerkern und anderen Dienstleistern verschwinden.

Die kürzeren Arbeitszeiten werden sich doch ohnehin früher oder später durchsetzen. Du kannst Vorreiter sein, wenn du nur noch halbtags zur Verfügung stehst. Niemand, nicht mal ein voll motivierter Azubi in der zweiten Arbeitswoche vom ersten Lehrjahr, kann 8 Stunden effizient durcharbeiten. Ein langer Arbeitstag ist und bleibt zu oft Zeitverschwendung.

Statussymbole oder Angeben für Hohle.

mehr Geld

Durch eine Teilnahme am Spiel der Statussymbole, wird unnötig Geld verbrannt. Wenn sich dein Wohlstand im Sinne deines Wohlbefindens verringert, weil du andere mit deinem Besitz beeindrucken möchtest, läuft etwas falsch.

Je früher du damit aufhörst, Dinge aufgrund des damit verbundenen Ansehens zu kaufen, desto besser. Konsumgüter, die nur zeigen sollen, wie reich oder erfolgreich du bist, kannst du dir sparen. Sie verursachen Kosten, denen kein nennenswerter Mehrwert an Nutzen gegenübersteht.

Klar, falls man sich selbst etwas gönnt, das das Leben bereichert, darf es auch ein wenig Extravaganz sein. Zu oft finden Käufe allerdings im Sog des Windschattens der anderen Mitläufer statt. Wer einkauft, um es anderen recht zu machen, zahlt einen zu hohen Preis. Sobald du dich vom Getue um die Statussymbole emanzipierst, lebst du leichter.

Statussymbolen nachzuhecheln, macht einen zum Mitläufer. Man kauft wegen der Meinung der Anderen. Ein Statussymbol ist nichts anderes, als der fiktive, imaginäre Wert, den andere Leute in den Besitz hinein interpretieren. Das Leben verbessert sich nicht in dem Maße, in dem man Geld für diese Sache aufopfert.

Die Schattenseite der protzigen Gegenstände wird nämlich immer unterschlagen. Das sind beispielsweise der schlechte Job, in dem man zwei Monate für ein Stück Blech schuftet. Oder die zweijährigen Verbindlichkeiten für ein Teil Technik, aufgrund deren man sich zumindest unterbewusst schuldig fühlt.

Statussymbole sind zu teuer, weil heiße Luft die Preise aufbläht. Es werden Vorstellungen und Erwartungen zu den eigentlichen Produktkosten addiert.

Es zählt dein Wert, oder *es* hat keinen Wert.

Lösung: Trenne dich vom Wert, den andere festlegen. Entscheide selbst, was dein Leben bereichert.

Statt einer Sammlung von Statussymbolen ist persönlicher Luxus erstrebenswert. Praktisch ist dabei, dass man dadurch einen integrierten Selbstschutz hat. Luxus kann nämlich nur individuell sein.

Wenn du dir etwas gönnen willst, dann entspricht es deinen Wünschen. Sollte die verchromte Küche dein Herz höher schlagen lassen, bringt sie Luxus in dein Leben, ohne dass du versucht hast, deine Gäste zu beeindrucken.

Du solltest bei Anschaffungen immer nachforschen, wo der Hase begraben liegt.

Willst du mit deinem Handy eigentlich nur erreichbar sein, um zu erfahren, wann du beispielsweise dein Kind abholen musst, reicht ein gebrauchter Billigheimer. Im Umkehrschluss bedeutet dies, dass das neuste Modell der angesagtesten Marke für dich ein Statussymbol ist, weil du viel Geld für Äußerlichkeiten ausgibst, obwohl dir weniger genügen würde. Gäbe es die entsprechenden äußerlichen Einflüsse und das Prestige des überteuerten Handys nicht, würdest du dich niemals für das teure Modell entscheiden.

Wenn Luxus für dich keine schwere, am Handgelenk nervende Armbanduhr ist, arbeite auch nicht auf dieses Ziel hin. Ganz egal, wie viele deiner Kumpels versuchen, mit einem ähnlichen Modell Mädels zu beeindrucken, gönne dir nur die Dinge, die du wirklich willst. Wenn du nicht voller Stolz auf das Teil schaust, sondern die Augenblicke damit verbringst, zu überprüfen, ob andere voller Neid glotzen, ist es eine schlechte Investition.

Der Gedanke lässt sich weiterspinnen. Mit jeder Erkenntnis, dass ein Statussymbol für dich persönlich nicht den Wert hat, den andere in die Höhe treiben, werden finanzielle Freiheiten eröffnet. Welch absurder Liebesbeweis ist ein teurer Ring mit Glitzersteinchen? Das soll zeigen, wie viel du deinem Partner wert bist?! Wäre es nicht viel wertvoller, Zeit gemeinsam zu verbringen, statt sie getrennt mit dem Erwirtschaften des Kaufpreises zu verschwenden? Die vergangene Zeit gibt dir niemand zurück, aber den Ring nimmt dir jemand weg, wenn du in die falsche dunkle Gasse abbiegst.

Arme Schlucker leasen sich Autos, finanzieren Markenhandys und stottern ähnliche Käufe ab. Seien wir mal ehrlich: Das ganze Gepose mit dem blöden Zeug nervt mittlerweile nur noch. Die Angeberei ist öde geworden. Statussymbole sind langweilige Massenware, weil all die Blender damit unterwegs sind. Es ist immer das Gleiche. Es werden ähnliche Uhren gezeigt, es wird auf der selben Karre gehockt, sogar die maßgeschneiderten Einbauküchen sind baugleich. Und der teure Schmuck ist so mickrig, dass man ohne Lupe ohnehin nichts erkennt. Individualität geht flöten, obwohl sie versuchen, aus der Masse herauszustechen.

Gähn! Wer lässt sich derart plump überhaupt noch beeindrucken? Zu dieser oberflächlichen Gruppe will man doch gar nicht gehören. Lass dich also nicht aufstacheln, wenn jemand über deine alte und/oder günstige Ausstattung witzelt! Irgendwann sollte man alt genug sein, sich nicht mehr von anderen beeinflussen zu lassen. Die Dinge, mit denen meistens angegeben wird, sind witzlos. Mit ein paar Entbehrungen könnte man sie sich auch leisten. Der einzige Status, den man durch den Kauf dieser Eitelkeiten bekommt, ist: Man ist halt jemand, der sein Geld für so was ausgibt. Durch derartige Käufe bleibt man trotzdem in seiner Klasse. Und sieht aus wie alle anderen. Man fällt damit nicht positiv auf, der Sinn ist damit komplett verfehlt.

Ist doch alles nur geschenkt.

Der eine Teil des Protzes ist vollkommen reizlos, den anderen kann man sich komplett schenken.

Heutzutage kann nur noch unfassbarer Besitz wirklich beeindrucken, oder? Unfair daran ist, dass der Großteil dieses Reichtums nur vererbt, jedoch nicht selbst erwirtschaftet wurde. Stolz kann man darauf nicht sein. Statussymbole wurden durch geschenkte Vermögen ad absurdum geführt. Etwas geschenkt bekommen und damit angeben? Ganz toll. Wer erbt oder erschleicht wirkt verwöhnt und verzogen.

Statussymbole sind heutzutage ein kaputtes System. Sie bewirken oft das Gegenteil. Statt Anerkennung gibt es Abneigung. Als Minimalisten müssen wir aus Prinzip nach anderen Idealen streben.

Nehmen wir den Erben, den Gatten und Gattinnen sowie allen Sprösslingen des Finanzadels den Wind aus den Segeln!

Das funktioniert ganz einfach, indem wir nicht mehr neidisch auf den hochglänzenden Prunk schauen, indem wir derartige Nachrichten nicht mehr konsumieren und dazugehörige Veranstaltungen meiden. Soll die Etepetete-Fraktion sich doch um ihren Mist selber kümmern. Wenn sich niemand für das interessiert, was man zeigt, macht es bestimmt bald keinen Spaß mehr. Meinetwegen können sich die privilegierten Gören ärgern, bis sie schwarz werden.

Dadurch würden wir auch den Opfern dieser Geltungssucht helfen. Denn: Wenn es nicht geschenkt ist, wurde es wahrscheinlich zu hart erarbeitet. Was hinter den erarbeiteten Vermögen steckt, wird gerne unter den Teppich gekehrt wie Staubflusen, wenn die Schwiegermutter ihren hohen Besuch ankündigt.

Das einsame Wochenende im Büro, die zermürbenden Meetings, das fremde Leben auf der Geschäftsreise, die Ausnutzung der Mitmenschen, die verlorene Lebensqualität und die Vergiftung des Klimas lassen sich nämlich nicht durch ein bisschen Schmuck am Handgelenk rechtfertigen.

Die Moral von der Geschicht: Über ein bisschen Besitz definieren wir uns nicht.

Ernährung oder lebendige Lebensmittel.

weniger Stress

Ein Thema, das uns allen am Herzen liegen sollte, ist die Ernährung. Nicht nur, weil der Magen gar nicht so weit von der Pumpe entfernt ist. Man ist nun mal, was man isst. Spätestens, wenn sich die Zellen erneuert haben.

Verdient man sein Geld nicht gerade als Magermodel, gehört das Essen für jeden von uns an jedem einzelnen Tag einfach dazu. Das mit dem täglichen Brot steht ja sogar in der Bibel. Deine Nahrung ist der Treibstoff für Körper und Geist, gesucht sind daher effektive Energiespender. Du wirst mir nicht widersprechen: Trotz all der technischen Errungenschaften sind wir Kinder aus dem Schoß unserer lieben Mutter Natur. Man muss deshalb kein Hippie sein, um beim Essen zurück zu den Wurzeln wie bei der Zahnbehandlung zu gehen.

Die Theorie der lebendigen Lebensmittel steht für einen gesunden Minimalismus in Sachen Ernährung. Die Vorgehensweise lässt sich in jedem Alltag umsetzen.

Lebendige Lebensmittel.

Lebendige Lebensmittel sind eine Beschränkung aufs Wesentliche, um den maximalen Nutzen zu bekommen. Je mehr Leben in dem Lebensmittel steckt, je weniger daran herumgedoktert wurde, desto höher ist die

Wahrscheinlichkeit, dass du gut mit Energie versorgt wirst.

Ein Minimalismus in Sachen Ernährung heißt, dass man Lebensmittel mit möglichst wenigen Verwertungsschritten bevorzugt. Umso mehr Verstümmelungen, Mutationen und Schönheitsoperationen das Ursprungsprodukt hinter sich hatte, desto herausfordernder ist die Aufgabe deines Körpers die Nahrung zu verwerten und gesunde Energie zu erzeugen.

Pulver, Päckchen und Pillen bieten vielleicht auf dem Papier alles, was der Körper benötigt. Über kurz oder lang macht eine unnatürliche Ernährung aus der Fabrik aber höchstwahrscheinlich unzufrieden. Möglicherweise macht eine derartige Diät sogar krank, da die menschliche Hardware nicht auf dieser Basis entwickelt wurde. Evolution und so.

Für unseren minimalistischen Essensplan sind daher natürliche Lebensmittel gesucht. Das sind Lebensmittel, in denen noch Leben steckt. Und damit wir im gleichen Boot sitzen, muss sofort zurückgerudert und klargestellt werden: Du sollst nicht zappelnde Tierchen mit Haut und Haaren verspeisen. Als Tierfreund meine ich mit lebendigen Lebensmitteln vornehmlich pflanzliche Rohstoffe. Ob tierisch oder pflanzlich, es dreht sich grob um den Zustand der Lebensmittel: Je weniger Verarbeitungsschritte das Ursprungsprodukt über sich ergehen lassen musste, desto besser.

Die Aushängeschilder der lebendigen Lebensmittel sind Obst und Gemüse. Vom Strauch oder Baum gepflückt, in deinem Mund gelandet: Da wurde nichts verändert, da gab es keine Umwege. Wenn du das Glück hast, einen Garten bewirtschaften zu können, wird es Zeit, aus dem Grünstück eine Nutzfläche zu machen. Das ist der Idealfall, das sollte möglichst ausgiebig genutzt werden.

Das Essen kann und muss freilich nicht nur aus Obst und Gemüse aus dem eigenen Garten bestehen. Selbst kunterbunte Rohkost wird mit der Zeit langweilig. Doch alle Zutaten einer Mahlzeit lassen sich auf ein Urprodukt zurückverfolgen. Bevor du etwas isst, frage dich, wie viele Umwege in Form von Händen, Maschinen, Trocknern, Backöfen oder Mixern das Endprodukt schon gesehen hat.

Je weniger der Urzustand verändert wurde, desto natürlicher und gesünder sind die Zutaten im Normalfall.

Je mehr Produktionsschritte, desto höher ist die Wahrscheinlichkeit, dass das Produkt Lebensqualität beispielsweise in Gestalt von Mineralstoffen oder Vitaminen eingebüßt hat.

Gesunde Ernährung besteht aus einer vernünftigen Kombination von …

- Lebendigkeit: Wie oft wurden die einzelnen Zutaten aufgekocht, eingefroren, gemahlen, gestampft oder ausgetrocknet?
- Natürlichkeit: Wie oft wurde das Endprodukt nachgewürzt und haltbar gemacht? Wie viele unnötige Zusätze, Geschmacksverstärker, E-Nummern und Säuren sind dem Produkt zugefügt worden?

Gesündere Alternativen finden.

Gesunde Ernährung ist kein Hexenwerk. Man hat sich den Ernährungsplan voll Junkfood zwar über die Jahre angewöhnt. Mit ein bisschen Disziplin lässt sich dies aber wieder rückgängig machen. Du ahnst es! Ja, es ist wieder Zeit für Umgewöhnung.

Ernährungsumstellungen werden vom Volksmund schwieriger geredet, als sie es tatsächlich sind. Wir haben es in Sachen Ernährung ziemlich gut. Aufgrund der vielen Kilometer an Supermarktregalen, die sich in jeder größeren Ortschaft befinden, ist eine schrittweise Umstellung recht einfach zu schaffen. Der Weg zum Ziel führt über kleine Veränderungen in Form von gesünderen Alternativen.

Es gibt für jedes Rezept gesündere Alternativen. Wenn du dich Bissen für Bissen, Zutat für Zutat und schließlich Gericht für Gericht vom jetzigen Speiseplan zu einer Ernährung basierend auf lebendigen Lebensmitteln bewegst, wirst du dich und deine Geschmacksknospen nicht überfordern.

Morgens gibt es statt den Cornflakes mit Zucker und Konfitüre als erste gesündere Alternative Cornflakes ohne Zucker und mit Konfitüre. Sobald du dich an die neue Version gewöhnt hast, wird abermals eine gesündere Alternative gesucht. So mischst du ein paar Haferflocken unter die Cornflakes. Bald gibst du ein wenig frisches Obst dazu, reduzierst zugleich die Marmelade. Im Laufe der Zeit landest du durch viele kleine Schritte, die für sich genommen keine schmerzhafte Veränderung sind, beim Ziel: Haferflocken mit frischem Obst. Dann hast du ein lebendiges Frühstück, das dennoch komfortabel ist, weil du dich durch den schmerzlosen Übergang daran gewöhnt hast. Die Haferflocken sind im Vergleich mit den Cornflakes quasi frisch von der Ähre. Das mit dem Obst und der Marmelade erklärt sich auf die gleiche Weise. Dein Essen wurde lebendiger, du wirst dich besser fühlen.

Nach diesem Prinzip darfst du dich durch deinen gesamten Speiseplan arbeiten.

Für den eiligen Hunger gibt es gerne Nudeln mit Tomatensoße. Zukünftig steckt allerdings mehr Leben in den Zutaten. Produkte aus Vollkornmehl haben Vorrang vor denen aus Weißmehl, denn statt gemahlenem Getreide würde man gemahlenes und gesiebtes Getreide bekommen. Zudem greift man für die Tomatensoße lieber zu den passierten Tomaten (oder sogar den frischen Früchten), statt Fertigsoßen oder Ketchup mit Säuren, Zucker und Konsorten einzusetzen.

Säfte und Softdrinks werden durch Mischungen und Schorlen ersetzt. Der Wasseranteil steigt im Laufe der Zeit. Durch den buchstäblich fließenden Übergang sollte die Umstellung gelingen. Die letzte Stufe bei der Verabschiedung vom Glas Saft zwischendurch ist Wasser und ein Stück Obst. Früchte sind Säften vorzuziehen, weil weder Fruchtfleisch, also die pflanzlichen Bestandteile des Obstes, ausgesiebt noch Vorgänge wie Konzentration und Verdünnung durchgeführt wurden. Für Säfte wird gerne mit den wichtigen Vitaminen argumentiert. Das stimmt, und ist dennoch eine billige Ausrede. Wer diese Vitamine will, muss Obst essen. Die Natur hat durch mühsame Photosynthese alles um die Ballaststoffe herum so lecker gemacht, dass wir sie als süße Früchte samt Vitaminen und Mineralstoffen essen. Wir Erdenbewohner sollten die Evolution trotz der Möglichkeiten und süßen Verlockungen nicht austricksen. Um es mit meiner patentierten Bauernschläue zu sagen: So ein unnatürlicher Zuckerrausch durch ein großes Glas Saft kann doch gar nicht gesund sein.

Die Beispiele haben vereinfacht skizziert, wie der Wechsel zum lebendigen Lebensmittel funktioniert. Das Prinzip lässt sich auf jede Mahlzeit, die dir schmeckt, übertragen. Im Grunde steht dir bei deiner Ernährungsumstellung also keine große Herausforderung bevor, es wird lediglich mal mehr, mal weniger umständlich.

Wenn du deinen nächsten Einkaufszettel schreibst, kannst du einfach eine Reise in die Vergangenheit machen. Statt deinen üblichen Verdächtigen schreibst du deren Vorfahren auf. Kurzfristig sind kleine Veränderungen in Form von gesünderen Alternativen gesucht, damit du dich langfristig durch lebendige Lebensmittel gesund ernähren kannst.

Obst und Gemüse oder die Frucht des Lebens.

weniger Stress, mehr Geld

Früchten soll man aus guten Gründen etliche Portionen eines jeden Tages widmen. Haut, Haare und Lebensjahre lieben Früchte wie dicke Kinder das Süßigkeitenregal.

Nicht nur gesundheitliche Aspekte sprechen für Obst und Gemüse, auch die wirtschaftlichen Argumente schlagen ein wie eine Bombe. Früchte können an jeder Ecke gekauft werden. Sie sind unterwegs und zuhause der perfekte Snack für zwischendurch. Es geht kaum schneller oder gesünder, als einen Apfel oder eine Tomate im Handumdrehen zu polieren und zwischen Tür und Angel zu verspeisen. Und bevor du jetzt das Scheinargument bringst. Von wegen gesunde Ernährung ist teuer! Bei Obst und Gemüse lassen sich so gute Schnäppchen machen, dass Körper und Geiz, ähh Geist, im Einklang sind.

Da wir als minimalistisches Ziel nicht nur einen effizienten, sondern auch einen preiswerten Einkauf anstreben, nehmen wir nun günstige Früchte ins Visier.

Regional und saisonal.

Viele Kostverächter schrecken bei frischer Ware vor niedrigen Preisen zurück. Die Vorurteile lauten: Was billig ist, kann ja nichts taugen! Die Bauern haben Schindluder getrieben! Das kann gar nicht mehr gesund sein! Klar, dass ich das aus einem anderen Blickwinkel betrachte.

Sollte es sich nicht um Lockangebote oder den Abverkauf kurz vor dem Verderben handeln, gilt oft: Diese lebendigen Lebensmittel kosten so wenig, weil sie gerade in Saison sind. Mutter Natur traf auf so gute Voraussetzungen, dass sie überproduzieren konnte. Ertragsreiche Ernten sind quasi eine Garantie für gute Qualität. Schließlich wachsen Früchte ja am liebsten unter optimalen Bedingungen.

Zwei Gesichtspunkte sorgen dafür, dass die Preise trotz hoher Qualität niedrig sein können:

- Regional: Die Früchte werden in deiner Umgebung angebaut. Sie müssen nicht vom anderen Ende der Welt eingeflogen werden. Es müssen keine Transportkosten auf den Preis umgelegt werden.

- Saisonal: Saisonales Gemüse konnte ohne große Hilfsmittel

wachsen und gedeihen. Es ist reif, weil es der natürliche Lauf der Dinge so vorgesehen hat. Es müssen keine künstlichen Bedingungen geschaffen werden, damit die Früchte sprießen. Viele Betriebskosten des Anbaus entfallen, das spiegelt sich im Endverbraucherpreis wider.

Sich in Sachen Früchten der Natur anzupassen führt zu riesigen Ersparnissen. Gekauft wird, was derzeit in Massen geerntet werden kann. Eine gute Mischung aus regionalen Produkten zum saisonalen Zeitpunkt hilft, gute Qualität zu niedrigen Preisen zu bekommen. Durch den Verzicht auf Importe aus fernen Ländern tut man auch der Umwelt einen Gefallen, wo wir wieder bei den Wohltaten für den Geist (diesmal in Form des Gewissens) wären.

Es sind wahrscheinlich gewisse Einschränkungen und Entbehrungen nötig, um den vollen Nutzen von Regionalität und Saisonalität zu erzielen. Das Rad des Konsums hat nämlich auch vor den Lebensmitteln keinen Halt gemacht, wir sind verwöhnt, was die Abwechslung betrifft. Heute gibt es dies, morgen schon wieder das. Aber: Diese Ernährung im Zickzackkurs kann auch wieder entschleunigt werden. Dazu muss man jedoch die Voraussetzungen beim Einkaufen schaffen. Ganz einfach: Wenn man nichts anderes im Haus hat, muss gegessen werden, was auf den Tisch kommen kann. Das wusste schon deine Großmutter.

Wenn die regionalen Erdbeeren im Sommer oder die lokalen Kohlköpfe im Winter billig sind, wird sich hauptsächlich daran gütlich getan. Und dann gibt es nochmal einen Nachschlag. Essen soll in seiner Grundfunktion schließlich satt machen und den Körper mit grüner Energie versorgen. Wenn man minimalistisch leben möchte, kann man also auch mal zufrieden sein, wenn es in dieser Woche dreimal Karotten gibt, weil die Möhren der Bauern des Bundeslandes verschleudert wurden. Zähne zu und durch.

Sonderlich schlimm – insofern keine einseitige Ernährung entsteht – ist es auch nicht, wenn man für kürzere Zeiträume ständig zur gleichen Frucht greift. Obst gibt als Snack meist nur ein kurzes Zwischenspiel im Alltag. Gemüse kommt in den meisten Fällen nicht über die Rolle der Beilage oder nebensächlichen Zutat hinaus. Es könnte sogar jeden Tag das gleiche Grundgerüst an Früchten geben, langweilig müsste es nicht werden. Das Internet platzt bald vor Rezepten. Daher ist es möglich, dass die Mahlzeiten trotz ähnlicher Zutaten nicht langweilig werden.

Resterampe für die Wampe.

Und nun denken wir kleiner und verringern unseren Horizont. Nicht nur die Jahreszeit entscheidet über die Preise. Auch die Uhrzeit des Einkaufs kann zu Ersparnissen führen. Die Anforderungen für eine erfolgreiche Schnäppchenjagd sind überschaubar:

- Man ist zur Kompromissen bereit.
- Man stellt Ersparnisse über Gelüste.
- Man ist abends zeitlich halbwegs flexibel.

Viele Supermärkte senken kurz vor Ladenschluss die Preise der schnell verderblichen Sorten. Je nach Filialleiter und Handelskette werden die Preise meist um 30 bis 50 Prozent gesenkt. Zu der vorher angesprochenen Hochsaison sind sogar noch höhere Rabatte üblich.

Man hat abends wahrscheinlich nur noch eine eingeschränkte Auswahl. Die wenigsten Supermärkte werden so kalkulieren und spekulieren, dass bis kurz vor Feierabend noch alle Fruchtsorten in Hülle und Fülle verfügbar sind.

Diese Art des Einkaufens hat neben der eingeschränkten Produktbreite noch Schattenseiten, die mitunter aus braunen Druckstellen und ähnlichen Verfärbungen bestehen. Man bekommt zur fortgeschrittenen Stunde wohl keine Schönheitskönige mehr. Da die Lebensmittel im wahrsten Sinne des Wortes schon einige Zeit herumgammeln, sehen sie nicht mehr aus wie ihre Geschwister samstagmorgens auf dem Markt. Es ist übriggebliebene Ware, die sonst niemand wollte. Das muss so deutlich formuliert werden.

Das gesparte Geld ist offensichtlich ein guter Grund, diese Einschränkungen in Kauf zu nehmen. Ein weiterer Punkt kann sich ebenfalls sehen lassen: Man rettet die Lebensmittel davor, weggeworfen zu werden. Wenn du spätabends den Laden betrittst, bist du die letzte Hoffnung der Früchte wie Obi-Wan Kenobi für Prinzessin Leia. Durch den Kauf dieser Ladenhüter tust du etwas Gutes. Du stemmst dich gegen die Wegwerfgesellschaft, ohne in Containern abtauchen zu müssen.

Reduziertes Gemüse ist eine Sparmöglichkeit, bei der man die Oberflächlichkeit bewusst ausblendet. Man übt sich in Genügsamkeit, ohne geschmackliche Einbuße hinnehmen zu müssen. Egal, ob du morgens oder abends einkaufst, du solltest in der Obst-Gemüse-Abteilung Ausschau nach durchgestrichenen Preisen und anderen Erkennungsmerkmalen von Schnäppchen halten.

Der Preisvergleich.

Obwohl man bei Früchten meist keine große Produktvielfalt hat, lässt sich durch einen cleveren Preisvergleich mehr aus dem Einkauf holen.

Bei Kilopreisen kann man kinderleicht vergleichen und bewerten, um einen guten Deal zu bekommen. Der Ablauf ist klar: Man wählt zuerst die Sorten mit dem besten Preis-Leistungs-Verhältnis. Anschließend schnappt man sich die schönsten Exemplare, wiegt und bezahlt für das, was man bekommt.

Bei Stückpreisen weiß man hingegen selten, wie viel man wirklich fürs Bezahlte bekommen hat. Wie oft hast du schon eine Gurke in der rechten Hand, eine in der linken jongliert. Darauf folgen Abwägen und Kopfzerbrechen. Bei welcher Gurke macht man nur das bessere Geschäft? Die eine ist dicker, die andere ist länger. Das macht die Entscheidung sehr schwer, wenn man keine mathematische Gleichung aufstellen will. Und auch nicht könnte, falls man wollte. Es war bisher Gefühlssache, für welches Stück du dich entschieden hast. Zukünftig ist kein Glück mehr nötig.

Du bekommst die größte Frucht und damit das beste Produkt für dein Geld, indem du schnell die möglichen Kandidaten wiegst. Es wird immer wieder überraschend sein, wie oft du mit dem bloßen Auge und der Pi-Mal-Daumen-Methode daneben liegst. So geht es zumindest mir und meinem Knick in der Linse.

Bei Früchten, die zu Stückpreisen angeboten werden, ist die Kontrollwaage fortan die letzte Instanz. Im Normalfall ist das Gewicht von zwei ähnlichen Früchten das wichtigste Detail. Es muss zwar nicht weniger bezahlt werden, aber man bekommt mehr.

Der Aufwand.

Da wir im Sinne unserer minimalistischen Balance neben den Ausgaben auch den Zeitfaktor berücksichtigen möchten, muss auch der verbundene Aufwand, den die Lebensmittel verursachen, betrachtet werden.

Ein billiger Einkauf sorgt nur für kurzes Vergnügen, wenn du danach Stunden in der Küche verbringen musst, damit das Essen genießbar wird. Beim Einkauf von Obst und Gemüse, das von dir aufbereitet werden muss, gilt es, von vornherein die besten Voraussetzungen zu schaffen. Wenn eine Auswahl möglich ist, entscheidet man sich für die Variante, zuhause am wenigsten Arbeit macht.

Nehmen wir beispielsweise das Ziel, am Ende eines anstrengenden Tages einen Topf voll verzehrfertiger Kartoffeln zu haben. Nach deiner Vorauswahl aufgrund des Preises und der Qualität solltest du noch weitere Eigenschaften bewerten. Die Erdäpfel gibt es nämlich in etlichen Formen und Größen. In deine Entscheidung solltest du die erforderlichen Verarbeitungsschritte einbeziehen, die dich noch vom Topf voll essbarer Kartoffeln trennen.

Man wählt jene Früchte, die zuhause vor dem eigentlichen Essen am wenigsten Zeit fressen. Bei Kartoffeln könnten diese Folgeaufwände deinen Einkauf beeinflussen:

- Stark verschmutzte Kartoffeln müssen mehrfach aufbereitet werden. Erst musst du die Erde entfernen. Das Schälen nimmt weitere Zeit in Anspruch. Danach sitzt du weiter in der Küche fest, weil der Abfluss erst noch zu einem sandigen Bachlauf wird, während du mühsam die Armaturen putzt. Ein vermeintliches Schnäppchen kann unterm Strich ziemlich aufwändig sein.

- Bei kleinen Kartoffeln dauert das Schälen viel länger. Jede noch so kleine Knolle muss inspiziert werden, damit weder grüne Stellen noch braune Flecken vorhanden sind. Der Sparschäler ist schneller in den Ruhezustand versetzt, wenn man die Kartoffeln der dümmsten Bauern kauft. Obendrein fallen die Schnittabfälle geringer aus.

Zeitsparend sind in diesem Fall große Kartoffeln mit dünnen Schalen, die schon vorgewaschen gekauft werden.

Was bei unseren Kartoffeln gilt, lässt sich auch auf viele andere Früchte übertragen. Während man beim simplen Sparen zuerst an den Preis denkt, sind beim Minimalismus auch Aufwand und Zeit Kosten, die beim Einkaufen beachtet werden müssen. Die richtige Mischung aus Kosten und Aufwand macht es.

So kalt, es ist heiß.

Schockgefrorenes Tiefkühlgemüse sorgt für schnelles und gesundes Kochen nach dem Fernsehkoch-Prinzip, weil jemand anderes *da mal etwas vorbereitet hat.*

Tiefkühlkost ist ein ganz heißer Tipp! Vorbei sind die Zeiten, in denen Tiefkühlprodukte verpönt wurden. Minderwertig? Das war vielleicht mal. Wir wissen: Die Gemüsemischungen sind oft gesünder als klassische Frischware. Da wir unser Frischzeug meist sowieso nicht mehr vom Bauern nebenan kaufen, herrschen ganz andere Voraussetzungen. Unser Obst und Gemüse kommt aus aller Herren Länder.

Nicht nur der Weg von der Ernte bis zum Verkauf kostet Zeit und damit Lebensmittelqualität. Auch zuhause hängen die Früchte nicht herum und gammeln vor sich hin. Zeitdruck bei der Verarbeitung? Kennst du nicht, du bleibst entspannt und *cool*. Bei der eingefrorenen Ware gilt: Ohne Umwege ging es vom Feld zur Konservierung. Die wertvollen Vitamine und Mineralstoffe hatten kaum eine Chance zu entkommen.

Tiefgefrorenes Gemüse und Obst darf in Zukunft zu deinen Grundnahrungsmitteln gehören. Es wurde geerntet, gewaschen, geschnitten und verpackt. Das Kürzel TK steht für fast-verzehrfertige Ware, ohne dass du einen Finger krümmen musstest. Es hat quasi jeder andere Beteiligte mehr Arbeit in dein Essen gesteckt als du selbst. Die Erntehelfer wurden hoffentlich königlich entlohnt, die Maschinen gesalbt und geölt! Fleißige Hände und Wunderwerke der Technik haben wahrlich die Drecksarbeit übernommen.

So ein Beutel Brokkoli, Spinat, Blumenkohl, Paprika, Möhren, Zwiebeln, Erdbeeren, sogar Spargel oder Himbeeren ist einfach wunderbar zeitsparend. Einfach aufschlitzen, schon ist eine Portion in Wunschgröße bereit für die Zubereitung. Wir müssen nur noch für Hitze sorgen oder die Geduld aufbringen, die Früchte auftauen zu lassen.

Tiefkühlgemüse ist wie für Minimalisten gemacht, du sparst dir sogar den ein oder anderen Gang zur Biotonne, weil du dir Schalen, Kerne, Stiele und ähnliche Abfälle erst gar nicht ins Haus holst!

Tiefkühlware hat so viele Vorteile, da müssen die Nachteile nicht verschwiegen werden.

Die Beutel und Kartons sind blickdicht. Da man die Katze im Sack kaufen muss, gibt es mitunter auch Katzenjammer. Man bekommt teilweise Fetzen und kleine Stücke angedreht. Egal! Dem Geschmack tun die Schönheitsfehler keinen Abbruch, also sehen wir die Sache positiv: Einmal Kauen gespart.

Es gibt noch einen Wermutstropfen und Grund für Krokodilstränen: Man bezahlt wahrscheinlich mehr, als die Verpackung vermuten lässt. Beim Auftauen lassen Obst und Gemüse sehr viel Wasser. Ich habe dazu eine Verschwörungstheorie. Ich vermute, dass die Landwirte das Gemüse und

Obst tropfnass einfrieren, um weniger Ware für den Kilopreis liefern zu müssen. Diese Bauern können in meiner Einbildung ein hinterlistiges Volk sein, kein Wunder müssen die im Fernsehen nach Frauen suchen. Diese Trickserei (die vielleicht auch nur eine Unterstellung ist) tut dem Komfort und dem guten Preis-Leistungs-Verhältnis dennoch keinen Abbruch, höchstens einen Knacks, zu.

Produktivität erhöhen oder weniger Zeit benötigen.

weniger Stress, mehr Zeit

Minimalismus ist kein Synonym für Faulheit. Minimalismus steht für die Optimierung der verfügbaren Zeit. Was gemacht werden muss, soll schnell abgehakt sein, damit Zeit für das Wichtige bleibt.

Somit gehört auch das Thema der Produktivität in eine minimalistische Balance. Es folgen hier und jetzt verschiedene Tipps, durch die du deine Produktivität hoffentlich erhöhen kannst. Mit den Hinweisen sollte es möglich sein, sowohl Herzensangelegenheiten als auch Pflichtaufgaben zügig beenden zu können.

Informationen.

Dass Wissen Macht ist, bekommt man oft genug eingebläut. Dennoch wird der Informationsbeschaffung bei vielen Projekten nur eine Nebenrolle im Komparsenformat zuteil. Das ist verständlich. Wenn man von einer Idee gepackt ist, will man sie sofort verwirklichen. Man stürzt sich voller Elan in sein Engagement und legt los.

Es mag kontraproduktiv klingen, doch mit dem eigentlichen Anfangen sollte man sich ein wenig gedulden, wenn man schnell fertig sein möchte. Bevor man sich in seine Projekte stürzt, gilt es, die Lage zu sondieren. Durch ein cleveres Zeitlassen lässt sich unterm Strich viel Zeit sparen.

Die Menschheit gibt es mit all ihrem Mitteilungsbedürfnis nun schon ein paar Jährchen. In vielen Bereichen gibt es daher einen großen Erfahrungsschatz, auf den man zurückgreifen kann. Denn: In den meisten Fällen haben unsere Vorgänger vergleichbare Aufgaben schon hinter sich gebracht. Dein Projekt kann einzigartig sein, dennoch wurden ähnliche Arbeitsschritte bestimmt schon in einer effektiven Reihenfolge durchgeführt, und die dazugehörige Vorgehensweise festgehalten.

Es gibt für fast alle Herausforderungen Anleitungen, Ratgeber, Hinweise und sonstige Hilfestellungen. Trotz innovativer Einfälle, muss das Rad nicht neu erfunden werden. Durch das Nutzen vorhandener Informationen erleichterst du dir die Arbeit. Wer weiß, was ihn erwartet, kann mit Herausforderungen besser umgehen. Die Fehler der anderen ersparen dir massig Frust und Haareraufen.

Bevor du loslegst, solltest du dich stets über den Ablauf ähnlicher oder gleicher Unternehmungen informieren. Wenn möglich: Studiere Erfahrungsberichte und wälze Ratgeber. Dies nimmt zwar einen Teil der Euphorie, im Verlauf der Arbeit erspart es aber so manche Überraschung und Ernüchterung. Nicht nur in der guten alten Bücherei, sondern auch im Internet und bei diversen Gesellschaften und Kammern gibt es reichlich Informationsmaterial, das lesenswert ist.

Selbst wenn du auf extreme Innovation oder maximale Individualität angewiesen bist, gibt es Bereiche, die man übertragen kann. Arbeitsvorgänge müssen nicht gleich sein, aber falls sie sich ähneln, darfst du dir eine zweite Meinung einholen. Schön an den vielen Tipps fremder Leute ist die Unverbindlichkeit. Geschriebene Wörter sind nicht nachtragend, falls du sie ignorierst, weil du es doch besser weißt. Je mehr Informationen du über Projektabläufe hast, desto besser kann dein eigener Plan werden. Mit dem Wissen über mögliche Fallstricken kannst du einen guten Lösungsweg skizzieren, der dich mit weniger Komplikationen zum Ziel führt. Wenn du den Weg kennst, vermindert sich die Wahrscheinlichkeit, dass du dich verzettelst und falsch abbiegst.

Auf andere Lösungswege zurückgreifen zu können, kann doch nur hilfreich sein. Durch das Wissen, dass es auch noch andere Optionen gibt, vergrößert man seine Möglichkeiten. Es ist dadurch wahrscheinlicher, dass du schneller fertig bist und obendrein erfolgreicher sein wirst, als wenn du jeden Kniff selbst herausfinden musst. Die Vorarbeit kostet zwar Energie, sie sollte dir unterm Strich aber eine erhebliche Zeitersparnis bringen.

To-do-Liste.

Nachdem du zu einem Thema genug Informationen gesammelt hast, geht es endlich an die Praxis.

Aber auch hier habe ich einen Dämpfer für dich auf Lager: Damit man sich nicht in den vielen verschiedenen Aufgaben verzettelt, macht es Sinn, wenn man sich einen Überblick verschafft und einen Arbeitsablauf erstellt. Papier ist nicht nur geduldig, es vergisst im Gegensatz zu dem

Sieb unter deiner Schädeldecke auch nichts. Alles, was du auf einem schriftlichen Schlachtplan aufführst, ist festgehalten, bis du es erledigt hast.

Der erste Schritt deiner Arbeit sollte die Erstellung einer To-do-Liste sein. To-do-Listen passen fast immer. Das beginnt beim Rezept, geht über die Verwirklichung einer selbstständigen Tätigkeit und endet bei deinem minimalistischen Haushalt.

Der Zwischenstopp der Zu-Tun-Liste (*wie findest du das, Denglisch-Hasser?*) direkt am Anfang klingt spießiger, als er eigentlich ist. Du machst einfach eine Auflistung der Aufgaben, die bei deinem Projekt zu erledigen sind. So stellst du sicher, dass du trotz neuer Ideen nie den Überblick verlierst.

Für dich heißt es nun: Hinsetzen, genervt sein. Die Anzahl von Zwischenschritten, die Feinheiten und Genauigkeiten sind natürlich vom Projekt abhängig. Es ist auch bei einem geringen Tiefgang empfehlenswert, die Liste am Computer zu erstellen. Durch einen elektronischen Helfer wird die Arbeit einfacher. Durchstreichen, Ausradieren und Tintekillen gehen über die Tastatur doch ein bisschen leichter als auf Papier.

Der Aufbau der To-do-Liste ist aufsteigend: Ganz unten kommt das Ziel hin.

Beim Beispiel des Entrümpelns:

* sauberer Raum

Da vor diesem Ziel noch ein Berg von Arbeit steht, wird der Weg anschließend vom Startpunkt skizziert. Von oben nach unten werden die logischen Schritte aufgezählt. Ich empfehle dir, dabei ein bisschen genauer zu sein, als du es sonst bist. Dann hast du nämlich viele Unterpunkte, die du abhaken kannst. Jeder einzelne Punkt ist nicht nur Arbeit, sondern auch ein Zwischenziel. Durch jeden Haken, den du schlagen kannst, bringst du mehr Freude in dein Projekt. Erfolgserlebnisse sind bekanntlich das Lebenselixier der Motivation.

Schritte beim Entrümpeln könnten sein:

* anfangen mit dem Entrümpeln

* durch die Küche gehen und Unnötiges mit einem Zettelchen markieren

- unnötige Dinge von Wert fotografieren
- Sachen zum Verkauf ins Internet stellen
- Müll entsorgen
- Klamotten aussortieren und Freunde beschenken
- Putzlappen aus ungewollter Kleidung herstellen
- Unterstützung organisieren
- große Möbelstücke zur Deponie fahren

Brüh ein Käffchen, zapf ein Leitungswässerchen, köchel ein Teechen, dann lass dir Zeit mit deiner Liste. Das ist weder Zeitverschwendung noch unnötiges Trödeln. Irgendwann musst du dir ja sowieso Gedanken machen, was noch erledigt werden muss. Es ist zeitsparend, wenn man gründlich überlegt, welche Schritte zusammengehören und quasi in einem Rutsch erledigt werden können.

Bis zum Gipfel des Erfolges fallen oft vielfältige Arbeiten und Aufgaben an. Kniffelig beim Erstellen einer To-do-Liste ist, trotz aller Sorgfalt jeden Schritt zu berücksichtigen. Ich habe das noch nie hinbekommen. Je weiter man bei Projekten fortgeschritten ist, desto klarer wird, was noch alles zu tun ist. Da kommen Sachen auf einen zu, die man anfangs überhaupt nicht auf dem Schirm hatte.

Lass genügend Zeilenabstand, wenn du die Liste ausdruckst. So hast du Platz, um neue Punkte ergänzen zu können. So ist die To-do-Liste nicht in Stein gemeißelt. Falls notwendig, wird der Plan der Situation angepasst und ergänzt, statt löcherig eins-zu-eins umgesetzt zu werden.

Obwohl die Zu-Tun-Liste für Verbesserungen offen ist, gilt: Du machst einen Vertrag mit dir selbst.

Diese To-do-Liste ist eines der wichtigsten Dokumente deiner anstehenden Operation. Schau dir die Liste so oft an, wie deinen Schwarm auf dem Klassenfoto damals in der siebten Klasse. Du hast dadurch dein Ziel fortan immer vor Augen, es ist ja ganz unten auf deiner Liste. Verinnerliche dir deinen Plan. Lies die Worte so oft, bis sie sich in deine Netzhaut gebrannt haben. Immer wenn du die Augen schließt, weißt du, was du zu tun hast.

Die Ausreden, dass du keine Zeit hast, etwas für dein Projekt zu tun, zählen nicht. Einen kleinen Zwischenschritt wirst du sogar *heute* noch abhaken können.

Innere Widerstände.

Die Überwindung, sich hinzusetzen und endlich anzufangen, ist oft das Nadelöhr, wenn es darum geht, produktiv zu sein. Selbst wenn man ganz genau weiß, was man zu tun hat, selbst wenn man es sich ganz fest vorgenommen hat, fällt es häufig zu schwer, tatsächlich loszulegen.

Innere Widerstände mischen sich ein, wenn man etwas tun möchte, aber nicht muss.

Man will ein paar Stunden in sein Projekt investieren. Man legt sich seine Utensilien zurecht. Man will sich hinsetzen und anfangen. Plötzlich legt die Stimme im Kopf los, es wird Kontrabass gespielt.

- *Ich sollte erstmal den Abwasch machen, damit ich den Kopf frei habe.*

- *Ich könnte erstmal ein bisschen an die frische Luft, um mir Inspiration zu holen.*

- *Ich müsste noch einkaufen. Wenn ich dass jetzt erledige, kann ich später lange und ohne Unterbrechung arbeiten.*

Prokrastination ist heutzutage einfach. Es finden sich immer Gründe, die man vorschieben, und Tätigkeiten, die man bevorzugen kann.

Egal, was man anstelle des Anfangens tun *sollte/möchte/könnte*: Die Summe des Zauderns und Zögerns ist der wahrscheinlich sinnloseste Zeitvertreib, der jemals erfunden wurde. Bei Aufgaben, deren Erledigung du geplant hast, sind *Sollte*, *Könnte* und *Müsste* Worte, die keine Daseinsberechtigung haben. Du solltest oder könntest oder müsstest nicht noch schnell etwas anderes erledigen, du wirst anfangen.

Der wichtigste Schritt, um produktiver zu sein: Anfangen! Du bist nicht Fred Feuerstein, es heißt nicht *WILMAAAAAAAA*, es heißt: ICH WERDE! Ich *will* nicht bald *mal* anfangen, ich werde mich jetzt hinsetzen und anfangen! Nein, nicht nur noch ganz kurz und ganz schnell etwas anderes erledigen. Jetzt wird angefangen! Es spielt eigentlich keine Rolle, was man tun möchte, den richtigen Moment, um anzufangen, gibt es immer: *Jetzt*.

Anfangen ist immer der erste Schritt. Anfangen ist zugleich der schwerste Schritt. Je früher du ihn hinter dir hast, desto schneller sind deine Projekte erledigt. Das, was dich und mich vom Erledigen deiner Arbeit abhalten möchte, sind nichts anderes als innere Widerstände. Du musst daher die inneren Widerstände besiegen, um anfangen zu können.

Die inneren Widerstände haben Angst vor Veränderung. Sie verabscheuen alles Neue. Sie wollen, dass alles so bleibt, wie es ist. All die Gründe, warum später angeblich ein besserer Zeitpunkt ist, sollen nur dafür sorgen, dass sich nichts ändert.

Innere Widerstände sind kein wichtiger Überlebensinstinkt. Sie sind ein Verlangen nach Behäbigkeit. Aktuell geht es dir ja gar nicht so schlecht. Der Leidensdruck ist auf einem erträglichen Level. Dein derzeitiger Zustand, nichts verändern zu müssen, sondern nur zu möchten, ist der perfekte Nährboden für innere Widerstände. Sie wollen nicht, dass du dich weiter entwickelst. Sie wollen, dass Projekte Vorhaben bleiben. Dadurch geht man nämlich keinerlei Risiko ein. Alles bleibt, wie es ist.

Es hilft, die inneren Widerstände zu identifizieren. Wenn man Tarnung und Taktik des Feindes kennt, wird er zum einfachen Gegner. Sobald eine schwere oder anstrengende Aufgabe ansteht, wollen dich die inneren Widerstände **jedes verdammte mal** vom Anfangen abbringen. Man will anfangen? Dann ist es so sicher wie das Amen in der Kirche: Die inneren Widerstände finden einen dämlichen Vorwand, was jetzt eigentlich noch zu tun wäre.

Glücklicherweise sind die inneren Widerstände nicht sonderlich kreativ. Sie müssen spontan sein, sie saugen sich die Alternativen aus den Fingern. Daher kann man sich sicher sein, dass jeder Vorschlag, der derart schnell aus der Pistole geschossen kommt, nicht so gut ist, wie der Plan, mit dessen Umsetzung man anfangen will.

Dir fällt vor dem Anfangen nicht etwas Wichtiges ein, es wird von den inneren Widerständen nur ein fadenscheiniger Grund vorgeschoben.

Bevor du überhaupt versuchst, mit dem Arbeiten anzufangen, mach dir die Ausgangslage klar. Es ist entschieden, dass du nun arbeiten möchtest. Sei vorbereitet, dass die inneren Widerstände alles daran setzen werden, dich davon abzubringen. Mach dir bewusst, dass innere Widerstände zu dir sprechen. Es ist nicht die Stimme der Vernunft! Wenn dir beim Hinsetzen einfällt, dass in der Küche dreckiges Geschirr steht, oder dass die Wäsche zusammengelegt werden muss, nicke den inneren Widerständen anerkennend zu. *Guter Versuch, Hut ab! Ich wäre euch beinahe auf den Leim gegangen, aber so einfach besiegt ihr mich diesmal nicht.*

Die Tricks der inneren Widerstände sind immer gleich.

- Ich sollte noch ...
- Ich könnte aber ...
- Ich müsste doch ...

Schalte auf Durchzug, wie wenn in der Küche die Fritteuse läuft.

Anfangen ist der erste Schritt, zugleich auch der schwerste. Danach wird es sofort leichter. Du wirst dich bereits beim zweiten Strich gut fühlen.

Es ist zwar jedes mal aufs Neue schwer anzufangen, du kannst allerdings einen Mitstreiter züchten und trainieren: die gute, alte Routine.

Übung macht den Meister in der Kriegsführung gegen die inneren Widerstände. Wenn du etwas oft genug machst, wird es akzeptiert, gespeichert und gehört dazu. Dann ist es keine Veränderung mehr, sondern gehört zum Ist-Zustand.

Wenn dein Projekt erstmal dazugehört, haben die inneren Widerstände plötzlich nichts mehr dagegen. Bald werden sie dich mit deinem Projekt von anderen Aufgaben abhalten. Es ist so bescheuert mit den inneren Widerständen, dass man sie einfach nicht ernst nehmen kann. *Nein, Staubwischen ist nicht wichtig. Du solltest /könntest/müsstest jetzt erstmal an deinem Projekt arbeiten.*

Egal, was du erledigen und erreichen möchtest: Bitte dran bleiben wie in der Warteschleife!

Krafthaushalt.

Zu den Feinheiten der Produktivität zählt auch, sich die richtigen Aufgaben zum passenden Zeitpunkt vorzuknöpfen. Weder ein Maximum an Motivation noch all die Aufputschmittel der Apotheken-Theken bieten eine zufriedenstellende Lösung. Es ist so, es bleibt so: Für jede Arbeitseinheit steht dir nur eine gewisse Menge Kraft zu Verfügung. Es macht daher Sinn, wenn man seine Aufgabenabfolge dem persönlichen Energielevel anpasst.

Um effektiv arbeiten zu können, bietet es sich an, die schwierigsten Punkte dann anzugehen, wenn man am leistungsfähigsten ist. Bei den meisten von uns wird das morgens sein, nachdem der Kaffee die letzten Überbleibsel der Müdigkeit heruntergespült hat. Wenn du zu Arbeitsbeginn einen klaren Kopf hast, darfst du dich an eine Herausforderung wagen. Einem anspruchsvollen Projekt schenkt man nun die gebündelte Aufmerksamkeit wie ein Laser. Ist das geschafft, wirst du erschöpft sein.

Im Halbmittagsschlaf, der während des mittäglichen Tiefs herrscht, können Aufgaben erledigt werden, die fast nur mechanische Bewegungen sind. So kann sich dein Geist ein wenig ausruhen, du bist aber dennoch produktiv.

Wenn deine biologische Uhr anders tickt, musst du natürlich die Zeit umstellen. Ob man nun morgens im Vollbesitz seiner Kräfte ist oder gerne Nachtschichten schiebt: Man tut Anstrengendes, wenn man fit ist.

Konzentriertes Arbeiten.

Die größte Hürde ist das Anfangen. Aber wir sollten uns nichts vormachen, damit ist es natürlich nicht getan. Die Versuchungen, etwas anderes kurz dazwischenzuschieben, sind omnipräsent.

Wir haben es dieser Tage nicht leicht. Früher war es bestimmt einfacher, stur durchzuarbeiten. Zur Ablenkung und als Alternative zur vorgenommenen Arbeit blieb einem wahrscheinlich nichts anderes, als Holz hacken, die Wand anzuschauen oder die Bibel zu blättern. Da hätten sogar wir beiden uns ohne Tricks auf unsere Projekte konzentrieren können. Das Blatt hat sich gewendet: Heutzutage braucht es Disziplin, sich auf das Wesentliche zu beschränken.

Nicht nur das Handy blinkt, vibriert und piept ständig. Auf Knopfdruck kann man quasi unbemerkt Zeit von einem Bildschirm schlucken lassen. Die Chats, die Push-Nachrichten, die Junggesellensendung, die Reportage, der Polittalk: All das frisst Zeit, in der du effektiv arbeiten könntest, es lenkt dich während des Arbeitens ab und stört deine Konzentration.

Du hast dich bestimmt auch schon oft gefragt, ob du ADHS hast. Hättest du es, wäre es spätestens in deiner Kindheit aufgefallen. Mach dir keine Hoffnung, diese Ausrede zählt nicht. Du lässt dich ablenken, weil du es zulässt. Es ist schwer, sich vor den technischen Versuchungen zu schützen. Aber: Wer seine inneren Widerstände besiegen kann, wird es auch schaffen, sich auf seine Arbeit zu konzentrieren.

Bevor du anfängst zu arbeiten, verinnerliche, dass die eingeplante Zeit ausschließlich deinem Projekt gehört. Ablenkungen sind für die Dauer des Arbeitens Tabu. Es wäre unfair, halbherzig zu arbeiten. Diese Zeiteinheit gehört nicht dir, sie gehört deinem Projekt!

Wichtiges.

Die Zeit, in der man konzentriert arbeitet, soll möglichst viel bringen. Doch nur, weil du Zeit in Arbeit investierst, heißt das leider nicht automatisch, dass du produktiv bist.

Wenn man es sich einfach machen möchte, kann man ein Schubladen-denken einführen. Bevor du etwas tust, gilt es abzuwägen, ob die Tätig-keit produktiv ist.

Eine nützliche Unterscheidung ist:

- Nutzleistungen: Das sind Dinge, die dir definitiv etwas bringen. Wenn du selbstständig bist, verdienst du damit dein Geld. Wenn du Ziele verwirklichen möchtest, sind es Punkte, die du abhaken kannst. Es ist beispielsweise das Schreiben von Texten oder das Verschicken von Waren.

- Stützleistungen: Das sind die Tätigkeiten, die einfach dazu gehö-ren. Das Kaufen von Schreibblöcken, das Schalten der Werbung, das Aufstocken der Vorräte. Man verdient damit kein Geld, es sind keine Meilensteine, aber es gehört dazu.

- Fehlleistungen: Hier tratscht man zum Beispiel mit dem Nach-barn oder surft durch die sozialen Medien. Man tut einfach nichts, das zum Ziel führt. Man erzeugt heiße Luft, und vertrö-delt potenzielle Arbeitszeit.

Beschränke dich beim Arbeiten auf die wichtigen Dinge, wenn du es schnell hinter dir haben willst. Deine Produktivität ist abhängig von der Höhe der Nutzleistungen, der Kürze der Stützleistungen und der Ver-meidung von Fehlleistungen.

Hilfsmittel.

Abschließend bekommst du noch ein paar Helferlein, die dir direkt oder indirekt dabei helfen, schneller fertig zu werden.

- Erholungspausen.

Wenn man mal arbeitet, läuft es lange wie am Fließband. Der Mensch ist jedoch keine Maschine. Irgendwann setzen Ermü-dungserscheinungen wie Kopfschmerzen ein. Der Geist wandert immer öfter, die Arbeit wird schwerer, die Produktivität sinkt. Sobald die Erschöpfung einsetzt, darf man sich eine Erholungs-pause gönnen. Da die Qualität deiner Arbeit sinkt, da du untypi-sche Fehler machst, die du später wieder korrigieren musst, soll-test du auf die Signale deines Körpers hören und Pausen einle-gen, wenn du sie brauchst. Je früher man die Pause macht, desto schneller kann man weiterarbeiten. Selbst wenn sie dich in dem jeweiligen Moment Zeit kosten, wird durch gesunde Pausen deine Produktivität erhöht, da deine Leistungsfähigkeit wieder steigt.

Die Qualität der Entspannung sollte dabei möglichst hoch sein. Ich erwische mich beispielsweise zu oft, dass ich nicht wirklich ruhe, sondern eher etwas Ähnliches tue. Nicht gut. Das ist, wie ein Heilmittel mit einer kleinen Prise Gift zu versehen, weil die Medizin dann besser schmeckt. Das passende Gegenstück ist meistens die richtige Art von Erholung.

Wer etwas schreiben muss, erholt sich nicht, indem er Nachrichten liest. Bei Arbeiten vor dem Computer heißt es: Bildschirm aus und relaxen. Wenn du auf einem Stuhl gefangen warst, steh auf, strecke und dehne dich. Leg dich nach körperlicher Anstrengung hin, schone die müden Knochen, sofern das möglich ist. Erholung ist quasi immer das Gegenteil von dem, was man gerade getan hat.

- <u>Sauerstoff.</u>

Sei ein Junkie, der nach seinem Fix süchtig ist. Sauerstoff ist immer gut. Entweder beim Stoßlüften während des Arbeitens oder bei der Pause zwischendrin. Stell dich immer mal wieder ein paar Momente ans Fenster und lass deine Gedanken sich selbst entwirren. Frische Luft garniert mit ein paar Sonnenstrahlen ist ein Entspannungspaket für Körper, Seele und Geist.

- <u>Notizzettel.</u>

Das kennt jeder: Man ist gerade unterwegs, plötzlich fällt einem die Idee seines Lebens ein. Gute Einfälle hat man ständig in unpassenden Momenten.

Die Kreativität ist schon ein durchtriebenes Luder. Sie taucht dann auf, wenn man nicht mit ihr rechnet. Sie ist stets der Ehrengast, der nicht eingeladen wurde. Ideen, die man wieder vergisst, sind vergeudetes Potenzial.

Bis jetzt!

Tu dir einen Gefallen und halte stets einen kleinen Block oder einen einfachen Zettel griffbereit. Zuhause legst du die Sachen auf einen Tisch, für unterwegs besorgst du dir ein rustikales Schreibset. Wenn dir im Supermarkt eine Lösung wie Schuppen von den Augen fällt, machst du dir ein paar Notizen. Es gibt kaum etwas Befriedigenderes, als unterwegs unverhofft Einfälle zu haben oder Lösungen zu finden, die man zuhause tatsächlich umsetzen kann.

- <u>Durchziehen.</u>
  Man hat schon zu oft gehört, dass Aufgeben keine Option ist.

So ein Quatsch, oder? Aufgeben ist immer eine Möglichkeit. Manchmal wirft man sogar aus Prinzip das Handtuch, um sich rebellisch zu fühlen. Jeder weiß: *Übung macht den Meister.* Der Lerneffekt ist auch in Sachen Produktivität nicht zu unterschätzen.

Ich würde vermuten, dass der erschlagende Großteil aller Projekte irgendwann im Sande verläuft. Früher oder später sind die meisten Menschen vom Zwischenstand so enttäuscht, dass das Weiterarbeiten als Zeitverschwendung angesehen wird. Ja, nicht jedes Projekt stellt sich im Laufe der Arbeit als erfüllend heraus. Oft lohnt es sich, wenn man es dennoch bis zum bitteren, weil nicht-ganz-perfekten, Ende durchzieht.

Solltest du in deinem Projekt schon recht weit fortgeschritten sein, ist eine Beendigung trotz des Zeitaufwandes empfehlenswert. Es ist doch so, dass du dich damals nicht aus Jux und Tollerei dafür entschieden hast. Es gab gute Gründe anzufangen. Und es gibt gute Gründe weiterzumachen. Gute Ideen, die nur bis zur Hälfte verwirklicht werden, machen dich nämlich nicht zu einem Visionär, sondern zu einem Träumer.

Du möchtest wahrscheinlich mit einer Sache aufhören, um ein neues Ding zu starten. Da sich deine Interessen höchstwahrscheinlich nicht komplett geändert haben, ist die Art und Weise der neuen Aufgabe der aktuellen sehr ähnlich. Wenn du einen Prozess von Start bis Ende erlebt hast, ist der Erfahrungsschatz bei der neuen Aufgabe von Anfang an viel, viel höher. Heißt: Du kannst es beim nächsten mal noch besser, als du es dir jetzt schon vorstellst.

Mit dem erfolgreichen Beenden bekommt man eine sehr gesunde Routine. Du hast dadurch nicht die Angewohnheit, Projekte hinzuwerfen, wenn es schwierig/langweilig wird. Du wirst zu jemandem, der die Sache tatsächlich durchzieht, zu einem Macher. Diese Eigenschaft wird dich in Zukunft zu größeren Erfolgserlebnissen treiben. Die Gewissheit, dass man es trotz Turbulenzen schaffen wird, wiegt die zusätzlich investierte Zeit auf.

- Das Ende.

Statt dich ohne Ende zu quälen, erarbeite dir deinen Feierabend.

Wenn die Arbeit getan ist, lass es gut sein. Das Leben besteht nämlich nicht nur aus Arbeiten und Projekten.

Abschalten und der berühmte Tapetenwechsel sind lebensnotwendig. Sobald du für den Tag genug getan hast, sei zufrieden mit dir.

Nachdem du fleißig warst, nimm dir Zeit zum Nichtstun, zum Erholen oder zum Amüsieren.

Auch ein langer Tag muss ein Ende haben, wenn du morgen wieder angreifen möchtest.

Die Faustregel für langanhaltende Produktivität lautet: Arbeite nie zu viel, schlafe immer genug. Falls du vor lauter Aufregung abends noch aufgekratzt bist, versuch es doch mal homöopathisch. Greif zu einem natürlichen Schlafmittel: Frag deinen Partner, wie sein Tag war.

Kleidung oder Frage des Stils.

weniger Dinge, mehr Geld

Kleider machen Leute?

Ja, Kleider machen Leute schick, Kleider machen Leute selbstbewusster, Kleider machen Leute zu neuen Menschen. Als Minimalist muss man aber eine weitere Facette berücksichtigen: Kleider machen Leute arm, unzufrieden und überfordert, wenn ohne Sinn und Verstand eingekauft wird.

Dein Stil.

Man kann es drehen und wenden, die Kleidung richtig oder links gedreht tragen. Kleidung ist ein wichtiger Bestandteil unseres Lebens. Falls man nicht in einer Nudistenkolonie lebt, zieht man sich täglich mehrere Schichten Kleidung übers Leib. Mode ist allgegenwärtig, man kann quasi endlich Geld in sie investieren. Mode ist anspruchsvoll. Sie kann zeitraubend sein, womit beschäftigt man sich sonst jeden Tag mehrmals!?

Für viele Menschen gilt: Kleidung soll in aller erster Linie ganz gut gefallen, bequem sein und nicht zu viel kosten. Kleidung kann aber auch mehr sein, eine Leidenschaft und Ausdruck der Kreativität. Hier muss daher erwähnt werden, dass Minimalismus zu einem angenehmeren Leben führen soll. Wenn dir modische Kleidung ein höheres Selbstwertgefühl gibt, kleide dich nicht in Lumpen. Spare woanders, gönn dir!

Wenn dein Lieblingsdesigner etwas kostet, aber du dich darin jedes mal aufs Neue in dein Spiegelbild verliebst, ist es gut investiertes Geld. Das Leben ist nicht nur zu kurz, um sich zu verbiegen. Es endet auch viel zu schnell, um sich zu verkleiden. Es werden sich andere Lebensbereiche finden lassen, in denen du sparen kannst. Wobei ich natürlich finde: So eine Naturschönheit wie du braucht kein teures Gewand, um gut auszusehen.

Für viele Menschen ist Kleidung eher Mittel zum Zweck. Sie wollen sich mit ihren Outfits nicht verwirklichen, sondern schlicht dem Anlass angemessen gekleidet sein. Glücklicherweise bietet sich dadurch eine Angriffsfläche für minimalistische Veränderungen.

Jeder trägt Kleidung, also muss auch jeder Kleidung kaufen. Obwohl die Nachfrage nach Mode riesig ist, wird sie vom Angebot noch übertroffen. Der Bereich rund um die Klamotten bietet daher etliche Möglichkeiten, um das Leben zu entschlacken.

Modetrends nachzurennen ist für uns Normies wie der Kampf gegen Windmühlen. Je früher du dich als Don Quijote identifizierst, desto besser. Eine mögliche Taktik, um nicht im Krieg der Kollektionen zu erliegen, ist: Kaufe Klassiker, die ewig halten, wähle neutrale Farben, die zu allem passen.

Das ist eine Möglichkeit, in der Realität sieht das meistens ziemlich langweilig aus. Wer will schon auf Dauer immer gleich aussehen?! Es lässt sich aber ein gesunder Kompromiss finden, durch den man sich trotz größtenteils gleichbleibender Kleidung am Puls der Zeit fühlen kann.

Dazu legt man sich eine Basis aus Basics an. Man besorgt sich einen Bestand aus schlichten Kleidungsstücken, diese bleiben quasi dauerhaft bei dir. Zusätzlich schafft man sich bei Bedarf, Lust oder Laune kleine, ausgefallene Stücke, die der letzte Schrei sind, an.

Nicht ohne Grund sind die Kollektionen nach den Jahreszeiten benannt. Eine Neue folgt immer auf die Nächste. Wenn man jedes mal bei mehreren Stücken zuschlägt, kauft man ständig. Nicht jedem Trend outfitweise auf den Leim gehen, höchstens einzelne Teile zulegen, ist eine Möglichkeit, die Anzahl der Neuanschaffungen zu senken, aber dennoch trendy zu sein..

Gutes Geschäft.

Vor dem Kauf von Kleidung sollte man sich Gedanken über die Leistung, die hinter dem Preis stecken wird, machen. Die Rechnung ist *Kaufpreis geteilt durch Tragehäufigkeit*. Die teuren Anschaffungen, die ein Leben lang halten, können noch schlechter investiertes Geld sein, als die Fetzen, die bereits beim zweiten schiefen Blick auseinanderfallen. Bei einer guten Anschaffung zählt nicht, dass etwas ewig hält. Entscheidend ist nicht die Dauer in Jahren, sondern die Häufigkeit vom Tragen.

Die Kosten pro Einsatz bieten ein viel besseres Bild als Tage, Wochen und Monate. Alles hält lange, wenn man es nur einmal jedes zweite Schaltjahr trägt. Langlebigkeit ist keine besondere Leistung, wenn man die Einsätze an einer Hand abzählen kann. Gerade wenn etwas teuer ist, sollte es doch oft getragen werden können, oder?

Nun will ich dich nicht davon überzeugen, nur noch Billigware zu kaufen. Doch entgegen der vielen anderslautenden Ratschläge, möchte ich deinen Horizont erweitern und dich mal wieder zum kritischen Hinterfragen animieren.

Bevor man etwas kauft, sollte man einschätzen, wie oft es in Zukunft getragen wird. Das Verhältnis von Preis und Leistung bezieht sich aber nicht nur auf die Kosten der Qualität.

- Wer ein Teil für 300 Euro 30 mal anzieht, zahlt für jeden Vorgang 10 Euro.
- Wer ein Teil für 5 Euro 50 mal anzieht, zahlt für jeden Vorgang 10 Cent.

Wie viel Geld man in ein Kleidungsstück investieren sollte, hängt auch von einem weiteren Faktor ab, der Anspruch des Einsatzes sollte nicht untergehen. Während leichte Ware wie Schals einfach nur abhängt, müssen Schuhe Schwerstarbeit leisten und sind ständig auf Achse. Man kann es mit dem Lohn vergleichen: Leistungsträgern, die auch etwas aushalten müssen, darf man pro Einsatz mehr bezahlen, als Stücke, die nur herumhängen.

Am Ende wird es wieder die Mischung machen wie beim Cocktail: Klassiker, die man Jahrzehnte tragen kann, die dann allerdings auch mehr kosten, und günstige Schnäppchen, denen man schon beim Kauf ein Haltbarkeitsdatum geben kann. Sowie ein Mix aus teuren Schuhen und billigen Socken oder edler Sache und günstigem Shirt.

Durch Sales und Sonderverkäufe kann man aus guten Geschäften exzellente Transaktionen machen.

Es laufen glücklicherweise ständig Modesales, Räumungsverkäufe und Schlussverkäufe. Wenn du neue Kleidungsstücke brauchst oder möchtest, sollte deine erste Anlaufstelle der Sale-Bereich sein, Normalpreise zu bezahlen ist nämlich überflüssig geworden. Wenn man nicht gerade Fashionblogger ist, gibt es keinen Grund, die reduzierte Ware zu verschmähen. Es handelt sich dabei nur um die Reste der aktuellen Saison, die in der kurzen Zeit keinen Abnehmer fanden. Sogar bei den beliebtesten Ketten bleiben etliche stylische Stücke liegen, ganz logisch bei den ganzen Kollektionen, die in jedem Quartal vorgestellt werden. Praktischerweise finden Sales stets während der jeweiligen Jahreszeit statt.

Du bist in einer guten Position und hast reichlich Marktmacht, weil du nichts kaufen *musst*. Da du höchstwahrscheinlich einen hohen Bestand an Kleidung hast, kannst du dich ausschließlich auf Sales beschränken. Sonderverkäufe finden ist ja heutzutage wirklich nicht schwer. Überall drängen sich die roten Schriftzüge und weißen Prozentzeichen auf.

Lass dich von den niedrigen Preisen aber nicht verlocken. Wenn du etwas kaufst, nur weil es *sooo* billig ist, sind Fehlgriffe wahrscheinlich. Wer beispielsweise ein Paar Schuhe für 5 Euro kauft, es aber nie anziehen kann, weil die Sohle zu dünn ist, zahlt hoffentlich Lehrgeld.

Wichtig beim Kauf: An den Kassenzettel denken! Im Rausch der Vorfreude solltest du auch nicht gleich alle Etiketten entfernen! Beim Anprobieren vor dem eigenen Spiegel sieht die Sache manchmal doch anders aus. Die ausgeleuchteten Kabinen mit ihren schrägen, schlankmachenden Spiegeln, verzerren die Realität im wahrsten Sinne des Wortes. Wenn du die Ware nicht veränderst, kannst du deine Kaufentscheidung in Ruhe wiederholen. Erstmal drüber schlafen, dann gegebenenfalls zurückbringen.

Marken.

In der Modewelt sind die größten Kostentreiber wahrscheinlich die Markennamen. Man bezahlt zu viel, bekommt zu wenig. Es herrscht das Prinzip vom kleinen Effekt und großer Wirkung. Ein paar Buchstaben auf einem Aufnäher, ein bisschen Beflockung oder ein wenig Stickerei, schon werden die Preise in die Höhe getrieben.

Man schlägt zu, obwohl es sich um nichts anderes als einen Fetzen Baumwolle handelt, der ohne das Logo ungefähr ein Viertel kosten würde. Fatal ist, wenn die großen Namen auf den kleinen Schildern nicht gekauft werden, weil es sich um bessere Qualität oder ausgefallenere Schnitte handelt, sondern damit die anderen sehen, dass man sich etwas leisten kann. Oft ist Markenkleidung nichts weiter als der Versuch, andere zu beeindrucken oder dazuzugehören. Es handelt sich dann lediglich um Prestigeobjekte, die kein Minimalist nötig hat.

Viele Leute bilden sich ein, dass sie auf teure Marken stehen. Es werden große Ausgaben mit dem Vorwand gerechtfertigt, dass man die Markenkleidung nur für sich trägt, nicht um andere zu hofieren. Deine Unterwäsche (natürlich die Unterwäsche in deinem Alltag, nicht die Dessous für den nächsten Striptease) ist ein guter Indikator, ob dir Marken wirklich wichtig sind. Was man drunter trägt, trägt man den allergrößten Teil des Tages nämlich tatsächlich nur für sich. Lass dich von deiner Schublade überzeugen, was du wirklich willst. Wenn es bei den Schlüppern darum geht, dass sie akzeptabel aussehen, bequem sind, nicht zu viel kosten und das Produkt wichtiger als der Hersteller ist, kennst du die Antwort in Sachen Markenaffinität.

Sich wegen Fremden auf Marken oder bestimmte Läden zu fixieren bedeutet, man ist auf Blender hereingefallen. Man bewertet das Stück Stoff nicht für das, was es ist. Es zählt nämlich nicht, ob das Teil schick, bequem oder nützlich ist, sondern dass Andere dadurch beeindruckt sind. Wenn der Markenname einer der größten Kaufgründe ist, gilt: Es ist nichts als Illusion. Das ist genauso irrsinnig, wie über einen Menschen aufgrund seines Namens zu urteilen.

Der Markenaufschlag ist eigentlich nur in der Gutgläubigkeit der potentiellen Kunden begründet. Daher ist es für dich an der Zeit, ein gesundes Misstrauen zu entwickeln. Wenn du deinen Horizont erweiterst, weil du die Scheuklappen ablegst, kannst du Kleidungsstücke fair und objektiv bewerten. Es muss hinterfragt werden, ob sich eine Anschaffung lohnt.

- Zahle ich die Hälfte des Kaufpreises, weil das dahinterstehende Unternehmen Unsummen in Werbung mit bekannten Persönlichkeiten investiert?

- Zahle ich zu viel, weil ich ein vergleichbares Stück auch von einem unbekannteren Hersteller viel günstiger bekommen könnte?

- Steht die Marke wirklich für ausgesprochen gute Qualität oder ist mein Kauf das Resultat eines Marketingcoups?

Der Wert einer Sache liegt schlicht und einfach in deinem individuellen Nutzen. Wenn dir ein Teil steht, steht es dir. Wenn du ein Teil bequem findest, ist es bequem. Schicke Kleidung ist schicke Kleidung. Es spielt keine Rolle, wer der Hersteller ist, das Preis-Leistungs-Verhältnis muss stimmen. Du musst ein gutes Geschäft machen. Du darfst für einen Einsatz nicht zu viel bezahlen.

Kaufstopp.

Schau dich mal in deinem Raum der Ruhe um. Die Fächer quellen über, die Stangen biegen sich, die Schubladen lassen sich nicht mehr schließen. Du hast momentan genug Klamotten, oder?! Aus deinem Schlafzimmer muss kein Ankleideraum werden, daher reicht es erstmal.

Du sparst Geld, Zeit, Platz und minimierst Verschwendung, wenn du vorerst keine Anschaffungen mehr tätigst. Der wohl nützlichste Rat, den man Leuten wie dir und mir in Sachen Kleidung geben kann: Hab ein Herz, sei dein großer Bruder. In deinem Kleiderschrank und im Schuhregal befinden sich so viele Teile, die viel zu selten getragen wurden. Du unterhältst quasi ein Warenlager für Klamotten. Gib Hosen, Schuhen, Shirts, Jacken und Pullovern eine Chance und trag deine alte Kleidung auf! Oder trag deine diversen neuwertigen Kleidungsstücke überhaupt mal.

Gehe auf Entdeckungsreise. Wenn du im hintersten Eck deines Kleiderschranks versinkst, landest du zwar nicht in Narnia, dennoch wird es ein Erlebnis. Du wirst vergessene Schätze finden, die aussehen wie neu. Ich bin überzeugt, dass dein Kleiderschrank eine wahre Schatztruhe ist. Es handelt sich bei deinen Fundstücken um tolle Kleidung, die dir zurecht vor Jahren gut gefallen hat. Würdest du diese *alte* Kleidung im Second-Hand-Laden kaufen, wärst du begeistert und voller Stolz.

Du brichst dir keinen Zacken aus der Krone, wenn du für die nächste Zeit auf Neuanschaffungen verzichtest. Es ist nur eine andere Sichtweise gefordert: Du trägst keine alten Lumpen, sondern vergessene Schönheiten. Es ist gute Kleidung, die noch nicht ersetzt werden muss. Folgerichtig sind Neuanschaffungen unnötig.

Wenn man um die Ecke denkt, lassen sich viele Käufe vermeiden. Besondere Outfits darf man gerne leihen oder mieten. Das können Kostüme für Karneval/Fasching/Fastnacht sein oder auch aufwändige Kleider und Anzüge für Hochzeiten und Scheidungen. Gerade die berühmte Festtagskleidung kann für Trauerstimmung sorgen, wenn man viel Geld investiert hat, aber nicht mehr in den Fummel passt, weil man über die Jahre doch ein bisschen zugenommen hat. Lieber ein Ende mit Rechnung als Rechtfertigungen ohne Ende.

Langlebigkeit.

Damit man möglichst lange Freude an seiner Kleidung hat, sollte man etwas für die Langlebigkeit tun. Was nicht kaputt ist, muss nämlich nicht ersetzt werden. Es gibt ein paar kleine Tricks und Kniffe, die keinen großen Aufwand machen, aber die Haltbarkeit der einzelnen Stücke erhöhen können.

Du wirst mir zustimmen: Zuhause darf man 100% man selbst sein, somit muss es nicht immer fein sein. Wer sich für zuhause weder schminkt noch die Haare modisch frisiert, kann das Niveau bei der Kleidung in gleichem Maße senken. Wenn man zuhause ankommt, in absehbarer Zeit weder Besuch erwartet noch das Haus verlassen muss, ist es Zeit für den Gammellook. Es bieten sich ausrangierte Kleidungsstücke an, die zu gut zum Wegwerfen, aber zu schlecht für außer Haus sind. Oder man setzt auf labberige Jogginghosen und ausgebeulte T-Shirts, denn die sind nicht nur unverschämt bequem, sie sind verboten gemütlich! Die guten Sachen werden geschont, dadurch halten sie unter normalen Umständen länger. Es ist für die Kleidungsstücke zwar keine Erholungspause, aber eine Verschleißunterbrechung.

Die wohl größten Strapazen, die ein Kleidungsstück über sich ergehen lassen muss, erleidet es beim Waschgang. Selbst wenn man die Schonkur wählt, werden die Teile früher oder später geschleudert, gekocht und gequält. Vielleicht gehörst du auch zu den Leuten, bei denen ständig die Waschmaschine läuft. Es gibt allerdings kein Gesetz, dass dir vorschreibt, deine Sachen nach einmaligem Tragen direkt zu waschen. Verschleiß wird minimiert, wenn du nur noch bei Bedarf wäschst.

Sieh es mal so: Wenn ein Kleidungsstück weder Flecken hat noch muffelt, kann man nicht sagen, dass es schmutzig ist, oder? Würdest du dich etwa als dreckig bezeichnen, wenn du weder Flecken hast noch muffelst? Bevor etwas in den Wäschesack wandert, darf überprüft, geschnüffelt und inspiziert werden. Dass du dadurch auch andere Kosten wie Strom und Wasser sparst, sind ebenso positive Nebeneffekte, wie der Waschmaschine einen Durchgang zu ersparen.

Die Sache mit dem Trockner basiert auf dem gleichen Prinzip. Ohne Trockner ist es schonender und spart Strom.

Der folgende Punkt der Textilaufbereitung ist dann oft das Bügeln. Es ist ungemein zeitraubend, daher würde ich dir schon aus reinster Nächstenliebe empfehlen, nur die Kleidungsstücke zu bügeln, bei denen es Sinn macht. Socken und Unterhosen gehören nie dazu. Bei vielen anderen Teilen ist es selten der Fall. Wenn sich bügeln nicht komplett vermeiden lässt, kannst du dich auf die äußerste Schicht und den sichtbaren Teil der darunterliegenden Ebene beschränken. Angeblich ist es schonender, wenn man so kalt wie möglich bügelt. Ich kann das mangels Erfahrung glücklicherweise weder bestätigen noch bestreiten. Die These klingt allerdings vernünftig, da die Stoffe dadurch weniger strapaziert werden. Man kennt es ja von sehr heiß geglätteten Haaren, die irgendwann aussehen wie feinstes Stroh.

Zu guter Letzt braucht man auch nicht kleinlich sein. Falls mal was reißt oder eines dieser garstigen, kleinen Löcher auftaucht, ist das auch noch kein Todesurteil. Kleinere Schönheitsoperationen bekommt man oft sogar mit zwei linken Händen hin. Kleidungsstücke sind keine hochentwickelten Gegenstände. Kleidungsstücke wurden bei der Herstellung genäht, also können sie bei der Rettung geflickt werden. Es finden sich für viele kosmetische Probleme problemlose Lösungen, man muss nur ein wenig nachdenken. Ich will dich nicht beleidigen, aber dein Körper hat so viel Fläche, dass ein kleines geflicktes, gestopftes oder zugenähtes Loch wirklich nicht auffällt. Im Zweifelsfall wird ein Pin oder Button draufgeklatscht, dann kann man sich wie ein Aktivist fühlen. Abnutzungserscheinungen wie Fusseln, Fäden, Flusen und Fransen können abrasiert werden, Einwegrasierer hat irgendwie jeder im Haus.

Raus.

Da man mit der auserwählten Kleidung immer für mehrere Stunden am Stück konfrontiert ist, kann man schneller als erwartet genug von einer bestimmten Kluft haben. Sich sattzusehen mag nüchtern betrachtet ein dekadentes Wehwehchen sein, aber so ist es nun mal. Irgendwann kann man sich halt in gewissen Stücken nicht mehr sehen. Man fühlt sich nicht nur hässlich, man redet sich ein, dass man aufgrund dieser Klamotten erfolglos ist.

Wegen seiner Kleidung sollte man sich nicht unwohl fühlen. So wie man bestimmte Lebensmittel nicht jeden Tag essen möchte, kann man auch Kleidungsstücke rar machen. Es kann helfen, Anziehsachen für ein paar Monate/Jahre wegzupacken. Und zwar dorthin, wo man sie nicht jede Woche sieht und von ihnen genervt ist. Fülle Tüten und Kartons mit den Textilien, denen du später nochmal eine faire Chance geben möchtest, die dir momentan aber aus dem Hals – oder in diesem Fall eher aus den Augen – raushängen. Bald sind sie nicht nur aus den Augen, sondern auch aus dem Sinn. Bei der Wiederentdeckung in einer fernen Zukunft wirst du merken, ob das Feuer neu entfacht wurde.

Bei Klamotten, die dich auch dann noch nerven, ist die Zeit des Abschieds gekommen. Gleiches gilt meistens für Stücke, die du 2 Jahre nicht getragen hast. Du hattest genügend Gelegenheiten, den entsprechenden Kandidaten einzusetzen. Seine Dienste werden nicht mehr benötigt. 24 Monate vergeblich auf den Einsatz gewartet zu haben, das ist für ein Kleidungsstück lange genug. In solch einem Fall geht Ausmisten in Ordnung wie marschierende Soldaten. Gnadenstoß!

Der erste Gedanke wird sein: Ich werde die ausrangierten Stücke einfach in die Tonne kloppen. Und da du natürlich auch an andere denkst, ist damit nicht die Restmülltonne gemeint. Bevor man etwas in die Altkleidersammlung gibt, sollte man selbst alle Möglichkeiten ausschöpfen. Dort wird die Kleidung meist (oder sogar immer?!) gewinnbringend weiterverkauft. Das kannst du auch selbst versuchen. Mangels Wohltätigkeit der Textilverschleuderer tut man für das Karma durch die verschenkte Ware eigentlich auch nichts Gutes. Selbst wenn kein knallhartes Unternehmen hinter den Sammelcontainern steht, weiß man doch, wie das mit den Spenden ist. Nachdem Firmenwagen, Gehälter und Betriebsfeier bezahlt wurden, bleibt für den guten Zweck nur noch ein Tropfen auf den heißen Stein.

Zum Verkaufen bieten sich viele Online-Plattformen an. Du kannst ganze Kleidungspakete gebündelt nach der Konfektionsgröße anbieten, das spart dir Arbeit. Mitunter kaufen auch lokale Second-Hand-Läden Klamotten an, falls sie nicht von den Geschäftemachern der Altkleider-sammlungen beliefert werden. Flohmärkte sind eine weitere Option, allerdings zeitintensiv und wahrscheinlich enttäuschend. Wer Menschen nicht scheut, kann eine Tauschparty veranstalten oder besuchen. Das Prinzip ist: Jeder bringt Sachen, und nimmt sich, was er mag. Ich würde dir dabei raten, nicht kleinlich zu sein und Werte zu vergleichen. Sei froh, wenn du etwas los bist.

Und wenn die Kleidung weder Geld noch Gegenwert einbringt, kann man diese Fetzen trotzdem noch gebrauchen. Bei übriggebliebener Kleidung kannst du in die Lumpenproduktion einsteigen. Zerrissene Klamotten eignen sich bestens zum Wischen. So schnell hast du deinen Boden noch nie sauber bekommen: Einen Fetzen vom T-Shirt unter den rechten Fuß, ein verstümmelter Pulloverärmel unter die linke Latsche, dann wird Schlittschuh gelaufen. Sobald die Lumpen dreckig sind, werden sie entsorgt. Das ist Einweg und trotzdem Mehrweg. Sollte es dich größere Überwindung kosten, die Stücke zu zerschneiden, dann schnappe dir Schere oder Messer, wenn du wütend und in Zerstörungslaune bist.

Nebenkosten oder mittelbare Mietsenkung.

mehr Geld

Die Wohnkosten sind ein großes Thema, dem beim Sparen vergleichsweise wenig Aufmerksamkeit geschenkt wird. Wohnen muss man, das ist einfach so. Das lässt sich höchstens ändern, wenn man in ein Campingmobil zieht. Überall wird geknausert, aber die Miete wird als unveränderlicher Lebensunterhalt abgehakt und akzeptiert, obwohl nur die Kaltmiete in Stein gemeißelt ist. Es wird gerne vergessen, dass im Kleinen sehr wohl gespart werden kann. Auch wenn der Verbrauch erst später abgerechnet wird, handelt es sich bei den Nebenkosten um tägliche Ausgaben, die beeinflussbar sind.

Da die klassischen Nebenkosten nicht direkt bezahlt werden, tut man sich beim Sparen schwer. Der finanzielle Unterschied zwischen aufgedrehten Leitungen mit vollem Rohr und genügsamem Verbrauch, ist quasi unsichtbar, schließlich behält niemand die verschiedenen Zählerstände im Auge. Man hat keinen Überblick über die Kosten, die verursacht werden, gibt im Allgemeinen daher durch achtlose Verschwendungen zu viel aus.

Auch ohne Buch über Wasserverbrauch, Stromverbrauch und Gasverbrauch zu führen, lässt sich etwas tun. Die Devise muss einfach lauten: Verbraucht wird nur, wenn es gebraucht wird. Wer heute sparsam ist, muss morgen weniger nachzahlen. Vielleicht wird die Abrechnung sogar zum Gewinn, weil du eine Rückzahlung erhältst.

Nebenkosten senken? Man muss nur umdenken! Manche der folgenden Anregungen mögen kleinlich wirken, aber wir kennen doch alle den Spruch mit dem Kleinvieh.

Wasser sparen.

Wasser sparen ist eigentlich extrem einfach, weil man fast jeden Hahn jedes einzelne mal aktiv aufdrehen und immer wieder zudrehen muss. Man kann noch so verschwenderisch sein, niemand lässt den Wasserhahn stundenlang Wasser spucken. Wenn auch nicht ein ausgeprägter Sparsinn dafür verantwortlich, so ist es wenigstens der Hörsinn, der einem hohe Kosten erspart, weil das Geräusch des prasselnden Wassers einfach nervig ist.

Ein Lösungsansatz beim Wassersparen ist im Handumdrehen umgesetzt. Du musst den Wasserhahn in Zukunft kurzweiliger öffnen, andernfalls schießen rauschende Bäche aus den Leitungen in den Abfluss. Jeder Tropfen, der keinen Nutzen bringt, ist genau gesehen Verschwendung. In der Summe werden ohne Sinn und Verstand hohe Beträge in der Kanalisation versenkt.

Man muss sich bewusst machen: Wenn ich den Wasserhahn öffne, bezahle ich Geld. Das Wasser ist eine kommerzielle Ware, seine Nutzung eine zahlungspflichtige Dienstleistung.

Der Ablauf eines Minimalisten:

- Wasserhahn auf.
- So viel Wasser, wie benötigt wird, aus der Leitung lassen.
- Wasserhahn zu.

Dieses Sparprinzip funktioniert in den verschiedensten Bereichen und bei den unterschiedlichsten Wasserläufen. So zum Beispiel im Badezimmer. Eigentlich weißt du es ja schon, dieser Tipp ist daher lediglich eine Auffrischung. Ich kann deine Mutter nur in höchsten Tönen loben, erinnere dich mal an die guten Ratschläge deiner Kindheit. Mama wusste es auch beim Wasserverbrauch: *Während dem Händewaschen sollst du das*

Wasser ausstellen. Das Geld wächst nämlich nicht auf den Bäumen, du kleiner Fratz! Auch heute gilt: Wenn du deine Hände einseifst, brauchst du keinen tosenden Wasserfall zur musikalischen Untermalung.

Körperpflege und Hygiene dürften die größten Posten beim Wasserverbrauch sein. Nach der Gesetzmäßigkeit der Umkehrschlüsse müssten sich daher im Badezimmer noch mehr Möglichkeiten finden lassen, um den Verbrauch zu senken.

Es beginnt bei dem alten Trick vom Ziegelstein im Spülkasten, den man heutzutage auch über Gewichte wie Wasserflaschen mit Sand oder eine entsprechende Einstellung des Füllventils umsetzen kann. Ein weiterer Schritt ist immer die Alternative zu wählen, die am wenigsten Wasser verbraucht. So wird beim Rasieren ein Becher benutzt und der Rasierer nicht unter fließendem Wasser gereinigt.

Sollte dir ein Schaumbad nicht maximale Entspannung bringen, lebst du mit einer Dusche besser als mit einem Wanne voll wertvollem Nass. Obwohl kaltes Wasser viel günstiger als warmes Wasser ist, bist du vielleicht trotz aller Sparsamkeit so ein Warmduscher wie ich. Leider dauert es gerade morgens, nachdem man sich aus dem mollig-warmen Bett gequält hat, eine gefühlte Ewigkeit, bis das Wasser eine erträgliche Temperatur erreicht hat. Früher flossen jeden Tag etliche Liter aus der Brause über die Füße in den Abfluss. Dieses Wasser könnte man, bevor man sich seiner Kleidung entledigt und in die Kabine steigt, beispielsweise in den Nudeltopf, den Wasserkocher, die Trinkflasche, die Kaffeemaschine oder die Gießkanne abfüllen. Es ist zwar ungewöhnlich, mit einem Wasserbehälter in das und aus dem Badezimmer zu marschieren, aber man kann sich dafür auf die Schulter klopfen, dass man sparsam war.

Waschmaschinen sind geniale Helfer, auch für Minimalisten sind sie eine tolle Anschaffung. Man stopft seine Kleidungsstücke rein, bisschen Pulver dazu, man muss ein paar Knöpfe drücken, schon hat man jemanden, der die Arbeit erledigt. Dass bei einem Waschgang nicht nur Strom, sondern auch Wasser verbraucht wird, vergisst man gerne. Daher gilt: Wäsche waschen, wenn die Waschtrommel voll ist. Falls du ein bestimmtes Teil wirklich, unbedingt und unausweichlich waschen musst, schau dich um, ob deine Vorhänge mal wieder fällig sind.

Auch bei Lebensmitteln kann man sparsamer verfahren. Man meint es gut, verspeist eine Vielzahl Früchte. Da wir gelernt haben, diese vor dem Verzehr zu waschen, läuft die Wasserleitung vor dem ersten Bissen zu

Höchstleistungen auf. Statt jedes Stück Obst und Gemüse einzeln unter fließendem Wasser abzuduschen, und dabei so-gut-wie-sauberes Wasser in den Abfluss laufen zu lassen, könntest du eine Schüssel zur Waschwanne werden lassen. Nachdem du die Stücke geschrubbt hast, darfst du das Wasser zum Blumengießen wiederverwerten. Falls du keinen grünen Daumen hast, zieht trotzdem keine Ausrede. Bestimmt gibt es in deinem Haushalt Gelegenheiten, bei denen du fast-frisches Wasser nutzen kannst.

Sollte Kochen auf dem Plan stehen, kannst du Wasser, Zeit und Energie sparen, wenn du den Topf nicht randvoll, sondern lediglich voll genug laufen lässt. Kochen mit wenig Wasser geht nicht nur schneller, es senkt schlicht und einfach den Wasserverbrauch. Versuch mal deine Nudeln mit der Hälfte der Menge zu kochen. Falls du einen Unterschied bemerkst und mit dem Ergebnis nicht zufrieden bist, nimmst du beim übernächsten mal eben drei Viertel deiner alten Menge. Die meisten Lebensmittel müssen nicht im Wasser absaufen, um gar zu werden. Es genügt, wenn sie mit Wasser bedeckt sind.

Temperaturkosten.

Temperaturkosten senken funktioniert, wenn man sich den Launen der Natur beugt. Die Jahreszeiten mögen heuer verrückt spielen, die Sonne mag eine Diva sein, aber es ist trotzdem eine verkehrte Welt. Draußen ziehen wir uns passend zum Wetter an, drinnen passen wir die Temperatur der Wunschkleidung an.

Wer Lust auf ein T-Shirt hat, dreht die Heizung hoch. Schwenkt die Laune auf Pullover um, wird schnell das Fenster gekippt, damit der Raum die richtige Temperatur für den Menschen hat. Die Lösung, um zuhause Temperaturkosten zu sparen: Wir ziehen uns auch drinnen der Außentemperatur entsprechend an. Uns trennt ja lediglich eine Hauswand vom natürlichen Klima. Durch passende Kleidung lässt es sich in vielen Fällen vermeiden, das Zimmer heizen oder den Ventilator pusten lassen zu müssen.

Fangen wir mal mit Frühling, Sommer und Herbst an. Um bei hohen Außentemperaturen für gute Voraussetzungen zu sorgen, sollte man ein paar Vorkehrungen treffen.

Bei Hitze sollte man die Zimmer schattig halten. Wir alle kennen das Prinzip des Gewächshauses, viel Sonnenlicht sorgt dort für hohe Temperaturen. Für uns zarte Pflänzchen wollen wir natürlich das Gegenteil, da wir nicht vor lauter Hitze eingehen möchten. Jalousie, Rollladen und Fensterläden schützen die Räume vor übermäßiger Sonneneinstrahlung. Halte das Zimmer so dunkel wie möglich. Wenn der Raum nicht durch die Solarenergie aufgeheizt wurde, musst du ihn nicht durch Klimaanlage, Ventilator und Konsorten abkühlen. Das senkt Nebenkosten!

Sollte es für deinen Geschmack dennoch zu bullig sein, gibt es Methoden, die ohne Strom auskommen. Mit ein paar Hausmitteln kann man einen Raum auch ohne technische Hilfsmittel kühlen. So sind beispielsweise nasse Bettlaken, Badetücher oder Deckenbezüge, die man zwischen zwei Stühlen aufhängt, eine improvisierte Klimaanlage, die für Verdunstungskälte sorgt. Damit die Böden für eine Abkühlung von unten sorgen, empfiehlt es sich, Teppiche während der Hitzeperiode aufzurollen. Ein doppelter Spartrick ist das Ausschalten von Elektrogeräten. Der Stand-By-Modus macht das Elend nämlich noch schlimmer. Da die Geräte sich bei einer hohen Raumtemperatur immer weiter aufheizen, macht es Sinn, an heißen Tagen besonders stromsparsam zu sein. Wer bei Hitze beispielsweise den Wäschetrockner oder den Durchlauferhitzer laufen lässt, hat jegliches Recht auf Jammern verwirkt. Und anschließend macht man einfach das beste aus der Situation. Klamotten runter! Lade deinen Schwarm zur FKK-Privatparty ein!

Elektronische Kühlgeräte können zwar immense Kosten verursachen, der größere Brocken sind jedoch die Heizkosten.

In der Winterzeit kann es richtig teuer werden. Auslöser ist auch hier eine verquere Anspruchshaltung. Während man sich beim Verlassen des Hauses einmummelt, reißt man sich zuhause direkt bei der Ankunft den Stoff vom Leib. Wenn es draußen langsam kalt wird, beginnt drinnen oft zu früh die Heizsaison. Wenn es zuhause nur ein wenig kühl, aber nicht klirrend kalt ist, gilt: Die ein oder andere zusätzliche Lage Kleidung verringert die Heizkostenrechnung. So kann man nämlich den Zeitpunkt, ab dem geheizt wird, nach hinten verschieben.

Solange die Leitungen nicht drohen einzufrieren oder sonstige Schäden entstehen können, spricht zuhause nichts gegen ein zweites Paar Socken und einen dickeren Pullover. Abgesehen vom gekränkten Stolz, versteht sich.

Sobald es draußen friert und fröstelt, darf man drinnen das Maß der Mitte walten lassen. Das erfordert, dass man einen Kompromiss zwischen winterlicher Kleidung und der Wärme aus der Heizung findet. Selbst wenn man die Heizung laufen lässt, kann man sich wärmer anziehen. Dadurch muss man die Heizung nicht komplett aufdrehen. Man hat zwar Kosten, aber vertretbare.

Wer eine kleine Wohnung hat, kommt auch in Sachen Heizkosten günstiger davon. Für die Mehrraumbewohner führt ein wenig logische Logistik zur Sparsamkeit. Es müssen nämlich nur Zimmer beheizt werden, in denen sich jemand länger aufhält. Ein bisschen Kälte in allen Räumen außer dem Wohnzimmer oder dem Schlafzimmer oder der Küche ist doch eine erfrischende Abwechslung, oder?

Außerdem: Nur wenn man zuhause ist, muss die Heizung überhaupt laufen. Bevor man geht, wird die Heizung auf ein Minimum reduziert. Es mag wunderbar sein, wenn man aus der Kälte in die warme Wohnung kommt, aber stundenlang zu heizen, ohne dass jemandem warm wird, ist nun mal verschwenderisch. Da es im Winter draußen immer kälter als drinnen ist, gehst du in den allermeisten Fällen so oder so in eine warme Wohnung. Die paar Minuten, bis sich der Raum zur vollsten Zufriedenheit aufgewärmt hat, kannst du im Zweifelsfall auch noch deine Jacke anbehalten.

Wenn die Wärme drin ist, kann der Sauerstoff knapp werden. Wenn du ein wenig frische Luft nötig hast, solltest du raus an die Quelle. Da jegliche Wärme, die durch Lüften verloren geht, auf deine Rechnung wieder hergestellt werden muss, empfiehlt sich ein Gang um den Block statt Stoßlüften oder gar das Fenster gekippt zu halten.

Strom sparen.

Die Welt wird nicht nur vernetzter, sie wird auch immer technischer. Man könnte meinen, dass aufgrund der steigenden Nachfrage und des großen Bedarfs an Energie auch viel mehr Strom gewonnen wird, und dadurch die Preise fallen. Aber da herrscht Fehlanzeige. Trotz unseres modernen Lebens mit Energiegewinnung aus Sonnenkraft, Wind und Wasser ist das Thema Strom sparen aktueller denn je. Zum Glück gibt es einige Wege, durch die gespart werden kann, ohne viel Komfort zu verlieren.

Coole Kühlung.

Fangen wir mal mit einer verrückten Idee an. Trotz globaler Erwärmung steht bei uns immer wieder eine Kälteperiode an. Wenn man im Winter heizen muss, kann man sich die Außentemperaturen auch zunutze machen. Sobald es draußen eisig wird, du dich nur noch mit Mütze und

Handschuhen raus traust, könntest du den Kühlschrank nach draußen verlagern. Der Balkon wird zum begehbaren Kühlschrank, wenn du deine Sachen einfach auf den Tisch oder Boden stellst. Abgedeckt wird bei Bedarf mit einer Box. Eine kleinere Variante bietet der Fenstersims, auf dem du die Sachen, die Kühlung dringend benötigen, lagern kannst. Keine Sorge: Da es im Winter sowieso den ganzen Tag trüb, trist und dunkel ist, bemerkt wahrscheinlich keiner deiner Nachbarn, was du da tust.

Es ist eine Umgewöhnung, es mag zudem ungewöhnlich klingen, aber dadurch sparst du dir Stromkosten und zusätzlich den Irrsinn, für ein warmes Inneres zu bezahlen und anschließend für einen kalten Kasten im warmen Inneren zu bezahlen. Solltest du ohnehin nie viel im Kühlschrank haben, kannst du ihn vielleicht sogar im Frühling auslassen. Lass den Supermarkt deine Stromrechnung zahlen! Gefrorene Sachen werden nur bei Bedarf gekauft, gekühlte Sachen halten sich bei Zimmertemperatur länger als gedacht.

Lässiges Licht.

Du magst ein Hingucker sein, dennoch ist deine Wohnung kein Showroom. Eine Festtagsbeleuchtung ist nicht notwendig. Lampe, Leuchter, Laterne: Lichtquellen gibt es in jedem Zimmer genug. Nur weil man etwas einschalten kann, muss es nicht nützlich sein. Helligkeit ist wichtig, dir soll bei einer guten Idee für mehr Minimalismus ein Licht aufgehen, aber wahrscheinlich reicht pro Raum ein Lichtspender. Wer nicht im fensterlosen Bunker wohnt, sollte das Tageslicht in Zukunft solange nutzen, wie dies möglich ist. Mit den richtigen Vorhängen oder anderem Sichtschutz wie Aufklebern hast du genug Helligkeit und dennoch deine Privatsphäre. Die Sonne muss fortan deine Lieblingslampe sein, für diese Solarenergie brauchst du nämlich nicht mal einen Stromanbieter. Bevor du die Abendbeleuchtung anschaltest, überprüfe, ob du stattdessen noch für Sonnenlicht sorgen kannst. Und sei es durch einen Raumwechsel. Apropos: Es werde Licht. Allerdings nur wenn du den Raum betrittst. Für Helligkeit zu sorgen, die niemand sieht, ist mal wieder Verschwendung. Beleuchtet wird nur der Raum, in dem auch Anwesenheit herrscht. Verlässt du einen Raum ist die letzte Tat der Griff zum Stromschalter.

Ausnahmsloses Aus.

Wenn du deine Geräte nicht ständig laufen lässt, sinken nicht nur die Stromkosten. Die Maschinen werden entlastet und müssten dadurch nach meiner Milchmädchenrechnung länger halten. Es reicht doch, wenn dein Handy 24 Stunden am Tag läuft.

Viele Leute schalten beispielsweise den Fernseher aus Gewohnheit an. Reflexartig wird der rote Knopf gedrückt, obwohl doch nichts kommt, das deiner Aufmerksamkeit würdig ist. Die Beschallung vom Fernseher kannst du dir im wahrsten Sinne des Wortes sparen. Fernsehen: Ja, aber nur wenn du etwas schauen willst. Bei längeren Unterbrechungen kann man das Teil direkt wieder ausmachen. Kennst du auch so jemanden, der beim Telefonieren den Ton vom Fernseher ausschaltet und anschließend mit Hörer am Ohr durch die Wohnung tänzelt? Solltest du in deinem Alltag lediglich ein Hintergrundrauschen wollen, tut es auch das Radio in deinem Smartphone.

Jedes Gerät sollte in der Summe so wenig Strom verbrauchen wie möglich.

- Wenn die Pizza im Backofen brutzelt, können ihr die Aufbackbrötchen fürs Abendessen Gesellschaft leisten. Denn: Wenn ein Gerät genutzt wird, sollte es sich auch nützlich machen.

- Der Computer wird in den Ruhezustand geschickt, wenn du deine Erholungspause machst. Er sollte ebenfalls die Chance haben abzukühlen, während du herunterkommst. Denn: Wenn ein Gerät nicht genutzt wird, sollte es nicht nutzlos laufen.

- Die Kühlstufe deines Kühlschrankes kann bestimmt gesenkt werden, ohne dass du einen Unterschied bemerkst. Denn: Wenn ein höherer Stromverbrauch keinen Gewinn an Nutzen bringt, löst sich dein Geld in Luft auf.

- Und der Stand-By-Modus ist der Teufel! Denn: Wenn man so viel Geld ausgibt, um sich lediglich die zwei Meter bis zur Steckdose oder dem Gerät zu sparen, macht man ein schlechtes Geschäft.

Zurück in die Vergangenheit.

Es geht in manchen Bereichen übrigens auch komplett ohne Stromverbrauch. Dadurch fällt man nicht in die Steinzeit zurück. Selbst ist der Mensch, obwohl es mittlerweile für alles kleine Helfer gibt! Sogar Dosen bekommt man heutzutage von einer Maschine aufgeschraubt, dass das zu schwachen Armen und hohen Stromkosten führt, ist logisch. Es muss doch nicht jede Aufgabe von einem elektronischen Sklaven übernommen werden. Es darf auch mal anstrengend und nervig sein.

- Kehren statt saugen!
- Schrauben statt schrauben lassen!
- Schneiden statt mixen!

Manchmal reicht auch einfach ein Schritt zurück zur Zeit unserer Eltern oder Großeltern. Kaffee lässt sich ganz einfach aufbrühen, dazu braucht es keinen Mega-Monster-Automaten, der wahrscheinlich gerade überlegt, wie er die Weltherrschaft an sich reißen kann. Solltest du heißen Kaffee sowieso nicht mögen, kannst du ihn sogar kalt durchziehen lassen. Kaffeepulver abends in die Presse, dann hat man am nächsten morgen einen erfrischenden Genuss, komplett ohne die Gefahr eines Stromschlages.

Und sonst so.

Nachtmenschen sind klar im Vorteil – gut, abgesehen von den Kosten durch die Beleuchtung. Denn: Die meisten Stromanbieter bieten in den Zeiten von 22 Uhr bis 6 Uhr einen günstigeren Nachttarif an. Du sollst natürlich nicht dein Leben nach den Stromkosten richten, aber Akkus laden sich in diesem Zeitfenster billiger. Wobei es bei den Akkus auch Möglichkeiten gibt, den Geiz noch weiter zu steigern. Wenn du Zeit und Muße hast, lassen sich sowohl Handy als auch Powerbank im Shoppingcenter, in Restaurants und sonstigen Lokalitäten mit Aufladestationen kostenlos mit der kostbaren Energie speisen.

Rückgabe oder Fehler wieder gutmachen.

weniger Dinge

Obwohl es wissenschaftlich erwiesen ist, dass du genug Sachen hast, sind Gier, Lust und Verlangen manchmal stärker als die Vernunft. Stellen wir uns den Fall der Fälle vor. Es ist passiert, du wurdest schwach. Du hast bestellt, du hast gekauft, du hast erworben, obwohl du es eigentlich nicht brauchst.

Nun heißt es: Ruhig Blut bewahren. Dieser Rückschlag ist kein Grund für Selbstvorwürfe. Das Problem kann mit einfachen Mitteln beseitigt werden. In unseren Landen gelten nämlich einige verbraucherfreundliche Regeln, die uns Minimalisten nach Momenten der Schwäche aus der Patsche helfen. So eine Hilfe gibt es auch nach einem überstürzten Kauf. Wenn du etwas gekauft hast, das du nicht behalten willst, hast du ein

Recht auf eine Rückgabe.

Für manche Leute ist dieses Kapitel eine Selbstverständlichkeit. Es gibt aber auch Leute, die bisher aus falscher Rücksichtnahme die bittere Pille schluckten. Ich schaue dich an, und es macht *Hust! Räusper! Röchel!* Wenn du zu den Gutmütigen gehörst, die sich für den verursachten Aufwand schämten, die keine Mühe machen wollten, dann nutzt du ab sofort dein Recht auf eine Rückgabe. Wenn du zu den Masochisten zählst, die ihre Fehlentscheidungen ausbadeten, dann nutzt du ab jetzt dein Recht auf eine Rückgabe.

Gründe.

Vor der Rückgabe steht in der logischen Abfolge immer der Kauf. Wechseln wir mal die Perspektive, um Rückgaben zu rechtfertigen und schmackhafter zu machen.

Bei ungewollten Käufen wurden oft deine niederen Instinkte angesprochen. Man muss es so sagen: Du wurdest übertölpelt. Viele, viele, viele Menschen haben daran gearbeitet, dich zum spontanen Kauf zu bringen. Die hektische Atmosphäre im Laden, der angebliche Sonderpreis, die aufmunternde Musik, die irreführende Verpackung, die ausgeleuchteten Produktfotos, da kommen einige Wirkungstreffer zusammen. Man kann verstehen, wenn eine Schlacht im Blitzkrieg verloren ging. Es ist daher empfehlenswert, deine Entscheidung zuhause in aller Ruhe und unter normalen Bedingungen nochmal zu fällen. Das ist nur fair.

Solltest du dich für eine Rückgabe entscheiden, ist deine Konsequenz Teil des Spiels für den Unternehmer. Eine Rückgabe nach all diesen kleinen Täuschungen ist ausgleichende Gerechtigkeit. Der Geschäftsvorgang wird lediglich um eine Aktion erweitert. Für die Geschäftemacher sind Rückgaben und Retouren sicherlich nicht angenehm. Sie sind aber nur ein kleiner Teil ihres Geschäfts, während es für dich eine große Sache sein kann. Sollte sich nach ein paar Tagen herausstellen, dass das Teil nichts taugt, nicht zu dir passt oder anderweitig unnötig ist, geht die Welt nicht unter. Fehler eingestehen zeugt von Größe, sagt man doch gerne. Daher solltest du zuhause über dich hinauswachsen und Fehlkäufe als solche anerkennen.

Wenn es dich beruhigt, ist eine Rückgabe auch eine Bewertung des Angebots. Man sagt, dass man mit seinem Geldbeutel am lautesten spricht. Wenn du schlechte Produkte zwar kaufst, aber nicht behältst, bleibst du ehrlich. Du verzerrst so nicht das Bild, das sich Unternehmer über ihr

Sortiment und dessen Präsentation machen sollten. Wenn so und so viele Leute ein Produkt zurückgeben, sollte man es vielleicht aus dem Verkehr ziehen. Spätestens, wenn es nicht wirtschaftlich ist. Durch die Rückgängigmachung des schlechten Kaufes hilfst du vielleicht sogar, Überproduktionen, Verschmutzungen und Verschwendungen Einhalt zu gebieten.

Es darf bei Rückgaben aber selbstverständlich auch an sich selbst gedacht werden. Mit dem falschen Stück holst du dir auch ein Stück Chaos ins Haus. Rückgabe ist nämlich nicht nur ein Recht. Du bist als Familienoberhaupt, als Haushaltsvorsitzender oder zumindest Zimmer-Bestimmer auch verpflichtet, zuhause für Recht und Ordnung zu sorgen. Deine ganzen guten Käufe, die vielen durchdachten Anschaffungen werden verhöhnt, wenn du *diesen* Schrott behältst. Das könnte nämlich nicht der Tropfen auf dem heißen Stein sein, sondern der Tropfen, der das Fass zum Überlaufen bringt. Wenn du jetzt etwas Unnötiges behältst, ist der Grundstein für ein vollgestopftes Leben gelegt.

Ansporn zur Überwindung sollte auch die Betrachtung der minimalistischen Grundpfeiler sein. Du bekommst Geld zurück, das du nicht wieder erwirtschaften musst. Du sparst Zeit, die du nicht mit dem Produkt verschwenden musst. Deine Wohnung beherbergt einen Gegenstand weniger, den du früher oder später ohnehin entsorgt hättest. Als Sahnehäubchen kommt eine weitere Komponente dazu: Du ersparst dir Aufregung und schonst deine Nerven, weil du dich nicht ständig über einen Fehlkauf aufregen musst.

Vorgehensweise.

Es gelten glücklicherweise recht laxe Regeln, um den Rücktausch Ware → Geld bewerkstelligen zu können. Damit man selbst möglich wenig Stress hat, und auch keine unnötige Mehrarbeit bei seinen Geschäftspartnern verursacht, sind die Anforderungen allerdings genau zu beachten. Man benötigt für eine erfolgreiche Rückgabe: die Ware in bestmöglichem Zustand, die Originalverpackung und natürlich die notwendigen Papiere, die den Kauf bestätigen.

Daher beginnt die Vorbereitung schon beim Einkaufen. Wer neue Dinge anschleppt, muss auf die Eventualitäten vorbereitet sein. Wir haben ja vorhin die windigen Verkäufer mit ihren guten Tricks und Kniffen angesprochen. Es kann sich nach fast jedem Kauf herausstellen, dass eine Rückgabe notwendig ist. Gründe für eine Rückgabe entdeckt man manchmal erst auf den zweiten Blick, manchmal ist auch einfach das Produkt fehlerhaft. Denk also immer daran, Kassenbon oder Quittung oder Rechnung sowie Schilder, Etiketten, Aufkleber und Verpackungen mitzunehmen und zu behalten.

Wenn du zuhause ankommst, musst du dich nicht in Geduld üben, die Sachen sind allerdings in Probezeit. Das heißt, du musst pfleglich damit umgehen. Zudem darfst du nicht sofort alle Etiketten und Schilder mit den Fingern schreddern oder die Verpackungen mit der Schere verstümmeln. Kartons, Verpackungen und Anleitungen kannst du während der Bewährung im stillen Kämmerchen aufbewahren, leg Kassenbon/Rücksendeschein dazu. Und dann entscheidest du dich schnellstmöglich. *Brauche ich die Sache wirklich oder kann ich den Geldwert anderweitig besser einsetzen?*

Bei manchen Dingen kann man sich die Mühe mit dem Auspacken gänzlich sparen. Solltest du schon beim Kaufen oder auf dem Heimweg gemischte Gefühle haben, bleibst du besser enthaltsam wie eine Nonne. Lass die Sachen ein paar Tage schmoren, lass sie in ihrer Tüte oder dem Karton. Dank unseres Verbraucherschutzes bleibt genügend Zeit, um zu merken, ob Du + Sache = Liebe ist.

Die Rückgabe selbst ist eigentlich kein Problem, die Hürde ist Kopfsache. Vielleicht hilft es deinem Dickschädel, wenn du den Aufwand schmälerst, indem du die Arbeit mit etwas Sinnvollem ergänzt.

Bei Versandretouren kann man das Verschicken beispielsweise mit dem ein oder anderen Verkauf eines Regalhüters kombinieren. So arbeitest du enorm effizient: Du bekommst Geld zurück, du wirst mehrere Dinge los, du verdienst sogar ein Zubrot. Und das alles mit einem einzigen Trip zur Paketannahmestelle! Falls du Rücksendekosten schlucken musst, sieh es als Lehrgeld an. Oder als extrem überteuerte Leihgebühr.

Das gleiche Prinzip des Kombinierens kann man auch bei lokalen Rückgaben anwenden. Man gibt etwas zurück, wenn man sowieso in der Gegend ist. Zum Beispiel, da man ohnehin im jeweiligen Laden einkaufen möchte. Dies erleichtert auch das Gewissen, weil man wieder Geld im Geschäft lässt. Der Vorgang selbst ist kein Zuckerschlecken, aber da muss man eben in den sauren Apfel beißen. Man kann nachvollziehen, dass die Läden das Geld behalten wollen. Sie machen dir die Rückgabe also wahrscheinlich schwerer, als der Kauf es war. Manchmal muss man lange auf den jeweiligen Mitarbeiter warten, manchmal muss man an irgendwelche Theken. Dann soll man noch einen Zettel ausfüllen. Mittlerweile nimmt die Datengier bei Rückgaben definitiv Überhand, teilweise gibt es Felder für Name, Adresse, E-Mail-Adresse und Telefonnummer. Da du nicht verpflichtet bist, dich zu rechtfertigen, kannst du dir für solche Gelegenheiten eine neue Persönlichkeit mit Phantasiedaten zulegen. Was geht es die denn an, wie du heißt und wo du wohnst?! Wenn du die Daten beim Kauf nicht angeben musstest, können sie bei der Rückgabe auch nicht von Nöten sein.

Die Zeit verstreicht unermüdlich. Wenn du ein kleiner Schlendrian warst und die Rückgabe vor dir hergeschoben hast wie Mütter ihre Buggys, muss die Rückabwicklung über Umwege laufen. Es gilt trotz verpasster Frist: Wir wollen keine Sachen im Haus behalten, wenn wir sie nicht brauchen.

Bei solchen Fällen greifen dann wieder die Methoden der Entrümpelung, wobei diesmal beste Voraussetzungen gelten. Du musst nämlich nur ein neuwertiges Teil loswerden. So kannst du das Produkt beispielsweise wieder dem Markt zuführen. Frisch gekauft heißt nicht, dass ein Verkauf verboten ist. Es sollte leicht werden, schließlich handelt es sich um ein Stück, das so verlockend ist, dass sogar ein Minimalist wie du es gekauft hat. Das wird ein Kinderspiel wie Fangen! Also: Frühestmöglich verkaufen, dann bist du das Teil bald wieder los. Wenn du es heute anbietest, hält sich der Wertverlust in Grenzen. Du wirst keinen Gewinn machen, aber lieber ein wenig Geld verlieren, als einen Staubfänger zu behalten, oder? Ende mit Schrecken > Schrecken ohne Ende.

Falls sich kein Käufer findet, lässt sich ein zukünftiger Kauf durch den vorangegangenen Fehlkauf ersetzen. Man kann die Tatsache, dass ständig Feiertage anstehen, dass immer mehr verschenkt werden soll, in diesem Fall zu seinem Vorteil nutzen. Du hast zwar die Rückgabe vermasselt, wirst das Teil aber trotzdem los, wenn du es als Geschenk einsetzt. *Herzlichen Glückwunsch, das habe ich extra für dich ausgesucht!*

Nun kauft man natürlich nicht immer nur Ware zum Anfassen. Ein ähnliches Prinzip gilt, wenn man keine physischen Gegenstände zurückgibt, sondern Dienstleistungen doch nicht in Anspruch nehmen möchte.

Daher werden wir bei dieser Gelegenheit noch ganz kurz Widerruf und Rücktritt ansprechen. Bei Verträgen heißt es ebenfalls: Gehe zuhause in dich. Mach dir bewusst, dass du in diesem Moment möglicherweise zu einer Unterschrift überredet oder gar genötigt wurdest. Aus der Nummer kommst du wahrscheinlich wieder heraus, es könnte allerdings etwas hartnäckiger werden.

Bei einem Widerruf oder Rücktritt wirst du dem Gesellen, der dir den Vertrag aufgeschwatzt hat, vielleicht die Provision vermiesen. Es könnte also sein, dass du auf unberechtigte Gegenwehr stößt. Links rein, rechts raus! Du bist nicht verpflichtet, anderen Leuten den Unterhalt durch schlechte Verträge zu sichern. Zuhause beziehungsweise in aller Ruhe nochmal durchrechnen und überdenken ist erlaubt. Das steht sogar im Grundgesetz, glaube ich. Achtung: Es gelten bei Verträgen, die gerne widerrufen werden, knappe Fristen, also halte dich ran. Beeilung!

Setze dich an den Schreibtisch, verfasse das Schriftstück, dann ist das Kapitel bald abgeschlossen.

Selbstständigkeit
oder Berufseinstieg für Arbeitstiere.

weniger Stress

Als Kinder und Jugendliche bekommen wir gepredigt, dass man werden kann, was man will. Verrückte Berufswünsche werden zwar belächelt, träumen ist trotzdem gestattet.

Rückt der Berufseinstieg näher, folgt ein undankbares Friss-oder-Stirb. Entweder du wählst nach dem Schulabschluss **jetzt sofort** ein Studienfach oder eine Ausbildung! Andernfalls wirst du für den Rest deines Lebens ein Versager sein, wird suggeriert. Mit einer unfertigen Persönlichkeit wird man ins kalte Wasser der Erwerbstätigkeit geworfen.

Als Erwachsener, wenn man so langsam zu sich selbst findet, muss man mit den Konsequenzen der jugendlichen Leichtsinnigkeit leben. Man wollte nie jeden Tag diese Tätigkeiten erledigen und täglich Rapport abliefern. Man wollte nie von seinem Chef angemeckert werden. Man wollte nie mehr arbeiten als der Kollege, aber weniger verdienen.

Es muss daher auch mal klar gestellt werden, dass wir durch die längere Lebenszeit nicht nur mehr Arbeitsjahre buckeln müssen. Abstecher bei der beruflichen Laufbahn werden immer unwesentlicher, weil die Reise so lange ist. Über Jahrzehnte die gleichen Arbeitsabläufe zu erleiden, ist schwierig. Ein Mensch muss sich hin und wieder weiterentwickeln. Ständige Stagnation ist unnatürlich, sieht man ja an der fortlaufenden Evolution.

Ein Risiko eingehen kann der richtige Weg sein, um zum persönlichen Glück und ausgeglichenen Leben zu finden. Selbstständigkeit kann die nächste Stufe deiner Entwicklung sein, wenn du eine neue Herausforderung brauchst. Von einem Job, der mehrere Stunden pro Tag, dutzende Stunden pro Woche, hunderte Stunden pro Monat und tausende Stunden pro Jahr in Anspruch nimmt, kann man ganz schnell eingezwängt werden.

Man kann sich einfach nicht ewig verstellen, irgendwann muss das neue Ich raus. Bevor man erdrückt wird, darf man sich neu orientieren und einen Identitätswechsel vollführen wie ein Heiratsschwindler. In diesem Fall heißt das: vom Arbeitnehmer zum Unternehmer.

Vielleicht haben dich innere Widerstände davon abgehalten, dich zu verwirklichen. Das ist verständlich. Keinen Arbeitgeber zu haben, ist ein Schritt ins Ungewisse, führt aber nicht zwangsläufig ins Verderben. Selbst wenn deine Ängste dir Gegenteiliges einreden, gibt es im Falle eines Scheiterns ein wirtschaftliches Zurück.

Risiken und Nebenwirkungen.

Bevor wir durchstarten, müssen wir erörtern, ob du der Typ für Selbstständigkeit bist. Ich will dich natürlich nicht in einer falschen Romantik einlullen und dadurch in den finanziellen Ruin treiben. Zu einer Warnung fühle ich mich daher an dieser Stelle verpflichtet. Vielleicht stellt sich heraus, dass dir das komplett eigenverantwortliche Arbeiten nicht liegt.

Der Tausch von Sicherheit gegen Freiheit erfordert eine Umstellung, die sich nicht für jeden eignet. Es gilt: Ehrlich zu sich selbst sein, damit der Traum der Selbstständigkeit tatsächlich verwirklicht werden kann, und nicht nur zu schlaflosen Nächten führt. Da es eine schwerwiegende Entscheidung ist, sollte sie gut durchdacht sein. Die folgenden Denkanstöße helfen hoffentlich dabei, für etwas Klarheit zu sorgen.

Wer selbstständig ist, steht ständig unter Strom. Es kann anstrengend sein, wenn man bei allen Fragen (ob beim Kundenkontakt, von den Geschäftspartnern oder im Selbstgespräch) eine Antwort finden muss. Wer sich schwer mit Entscheidungen tut, könnte sich beispielsweise in Kleinigkeiten verlieren. Nichts frisst mehr Zeit, als unnötige Details zu überdenken. Wer das Sagen hat, muss auch Ansagen machen, in welche Richtung der Betrieb manövriert werden soll. Ohne Entscheidungsfreude tritt man zu lange auf der Stelle.

Die zeitliche Unabhängigkeit wird mit finanzieller Unsicherheit bezahlt. Solltest du nicht langfristige Aufträge haben, können schließlich auch Stammkunden verloren werden. Du genießt nicht mehr die Selbstverständlichkeit für deine abgesessene Zeit einen bestimmten Betrag zu erhalten. Es muss daher eine gewisse Grundfähigkeit beim Umgang mit Geld bestehen. Als Selbstständiger kann es sein, dass du sehr unregelmäßig verdienst. Nach der Geldflut eines großen Auftrages kann auch mal für ein paar Monate Ebbe in der Kasse sein. Es sollte daher nicht nur für schlechte Zeiten vorgesorgt werden, auch die unterdurchschnittlichen Zeiten sollten abgesichert sein.

Oftmals ist der Arbeitsalltag nicht die Alleinherrschaft, die man sich gewünscht hat. Man kann auf Zulieferer und Geschäftspartner angewiesen sein. Dies kann Abhängigkeiten erzeugen, die ähnlich belastend sind wie ein stinknormales Arbeitsverhältnis. Außerdem gilt: Wer von bestimmten Bereichen überhaupt keine Ahnung hat, ist auf externe Unterstützung angewiesen. Du wirst damit in gewisser Hinsicht Arbeitgeber. Du bist der Ansprechpartner für Kritik und Beanstandungen. Und dann ist man fast wieder Mitglied eines Teams, das Lösungen und Kompromisse suchen muss.

Die Arbeit kann vom Selbstläufer zur Herausforderung, das Arbeitspensum von jetzt auf gleich unberechenbar werden. Es gibt stressige Phasen und Drangzeiten, während denen du dir nicht einfach freinehmen kannst. Wenn dein Chef (*ja, damit meine ich dich*) schlecht kalkuliert hat, musst du Überstunden schieben. Du könntest quasi einen Zweitwohnsitz am Schreibtisch anmelden, wenn es eine Menge zu tun gibt. Es ist egal, ob du traurig, schlecht gelaunt oder demotiviert bist, du musst liefern wie ein Paketbote.

Nicht nur um mehr Erfolg zu haben, auch um das Niveau zu halten, muss man sich immer wieder etwas einfallen lassen. Du wirst vom Experten zum Allrounder, vom Spezialisten zum Alleskönner. Du musst neue Seiten an dir entdecken. Dazu gehören auch Hartnäckigkeit und das Erlernen neuer Aufgaben. *Ich hab es versucht und versucht*, das ist eine feine Ausrede, um nach zwei Versuchen aufzugeben. Es ist aber eine Einstellung, die nicht mehr zieht, wenn du Geld verdienen musst. Es gibt keinen Kollegen mehr, auf den du die Aufgabe abwälzen kannst, wenn du dich überfordert fühlst. Bei Krankheit oder anderweitiger Arbeitsunfähigkeit bleibt die Arbeit nicht nur liegen, der Stapel wird wachsen.

Deine Arbeit darf dich aber auch nicht krank machen. Wer jederzeit arbeiten kann, ist verführt, dies auch zu tun. Du darfst dich nicht in deinen Geschäften verlieren. Eigenverantwortlichkeit braucht Selbstschutz. Besonders, wenn man von zuhause arbeitet, gilt es Leben und Arbeit zu trennen. Es ist hilfreich, immer wieder Bilanz zu ziehen. *Arbeite ich zu viel? Leidet mein Privatleben?* Die Antworten darauf dürfen nicht im Raum stehen bleiben, es müssen Konsequenzen gezogen werden. Auch deine Wirtschaftlichkeit muss regelmäßig überprüft werden. *Womit verdiene ich am meisten Geld? Was kostet Zeit, bringt aber kaum Einnahmen?* Wenn deine Arbeitsweise verbesserungswürdig ist, musst du deine Prozesse optimieren.

Gedankenspiele.

Und nun haben wir genug Kontrabass gespielt. Es ist natürlich nicht alles anstrengend, wir wollen die schönen Seiten der Selbstständigkeit nicht unterschlagen. So kannst du beispielsweise Minusstunden machen, wann es dir passt. Du kannst gegebenenfalls jeden Tag ausschlafen oder spontan den ganzen Vormittag im Bett verbringen, ohne zuvor eine Krankschreibung beim Arzt besorgen zu müssen. Kunden können zu Freunden werden. Wenn du Spaß hast, ist es leichte Arbeit. Ein Auftrag kann sich als Selbstläufer entpuppen. Deine Zufriedenheit kann ins Unermessliche steigen.

Was tun?

Nach den Fragen rund um Ob-Überhaupt sollte das Womit stehen. Womit kannst du ohne Chef Geld verdienen? Bei welcher Aufgabe ist es realistisch, dass du über die Runden kommen wirst?

Falls nicht das Berufsfeld, sondern das Angestelltenverhältnis das Problem ist, bist du schon ein großes Stückchen weiter. Du weißt, dass du mit dieser Tätigkeit Geld verdienen kannst. Du änderst lediglich dein Vorzeichen: vom Facharbeiter zum Firmenleiter. Dies kann in Form einer Neugründung oder einer Übernahme geschehen. Besonders Alleinunternehmer wie Handwerker suchen oft händeringend nach einem Nachfolger. Vor dir steht zwar eine große Herausforderung, du verfügst jedoch nicht nur über die notwendigen Kenntnisse, im Idealfall hast du auch schon ausreichend Kontakte und Interessenten.

Schwieriger wird es, wenn du umsatteln willst, weil deine derzeitige Tätigkeit unerträglich ist wie ein Feld während einer Dürre.

Mit was kennst du dich so gut aus, wie es ein Hypochonder mit Krankheiten tut? Du brauchst eine Aufgabe, die reizvoller ist als deine jetzige Tätigkeit. Die klassische Selbstverwirklichung ist für viele, das Hobby zu Geld machen. Irgendwann hat man sich oft genug gesagt, dass man *das*, womit andere gutes Geld verdienen, auch kann. Man ist überzeugt, dass man *das* sogar besser hinbekommt. Finde es heraus!

Nicht jeder Wunsch kann Realität werden, aber möglicherweise findet sich eine Variante deines Traumes, mit der sich tatsächlich ausreichend Geld verdienen lässt. Möglicherweise reicht es mit dem Trällern auf Volksfestbühnen nicht, um sich Haus und Boot zu leisten. Bei einer Kombination als Studiosänger und Gesangslehrer könnte es aber für die gemütliche Wohnung im Stadtkern reichen.

Egal, wie und womit du Geld verdienen willst: Ein bisschen Kreativität öffnet die Tore zu vielen Verdienstmöglichkeiten. Und sowieso: Wir sind ja Minimalisten. Wenn du wenig Geld dafür aufwenden musst, dein Leben zu unterhalten, ist fast jede Form der Selbstständigkeit denkbar. Sie geht vielleicht mit der bewussten Entscheidung einher, beim Verdienst zurückzustecken, dafür aber eine erfüllende Tätigkeit ausüben zu können. So hätte man ein Potpourri aus kleineren Übeln, die in ihrer Gesamtheit zu einem zufriedeneren Leben führen. Es gibt bestimmt auch für deinen Mix aus Bedürfnissen ein Erfolgsrezept.

Das zweite Standbein.

Wenn auf deiner Waage das Für dem Wider überwiegt, musst du nicht umgehend dein Leben auf den Kopf stellen. Wie bei vielen anderen Punkten, die wir behandelt haben, gibt es auch in Sachen Selbstständigkeit einen sanften Einstieg, der dich nicht überfordern sollte. Bevor du deinem Chef eine Schelle verpasst und deiner zickigen Kollegin Tinte in den Kaffee kippst, kannst du dich erstmal herein tasten. Für verbrannte Erde ist noch Zeit, wenn du erfolgreich bist. Die Selbstständigkeit in Form eines zweiten Standbeines zu beginnen, sorgt dafür, dass dein Leben nicht aus dem Gleichgewicht gerät.

Nebenberuflich selbstständig zu werden, kostet dich zwar am Wochenende, im Urlaub, in der Freizeit oder während deines Krankfeierns Zeit. Es hat jedoch den Vorteil, dass du keine größeren Schäden davonträgst, falls es mit deiner Unternehmung nicht geklappt hat.

Ein zweites Standbein lässt sich in vielen Fällen mit dem notwendigen Ehrgeiz nebenher errichten. Da du gewisse Dinge ohnehin erledigen musst, spielt es im Endeffekt keine Rolle, ob du sie in deiner Freizeit oder im Rahmen einer Vollzeitselbstständigkeit erledigst. Besonders wenn du dein Hobby zu Geld machen möchtest, genügt es auch erstmal nach Feierabend, am Wochenende oder im Urlaub zu arbeiten. Während deines Nebenerwerbs machst du nämlich quasi eine Ausbildung. Die Fehler, die du während dieses Praktikums machst, brechen dir nicht das Genick, weil du dein geregeltes Einkommen weiterhin beziehst.

Die nebenberufliche Tätigkeit kann auch als Testlauf gesehen werden. Du bekommst eine Antwort auf wichtige Fragen. Will ich *das* wirklich jeden Tag mehrere Stunden machen? Kann ich nach langen Drangphasen voller Anstrengungen überhaupt brauchbare Erfolge aufweisen? Wie viel Geld könnte ich im Monat verdienen, wenn ich meinen Einsatz erhöhe? Welchem Stundenlohn entspricht das? Lohnt es sich?

Das zweite Standbein erspart dir böse Überraschungen. Du tastest dich nämlich nach vorne, ohne zu viel Zeit auf einmal investiert zu haben. Wie lange dein Geschäft nebenher laufen wird, wird sich zeigen. Irgendwann wird es *Klick* machen.

- Ja: Du hast den benötigten Erfolg und willst nun, dass die neue Beschäftigung dein zukünftiger Arbeitsmittelpunkt ist.

- Nein: Es läuft nicht, wie erhofft. Du kannst alles hinschmeißen, ohne große Verluste erlitten zu haben.

Ein zweites Standbein ist dir zu inkonsequent?

Alles auf eine Karte zu setzen und direkt 100% zu geben ist natürlich auch eine Option. Ich will dich in deiner Euphorie nicht bremsen, an dieser Stelle drücke ich dir einfach schon mal die Daumen. Wenn man sich anschaut, wie viele andere mit ihrer Selbstständigkeit gescheitert sind, ist das zwar ein schwacher Trost, doch es zeigt, dass du es auch mal versuchen darfst. Lebensglück ist etwas, das man nicht aufschieben muss.

Ob Vollzeit oder Teilzeit, ob Hobby oder Berufung, ob Wunsch oder Notwendigkeit, solltest du dich wagen, möchte ich dir noch ein letztes Mal bewusst machen: Selbstständigkeit ist ein Schritt, der Ausdauer erfordert. Es ist ein Marathon, kein Sprint.

Schritte ohne Anleitung.

Es ist zwar sehr schön, dass man heutzutage mit fast allem Geld verdienen kann. Beim Verteilen von Ratschlägen kann es aus diesem Grund an dieser Stelle jedoch nicht zu detailreich werden. Ich kann dir leider nicht dabei helfen, einen sinnvollen Businessplan zu erstellen. Es gibt hier deshalb keine Anleitung zum Erfolg, sondern Schritte, die dir hoffentlich Ärger, Geld und Zeit sparen werden.

Kapitalbedarf.

Bevor man aktiv wird, gilt es, Fakten zu Zahlen zu machen. Du musst wissen, ob du gewisse Anschaffungen benötigst, um Geschäfte machen zu können. Die Ermittlung deines Kapitalbedarfs ist die erste Hürde, die genommen werden muss.

Bei Werkzeug und Konsorten braucht man, was man braucht. Doch in Sachen Geschäftsausstattung lohnt es sich tief zu stapeln. Wenn deine Kunden etwas nicht zu Gesicht bekommen, darf es gebraucht und abgenutzt sein. So muss man sich beispielsweise nicht direkt in einen Bürokomplex in der Altstadt einmieten, auch in einer ruhigen Ecke zuhause wird ein Schreibtisch Platz haben. Die Geschäftsausstattung, die keinen Kundenkontakt hat, muss nichts hermachen, sie muss dir einfach nur gute Arbeitsbedingungen verschaffen.

Bei Anschaffungen wie einer Ladeneinrichtung oder der Büroausstattung gilt: Wer klein anfängt, macht möglicherweise weniger Umsatz, die Ausgaben sind allerdings ebenfalls geringer und die unvermeidlichen Fehler weniger kostspielig. Egal, ob hart verdient oder teuer geliehen, leichtfertig ausgegebenes Geld schmälert deinen Gewinn.

Auch wer hoch hinaus möchte, darf klein anfangen. Je nach Beschäftigung gibt es gewisse Risikostufen, für die man sich entscheiden kann. So kann man erstmal Feiern ausrichten, statt direkt ein Restaurant zu pachten. Statt seine Gemälde in einer Galerie gegen hohe Kosten anzubieten, tut es vielleicht erstmal ein Stand auf dem Flohmarkt, um sein Verkaufstalent zu entdecken. Es ist besser sich vom Verkaufswagen zum Verkaufsstand zu steigern, statt im eigenen Laden vergeblich auf Kundschaft zu warten.

Es gibt einen Spruch, dass man Geld ausgeben muss, um Geld verdienen zu können. Das mag einem leicht über die Lippen gehen, wenn der Kontostand aus genügend Ziffern besteht. Die realistischere Betrachtungsweise ist allerdings, dass man die anfänglichen Ausgaben in Form von Einnahmen auch wieder reinholen muss. Man mag sich wie ein Profi fühlen, doch wenn man mit hohen Schulden ins Geschäft einsteigt, muss der Rückstand erst noch aufgeholt werden, bis es in die Gewinnzone geht.

Papierkram.

Nach der Sondierung deiner Geschäftsausgaben und den erwarteten Einnahmen beginnen Papierkram und Behördengänge.

Falls es notwendig ist, musst du beim entsprechenden Amt ein Gewerbe anmelden. Das kostet nicht die Welt. Aber Achtung: Du wirst dadurch in die Fänge der IHK geraten. Wer als Freiberufler arbeiten möchte, kann sich das Gewerbe eigentlich sparen, sollte sich aber um eine Mitgliedschaft in der Künstlersozialkasse bemühen, falls die dazugehörigen Versicherungen benötigt werden.

Bezüglich der Finanzierung solltest du jegliche Zuschüsse in Anspruch nehmen, die du bekommen kannst. Da dir der Staat durch dein Gewerbe in Zukunft horrende Steuern abknöpfen möchte, gibt es unter Umständen gute Unterstützung für deine Firmengründung. Möglichkeiten sind beispielsweise Zuschüsse für Arbeitslose, die Kostenübernahme von Gründerberatungen und günstige Kredite.

Leider stehen vor genehmigten Fördermitteln immer die langsamen und zermürbenden Mühlen der Bürokratie. Daran wird sich in absehbarer Zeit wohl nichts ändern, aber schmollen bringt auch nichts. Während der Bearbeitungszeit musst du ja nicht untätig sein. Wer sich selbstständig macht, sollte immer etwas Sinnvolles zu tun haben. Und wenn ein Antrag abgelehnt wird, darfst du widersprechen! Vielleicht klappt es ja beim nächsten Sachbearbeiter.

Ein separates Geschäftskonto ist empfehlenswert. So verlierst du nicht den Überblick über deine Ausgaben und die Zahlungen deiner Kunden. Es ist außerdem viel einfacher Bilanzen oder Einnahmenüberschussrechnungen zu erstellen, wenn man alles auf einem Kontoauszug hat.

Eine saubere Buchführung ist immer empfehlenswert, sie lässt sich am Anfang bestimmt auch einfach so nebenher erledigen.

Angebotsvielfalt.

Schuster, bleib bei deinen Leisten! In Sachen Angebotsbreite und Vielfalt solltest du dich nicht verrennen. Kraft und Zeit sind begrenzt, du kannst dich nämlich (noch) nicht klonen.

Es gilt zumindest am Anfang das Hui-Buh-Prinzip. Die tollen Ideen, bei denen du *Hui* sagst, haben Vorrang vor den Ideen, die einfach nur dazu passen könnten. Bei den Letzteren sind *Buh*-Rufe angesagt. Wenn du die perfekten Sandwiches machst, musst du nicht parallel dazu mittelleckere Kekse backen und Obstsalate als Nachtisch schnippeln.

Bei deinem Spezialgebiet 100% geben zu können, wird dich weiter bringen, als dem Grund deiner Selbstständigkeit 63%, einem Komplementärprodukt 21% und der dritten Aufgabe den Rest deiner Zeit/Aufmerksam/Kraft zu widmen.

Konzentriere dich am Anfang auf deine Kernkompetenz, statt dich in verschiedenen Projekten zu verlieren.

Arbeitsteilung.

Auch wenn es dein Ding, dein Traum und deine Selbstverwirklichung ist, ist Hilfe suchen kein Weltuntergang. Erfolg erfordert nicht nur zu erkennen, worin man gut ist. Man muss auch wissen, was man nicht kann.

Schlecht bist du in Sachen, die dich übermäßig viel Zeit kosten und damit einen überteuerten Gegenwert haben. Die grobe Faustregel lautet: Du könntest in der Zeit, die du trotz mangelhafter Ergebnisse für diese Tätigkeiten aufwendest, mehr Geld verdienen, als dich die Bezahlung eines externen Dienstleisters kostet.

Das heißt zwar nicht, dass du alles, was dir keinen Spaß macht und/oder zeitintensiv ist, an Dienstleister abgeben sollst. Wenn du am Computer nicht mal einen geraden Strich ziehen kannst, musst du jedoch einen Grafiker für dein Logo anheuern.

Ruhe bewahren, Aufregung nutzen.

Sei immer fair zu dir. Selbstständigkeit ist anstrengend. Versuche so selten wie möglich in Schockstarre zu verfallen. Neben Erfolgsperioden, in denen die Einnahmen quasi nebenher sprudeln, gibt es auch Durststrecken.

Panik ist kein guter Ratgeber. Beschäftige dich lieber mit etwas Konstruktivem. Wenn du aufgrund von mangelndem Erfolg an dir selbst zweifelst, hast du immer ein Heilmittel. Es gibt für Selbstständige nämlich immer etwas zu tun. *Etwas tun* ist das beste Rezept gegen negative Gedanken, die dich nicht weiterbringen. Rastlosigkeit ist kein Angstgegner, wenn man sie für eine produktive Ablenkung benutzt.

Du könntest beispielsweise eine Briefkastenkampagne starten. So hast du am Schreibtisch etwas zu tun, wenn es dir in den Händen kribbelt. Falls dir die Decke auf den Kopf fällt, schnappst du dir deine Werbemittel, läufst durch die Stadt und versorgst die Nachbarschaft. Mit handgeschriebener Werbung würdest du dich garantiert von der Konkurrenz abheben. Oder was würdest du eher lesen einen billigen Massenware-Flyer oder eine handgeschriebene Postkarte?!

Auch das Internet bietet dir viele Möglichkeiten, zum Nulltarif für dein neues Abenteuer zu werben. Du kannst Zeit, die du mit Grübeln verschwendet hättest, gegen Marketingaktionen tauschen. Vielleicht schaffst du es, mit einer kreativen Lösung die großen Budgets deiner Mitbewerber in den Schatten zu stellen.

vernünftige Ausgaben
oder gute Kaufentscheidungen.

weniger Stress, weniger Dinge, mehr Geld

Geld mag schnell gespart sein, wenn man stur verzichtet und sich jegliche Extras verkneift. Wer es darauf anlegt, wird fast immer eine Möglichkeit finden, Nichts, Altes oder Minderwertiges zu wählen. Irgendwann sind allerdings die Grenzen des guten Geschmacks erreicht. Dann isst man nämlich kalten Eintopf aus modrigem Gemüse und Gammelfleischersatz, sitzt auf dem Boden und schläft auf schimmligen Paletten. Das ist nicht wirklich das Ziel, wenn man sich entscheidet, als Minimalist bewusster zu leben, oder?

Nur weil Geld da ist, muss es nicht ausgegeben werden. Geld muss allerdings auch nicht krampfhaft angehäuft werden, wenn man sein Leben durch Ausgaben lebenswerter machen kann. Geld ausgeben gehört dazu. Es ist weder schlimm noch verwerflich. Kluge Ausgaben bereichern das Leben, daher wollen wir uns nun eben jenen vernünftigen Kaufentscheidungen widmen. Man muss meistens nur zwischen Geld einsetzen und Geld verschwenden unterscheiden. Die folgenden Aspekte sollten dir dabei helfen, gute Kaufentscheidungen zu erkennen.

Geld ist Zeit.

Geld ausgeben ist immer ein Handelsgeschäft, bei dem man über ein paar Ecken seine Leistung gegen einen erhofften Nutzen tauscht. Man hat Arbeit geleistet, dafür Geld erhalten. Das Geld setzt man anschließend ein, weil man sich durch das erhaltene Produkt oder die erfahrene Dienstleistung einen Mehrwert verspricht.

Eine Ausgabe muss aus deiner individuellen Perspektive bewertet werden. Es ist erforderlich, dass du dem Geldwert deine persönliche Einschätzung gegenüberstellst: *Lohnt es sich für mich? Ist der Kaufpreis für mich angemessen? Mache ich ein gutes Geschäft?*

Wer Geld ausgibt, trifft eine Entscheidung. Um gute Entscheidungen treffen, also vernünftige Ausgaben, tätigen zu können, ist die Arbeit-Zeit-Rechnung ein guter Richtwert.

Wie lange musst du für den Kaufpreis arbeiten?

Du arbeitest X Stunden, um den Betrag Y in der Tasche zu haben. Wenn du dann ohne Not am Mann und Panik an der Frau den Betrag Y für Nichtigkeiten ausgibst, hast du ein Minusgeschäft gemacht. Eine gute Ausgabe wäre stattdessen beispielsweise ein Gegenstand, den du für eine Arbeitsstunde kaufen kannst, der dir aber über Jahre Freude bereitet.

Wenn du Geld ausgibst, musst du die Lebenszeit und Lebensenergie, die du fürs Erwirtschaften aufbringen musstest, ins Verhältnis setzen.

Deine Arbeit ist oft anstrengend und nervig, deshalb sollte das Positive der Anschaffung das Negative der Erwirtschaftung überdecken. Ansonsten könntest du dich auch einfach arbeitslos melden und im Bett liegen bleiben, weil du weder durch den Kauf und schon gar nicht durch die Erwirtschaftung des Kaufpreises einen Mehrwert für dein Leben geschaffen hast.

Geld ist ein begrenztes Gut. Leute, die ständig schlechte Geschäfte machen, können nicht mit Geld umgehen. Sie machen sich das Leben schwer, weil das Geld dann möglicherweise an der richtigen Ecke fehlt. Es entsteht ein Ungleichgewicht, das unzufrieden macht, wenn man beispielsweise 10 Stunden hart arbeitet, nur um kurz nach Feierabend seinen gesamten Verdienst binnen 10 Minuten verwettet zu haben. Der Nervenkitzel ist zwar auch etwas wert, aber wahrscheinlich nicht einen derart hohen Einsatz, wenn man aufgrund schlechter Ausgaben in zu vielen anderen Lebensbereichen zurückstecken muss.

Der Wert sollte sich zu deinen Gunsten ändern. Du solltest durch die Ausgabe einen Gewinn in Sachen Zeit oder Lebensfreude gegenüber dem Erarbeiten machen. Dein Geld kommt durch harte Arbeit rein, daher sollte es nicht leichtfertig ausgegeben werden.

Nebenkosten.

Mittlerweile versuchen die Geschäftemacher langfristig an dir zu verdienen. Es fallen oft Nebenkosten, Zusatzkosten und laufende Kosten an, die sich selbst beim besten Willen nicht vermeiden lassen. Eine Ausgabe muss deshalb in ihrer Gesamtheit betrachtet werden.

Fangen wir leicht und offensichtlich an. So kostet ein neues Handy nicht etwa 1 Euro, es ist lediglich Teil eines Kombiangebotes aus Smartphone + Vertrag. Die Leistung von Mobilfunkvertrag + neues Handy kostet dich die Summe der monatlichen Gebühren über die gesamte Vertragslaufzeit. Vorausgesetzt, dass du die rechtzeitige Kündigung nicht vertrödelst. Dieses Spiel haben die meisten mittlerweile durchschaut, eine ähnliche Partie mit anderen Regeln erwartet dich bei vielen anderen Geschäften.

Vor einer Ausgabe muss beachtet werden, welche Kosten ein Gerät nebenher verursacht. Die billigste Gefriertruhe hat möglicherweise den höchsten Stromverbrauch, der günstige Drucker soll dich von teuren Druckerpatronen abhängig machen.

Bei Anschaffungen fallen teilweise horrende laufende Kosten an. Um eine gute Ausgabe tätigen zu können, müssen die Nebenkosten über die gesamte Nutzungsdauer betrachtet werden. Auch ein gutes Angebot kann sich im Laufe der Zeit in einen schlechten Deal verwandeln. Eine Ausgabe darf kritisch beäugt werden, wenn unvermeidliche Folgekosten anfallen. Es muss verglichen werden, ob eine Alternative unterm Strich nicht attraktiver ist.

Was kostet beispielsweise der Unterhalt von dem Kaffeeautomaten, der gerade im Angebot ist? Was frisst der Schwarzgoldschürfer an Strom? Wie Teuer sind Bohnen/Kapseln/Pads?

Wir leben in einer komplizierten Welt. Leider ist der Kaufpreis nicht das Ende der Fahnenstange. Auch wenn Rechnen müßig ist, sollte man die Kosten, die während der Laufzeit anfallen werden, zumindest überschlagen. Das beste Gesamtangebot ist dann eine gute Kaufentscheidung.

Dein persönlicher Wert.

Werbung und Mitmenschen beeinflussen quasi den ganzen Tag, ob man es bemerkt oder nicht. Da Menschen unterschiedlich sind, haben sie verschiedene Ansprüche und Vorlieben. Es passiert aber immer wieder, dass man die Wünsche und Vorstellungen der anderen auf sich überträgt.

Man muss sich bewusst machen, dass es für jedes Verlangen verschiedene Varianten eines guten Geschäfts gibt.

Manchen Menschen geht das Herz auf, wenn sie das allerneuste Smartphone als Allererster kaufen können. Für andere ist ein Handy ein Klotz in der Hosentasche, der nur für Notfälle eingepackt wird.

Bei jedem Produkt gibt es Preisstufen, die dafür sorgen, ob du ein gutes Geschäft machst oder auf dem Holzweg bist. Dein individueller Gewinn steigt nicht automatisch mit dem Produktpreis. Für Dinge, die dich kalt lassen, solltest du nicht mehr bezahlen als das Minimum.

Vor jeder Ausgabe sollte man daher in sich gehen und herausfinden, ob es wirklich ein eigener Wunsch ist oder das Verlangen auf Beeinflussung basiert. Danach gilt es zu entscheiden, welche Preisstufe notwendig ist, um das Bedürfnis ausreichend zu befriedigen.

Nur weil du etwas brauchst oder möchtest, musst du nicht verschwenderisch werden. Wenn du vergleichsweise viel Geld für Dinge ausgibst, die dir nicht wichtig sind, zahlst du zu viel und machst keine gute Anschaffung. Wahrscheinlich musst du dann bei einem anderen Kauf, der dir eigentlich wichtiger ist, unnötige Kompromisse eingehen. Es gilt in der Summe das meiste Lebensglück für den geringsten Preis zu bekommen.

Wenn man Geld ausgibt, darf hinterfragt werden, was der persönliche Gewinnanstieg von günstig zu teuer ist. Von allem lässt sich *das Beste* kaufen. Bei Nebensächlichkeiten wie Kleberollen, Geschenkpapier oder Millionen anderer Artikel kann das Produkt so billig wie möglich sein, um für sich den maximalen Nutzen zu bekommen.

Nehmen wir zum Beispiel Salz. Salz ist ein wichtiges Mineral, das ich so gut wie jeden Tag einsetze. Große Anforderungen an das Produkt habe ich jedoch nicht. Salz ist bei mir nie der Hauptdarsteller eines Gerichts, es geht zwischen den anderen Zutaten unter. Sondereditionen, spezielle Varianten oder Markenversprechen müssen daher an mir abperlen, um ein gutes Geschäft zu machen. Für mich soll Salz einfach salzig sein. Mein Salz muss weder aus dem Meer noch aus dem Himalayagebirge stammen, da ich den Unterschied minimal finde, falls ich ihn überhaupt bemerke. Wieso sollte ich das X-fache bezahlen, wenn der gewonnene Nutzen maximal minimal höher ist als bei der Billigvariante?! Insofern man nicht gerade Feinschmecker beziehungsweise Gourmetkoch ist, gilt nicht nur für mich, sondern für die meisten Menschen: Salz ist Salz ist Salz ist Salz.

Wenn dir etwas Teures keinen nennenswerten Mehrwert bringt, kann es auch das Billigste vom Billigen sein. Jede Ausgabe (egal, wie hoch oder niedrig die Beträge sind) muss für sich Sinn machen. Je mehr du von einer Anschaffung hast, desto höher darf die Preisklasse sein. Wenn dir ein teures Produkt nicht das x-fache an Nutzen bringt, ist es besser zum Billigheimer zu greifen.

Wann sollte gekauft werden?

Da Preisschwankungen bei vielen Produkten dazu gehören, ist auch der richtige Zeitpunkt eine gute Möglichkeit, um aus einer normalen Anschaffung einen guten Kauf zu machen.

Ein Naturgesetz unserer Gesellschaft besagt: Es wird immer eingekauft. Die Leute gehen arbeiten, also wollen sie dafür früher oder später auch etwas zurückbekommen. An der Gesamtmenge tut sich kaum was, die Verteilung von dem, was derzeit mehr oder weniger gekauft wird, ändert sich jedoch drastisch. Das ist einerseits ärgerlich, weil die Unternehmen während der Drangphasen die Preise erhöhen. Glücklicherweise sind die Preisanstiege und die darauffolgenden Preissenkungen ziemlich vorhersehbar. Dies eröffnet auch für Visionäre mit Sehschwäche viele Sparmöglichkeiten.

Besonders durch die Jahreszeiten, Temperaturen und den weiteren Widrigkeiten des Wetters ändern sich Kaufstimmungen. Jede Zeit hat ihre Verkaufsschlager. Vor dem Ansturm auf die jeweiligen Produkte kauft es sich günstig. Ebenso gilt: Wer die Ladenhüter der diesjährigen Saison als Vorrat für die nächste Saison kauft, kann viel sparen. Wenn keiner mehr Schwimmflossen braucht, weil alle schon im Urlaub waren, gibt es ein großes Angebot an Händlern, die sich gegenseitig unterbieten müssen, um nicht auf der Ware sitzen zu bleiben und die Lagerkosten bis zur kommenden Saison schlucken zu müssen. Es ist die einfache Regel von Angebot und Nachfrage.

Gekauft werden sollte zu dem Zeitpunkt, an dem die Nachfrage am niedrigsten ist. Wer antizyklisch kaufen möchte, muss einfach nur ein bisschen vorausschauen.

Der Klassiker dürfte das Beispiel der Winterstiefel im Hochsommer sein. Solltest du ein neues Paar brauchen, macht es Sinn vor dem ersten Frost zuzuschlagen. Die meisten anderen Käufer kaufen, ohne groß nachzudenken. Sie sind Mitbewerber, die Preise in die Höhe treiben.

Sie denken: *Mir ist kalt, ich kaufe jetzt Winterschuhe.*

Du denkst: *Es ist zwar Hochsommer, aber da der Winter kommen wird, kaufe ich jetzt Winterschuhe, weil die Preise sehr niedrig und meine anderen Modelle durchgelaufen sind.*

Wenn eine Anschaffung nicht *jetztgleichsofort* geschehen muss, sollte man den richtigen Zeitpunkt abwarten. Viele Käufe – beispielsweise bei Kleidung – sind nur regelmäßige Erneuerungen. Wenn du planst, kannst du niedrige Preise nutzen und dennoch das Bedürfnis, das kommen wird, stillen. Auf Vorrat kaufen lohnt sich, wenn man weiß, dass die Sachen gebraucht werden. Man zieht die Ausgabe nur vor. Man bekommt das, was man später brauchen wird, für weniger Geld.

Ein Lebensgefühl ist unbezahlbar, aber käuflich.

Eine gute Anschaffung erfordert auch, dass man sich mal was leistet. Dies ist beispielsweise der Fall, wenn man die Lebensqualität erhöht, obwohl die Anschaffung nicht zwingend notwendig ist.

Gutgemeinter Geiz steht manchmal für schlechte Sparsamkeit. Wer Geld erwirtschaftet hat, es aber auf der hohen Kante schmoren lässt und lieber leidet, kann sich den Aufwand der Arbeit auch gleich sparen. Bei aller Genügsamkeit muss man sich auch mal was gönnen.

Wenn man gut sparen kann, ist es verlockend gar nichts mehr zu verprassen. Bei manchen Ausgaben ist der Nutzen nämlich schwer greifbar. Es geht dann um die Befriedigung der Seele. Manche Sachen können gute Laune bringen, obwohl man sie weder braucht noch wirklich rechtfertigen kann. Einem Glücksgefühl kann man keinen monetären Wert zuordnen, es kann aber eine Ausgabe rechtfertigen. Manche Bedürfnisse können rational nicht erklärt, dadurch nicht gerechtfertigt werden. Sie dürfen aber befriedigt werden, wenn sie das Geld wert sind.

Ein neues Kleid mag nicht nötig sein, weil du bereits 8 andere im Schrank hast. Wenn du dein Spiegelbild darin aber endlich mal wieder abknutschen könntest, ist Zugreifen eine gute Entscheidung. Wenn du mit deiner Bäckereifachverkäuferin die besten Gespräche führst, sie dich immer zum Lachen bringt, solltest du dir nicht an den steinharten Mehlklumpen vom Vortag die Zähne ausbeißen, weil du durch den Kauf beim Discounter ein paar Euro sparst. Billig und effizient ist nicht immer das Nonplusultra, deine Lebensqualität hat auch einen Wert. In diesem Fall erfordern gute Anschaffungen, dass man sich überwindet, die Ausgabe zu tätigen.

Falschverstandende Sparsamkeit kann man sich auch auferlegen, indem man sich das Leben schwerer macht, als es sein muss. Dinge, die genutzt werden, dürfen etwas kosten.

Wenn du jeden Tag dreimal Staub saugst, weil du einen Putzfimmel hast oder deine Katze haart, darf es ruhig ein extravagantes Staubsaugermodell sein. Du sparst durch die höhere Ausgabe vielleicht nicht mal Zeit, aber wenn das Putzen dadurch mehr Spaß macht, machst du unterm Strich einen Gewinn.

Auch bei größeren Ausgaben, die mit strengem Blick nur Jux und Tollerei sind, kann es das Geld wert sein. Nehmen wir den Freizeitpark, der nüchtern betrachtet sehr teuer ist. Du gibst ein halbes Vermögen aus, weil deine Familie mal die Alltagssorgen vergessen soll. Am Ende des Tages wurde übermäßig viel Geld verbraten. Nach vielen Gesichtspunkten ist es eine schlechte Ausgabe, weil du nichts dafür vorzuweisen hast.

Doch du erinnerst dich an den folgenden Werktagen mit einem Lächeln auf den Lippen an den Besuch. Deine Kinder haben ein Erlebnis, das sie womöglich bis ins Greisenalter begleiten wird.

Manche Ausgaben sind mit einem Risiko verbunden, schwer zu rechtfertigen und dennoch richtig. Du verschwendest Geld nicht, wenn du es sinnvoll einsetzt, um dein Leben lebenswerter zu machen.

Egoismus oder der neue Zeitgeiz.

weniger Stress, mehr Zeit

Minimalismus ist persönlich. Nicht nur dein Konsum sollte auf deinen Bedarf, deine Träume und deine Vorstellungen ausgerichtet sein. Auch dein Zeitmanagement darf sich abgesehen von den notwendigen Verantwortlichkeiten und moralischen Verpflichtungen nur um eine Person drehen. Du darfst jetzt einmal raten, wer damit gemeint ist. Doch Vorsicht: Wenn du falsch liegst, musst du zur Strafe den Stuss, den ich verzapft habe, nochmal von vorne lesen. Ab Seite 1! Bereit? Deine Antwort ist ...

richtig!

Du sollst eigensinnig sein!

Du da! Du mit der Nase im Buch, bist der wichtigste Mensch, wenn es darum geht, deine Zeit zu verteilen! In deinem eigenen, kleinen Universum dreht sich die ganze Welt um dich, also sei ein bisschen Egoist.

Es tut mir leid, es so ausdrücken zu müssen, aber dein Leben ist kurz. Es endet früher oder später im Bestattungsunternehmen. Grummelnd im

Bett zu liegen, sich fragend, wo der Tag nur geblieben ist, die Welt zu verfluchen, weil man Zeit verplempert hat, all das macht einfach krank. Lebenszeit ist wertvoll. Sie muss keine Opfergabe an Fremde, Freunde und auch nicht an Verwandte sein.

Auch in Sachen Zeitmanagement gilt es, Dinge, die dir nicht wichtig sind, untergeordnet zu behandeln. Bevor du etwas tust, stell dir die Frage, ob du es wirklich willst oder ob du meinst, dass es nur von dir erwartet wird. Falls ein Zeitaufwand von dir erwartet wird, darf entschieden werden, ob du damit einverstanden bist oder nicht.

Du bist für deine Zeit verantwortlich, sie muss daher verantwortungsvoll und nach bestem Gewissen verteilt werden. Die minimalistische Formel lautet: Deine *verfügbare Freizeit* minus der *wichtigen und benötigten Stunden für dich* ergibt Zeit, die du anderen schenken kannst.

Dein Leben ist die Summe der Einteilung deiner Zeit!

Egoistischer mit seiner Zeit umzugehen, fordert eine Umstellung. Es ist ungewohnt. Man bekommt von klein auf suggeriert, was man mit seinem Leben anzustellen hat. Es wird einem ständig eingetrichtert, wie ein *anständiger Mensch* mit all seiner Nachsicht, seiner Aufopferung und Selbstlosigkeit seinen Tagesablauf zu gestalten hat.

Für dich ist jetzt Zeit für Veränderung, denn Zeit ist kostbar.

Mehr Zeit haben.

Setze dich mit deinen Zeitblöcken kritisch auseinander. Du wirst viele Tätigkeiten im Laufe einer Woche finden, die du weder brauchst noch möchtest, aber aus Angewohnheit über dich ergehen lässt.

Im Alltag und der normalen Tagesgestaltung hat sich so manche Beschäftigung eingenistet, die Zeit frisst, die man anderweitig besser nutzen könnte. Es ist schwer, doch am Ende des Horizonts wartet im Endeffekt ein längeres Leben auf dich. Durch Analyse und anschließende Veränderung, Überwindung und Umstrukturierung kann man sich Zeitblöcke für wichtigere Dinge freischaufeln.

Wenn du beispielsweise am Frühstmorgen einfach nur wachwerden willst, brauchst du dir nicht einreden, dass du deinen Kaffee in Ruhe beim Bäcker oder gar im Café genießen musst. Es ist egal, wie man das als Erwachsener in deiner Gegend so macht. Es ist ebenfalls egal, seit wie vielen Jahren du dort schon deine langweilige Kollegin triffst. Streich die wortkarge Tippse, die triffst du im Laufe des Tages sowieso mehrmals nickend wie ein Wackeldackel auf dem Flur. Streich Anfahrt und Anstehen. *Zeit gespart.* Kipp die braune Plörre in eine Thermoskanne für den Weg, oder schon zuhause den Rachen hinab. *Zeit gespart.* Durch die Summe solcher Zeitersparnisse kannst du länger schlafen. Das Stündchen des zusätzlichen Schlafs hängst du zukünftig abends dran, und tust etwas Nützlicheres.

Stell dir die Frage: **Kann ich bestimmte Zeitblöcke ändern und dadurch besser nutzen?**

Wo wir gerade aufgewacht sind, nehmen wir das Aussehen. Es wird nicht nur extra früh aufgestanden, damit man noch Zeit hat, sich gesellschaftskonform zu stylen. Bei zu viel Gelegenheiten wird Zeit investiert, um anderen zu imponieren. Dieses Ritual lässt sich bei einer Naturschönheit wie dir bestimmt minimieren. Besonders, wenn man sich bewusst macht, dass der Aufwand ausschließlich für Andere ist. Würdest du zuhause bleiben oder dich nur mit deinen Freunden und Verwandten treffen, würde dir eine Dusche + Eincremen reichen. Wieso willst du es Fremden rechter machen als dir selbst? Zeitintensives Schminken, Styling und Shoppingtrips sind nicht das Ende der Fahnenstange.

Es gibt zu viele Situationen, in denen man sich anstrengt, weil man sich fragt, was die anderen denken könnten. Solange man sich nicht komplett gehen lässt, kann einem egal sein, ob man für Andere in der grauen Masse versinkt. Deine Aufgabe ist es, diese Zeitverschwendungen zu finden und größtmöglich zu eliminieren.

Zum Frisör kannst du gehen, wenn du deine Haare zu lang und unförmig findest, aber nicht weil jetzt schon wieder ein Termin, der dir aufgeschwatzt wurde, im Kalender steht. Wenn du keine Lust hast, jede Woche dein Auto zu putzen, dann darf der Regen den Abwasch erledigen. Dein Nachbar darf sich im stillen Kämmerchen ärgern, dass du den Wert des Viertels mit deiner Dreckschleuder herunterziehst. Du gewinnst eine halbe Stunde Zeit. So ein bisschen Staub hat außerdem auch seinen Charme. Bei vielen Tätigkeiten, die du abbuckelst, gilt: Wenn es dir egal ist, muss es keine Zeit fressen.

Stell dir die Frage: **Tue ich das wirklich für mich oder damit ich Leuten, die mich nicht interessieren, gefalle?**

Wie viele Dinge erledigt man im Laufe des Tages zwar aus freiem Willen, aber ohne wirklichen Nutzen?

Man füllt den Tag mit Nichtigkeiten, die weder persönlichen Fortschritt noch Freude bringen. Man hetzt von Termin A los, um pünktlich Erledigung B hinter sich bringen zu können. Dann muss noch schnell C eingelöst, abgeholt oder abgegeben werden, bevor D aus einem schwer definierbaren Grund ansteht. Es werden zu viele Kleinigkeiten erledigt, die in der Summe dazu führen, dass man zu nichts von Substanz kommt. Sich im Mikromanagement zu verlieren ist nicht minimalistisch. Es ist anstrengend.

Bei den vielen Dämlichkeiten, die gemacht werden könnten, ist es nützlich die Konsequenzen abzuschätzen. Es gilt zu bewerten, wie hoch der positive oder negative Einfluss auf dein Leben ist. Dinge, die eine hohe Priorität haben, dürfen sofort gemacht werden. Auf der Straße zu landen, weil du keine Lust hattest, die Miete zu überweisen, ist etwas anderes, als eine halbe Stunde in der Schlange bei der Post zu stehen, damit eine Grußkarte pünktlich ankommt. Es ist kein Weltuntergang, wenn das Geschenk später ankommt. Genauso wenig wie ein Supermarkteinkauf notwendig ist, wenn nur eine Zutat fehlt, jedoch kein Tod durch Verhungern droht.

Viele Aktivitäten können aufgeschoben werden, bis man zwei Fliegen mit einer Klappe schlagen kann. Ein gesunder Egoismus stellt deine wichtigen Vorhaben vor die untergeordneten Verpflichtungen, die du dir einredest.

Stell dir die Frage: **Ist das jetzt echt nötig?**

Nicht jedes gesellschaftliche Konstrukt ist sinnvoll, manche Abläufe haben sich ohne tieferen Sinn eingespielt.

Wenn man seine alltäglichen Vorgänge hinterfragt, kommen einem viele davon albern vor. Wir sind nicht mehr in der Grundschule, also lass dich nicht auf etwas Kindisches wie Gruppenzwang ein. Der Mensch ist frei. Unliebsame Aktivitäten können auch ohne dich stattfinden.

Es ist schwer, die eigenen Ansprüche, die man an einen zufriedenstellenden Tag hat, den Erwartungen der anderen vorzuziehen. Doch wer immer nachgibt, hat auch ständig das Nachsehen.

Ohne Absagen zu unerwünschten Treffen läufst du Gefahr, dich im Frust zu verrennen. Es ist normal, nicht auf jeder Hochzeit zu tanzen, wenn man anderweitige Ziele und Träume hat. Wenn ein Filmabend geplant ist, du den Streifen schon kennst oder keinen Nerv auf den Großteil der Gäste hast, machst du eben etwas anderes. Nicht jedes Treffen ist ein Volltreffer. Lass solche lieber an dir vorbeiziehen, statt dich daneben zu fühlen.

Es gibt viele Gelegenheiten, bei denen ein wenig Egoismus angemessen ist. Allerhöchste Eisenbahn für Eigensinnigkeit ist, wenn deine Mitmenschen dich ausnutzen.

Hilfsbereitschaft ist wichtig, ohne sie funktioniert kein gesundes Miteinander. Die Grenze zur Ausbeutung muss allerdings nicht überschritten werden. Wenn jemand meint, dass ein Vorgang durch dein Anpacken nur halb so lange dauert, ist das oft kein guter Grund, sondern meist nur ein billiger Vorwand. Es ist ja ganz logisch, dass *er/sie/es* schneller fertig ist, wenn du die Hälfte des Zeitaufwandes übernimmst.

Die Aufgaben von Faulen zu übernehmen, ist Unfug. Eine einfache Milchmädchenrechnung zeigt, dass keine Zeit gespart wird, obwohl es mit deiner Hilfe tatsächlich schneller geht. Es kostet in der Summe genauso viel Zeit, sie wird nur aufgeteilt. Selbstverständlich zu deinen Lasten.

Sklaventreiberei ist verboten!

So kann man bei einem schweren Umzug gerne helfen. Es ist aber zu viel verlangt, wenn man neben dem Einräumen der Kartons in der alten Wohnung noch beim Ausräumen der Kartons in der neuen Wohnung helfen soll. Aufgaben, die der Auftraggeber eigenhändig übernehmen kann, darf er auch eigenständig in die Hand nehmen.

Tätigkeiten, bei denen du keine Hilfe erwarten würdest, musst du nicht für andere übernehmen. Deine Zeit ist in diesem Fall sogar mehr wert, du hast nach der Arbeit schließlich keinerlei Mehrwert. Wenn du helfen sollst, dann reicht es bei Sachen zu helfen, die Hilfe erfordern.

Du musst deine wertvolle Zeit nicht dafür nutzen, andere dabei zu unterstützen, ihre Aufgaben zu erledigen. Die wichtige Frage ist, ob du *seinen* oder *ihren* Egoismus wichtiger findest als deinen.

So manch treue Seele verschwendet Stunde um Stunde damit, andere durch die Gegend zu fahren, und auch noch während der eigentlichen Erledigung im Auto zu warten. Die Preise der öffentlichen Verkehrsmittel mögen eine Zumutung und deine Spritkosten im Vergleich niedriger sein, aber Zeit ist einfach unbezahlbar. Chauffeur spielen ist sehr nett. Es ist aber oftmals eine Gefälligkeit, die genau genommen keine Zeitersparnis bringt, wenn man den selbstlosen Einsatz des Fahrers fair bewertet. Wer ohne mehrstündigen Fußmarsch nicht vom Zuhause zum Ziel kommt, kann abgeholt werden. Wer sich jedoch zu fein ist, in den Bus einzusteigen und dafür 30 Minuten Anfahrt + 30 Minuten Rückfahrt + 30 Minuten Aufenthalt eines Anderen in Kauf nimmt, ist so egoistisch, dass du aus Prinzip ebenfalls egoistisch sein musst. Wenn es darum geht, Zeit zu sparen, muss man manchmal leider hart sein.

Gemeinsame Unternehmungen bringen Spaß und Erholung, gemeinsame Erledigungen, die einseitigen Nutzen bringen, sind zu viel des Guten.

Viele Leute sind Wichtigtuer, aber deshalb noch lange keine VIPs, die Begleitschutz brauchen. Du bist kein Babysitter. Erwachsene, die weder eine Angststörung haben oder anderweitig moralische Unterstützung benötigen, dürfen auf deine Begleitung verzichten. Wer mit zum Arzt geht, obwohl er nicht krank ist, braucht sich nicht wundern, wenn Projekte Planungen bleiben.

Stell dir die Frage: **Geht das auch ohne mich?**

Werbung oder Sieg der Vernunft.

weniger Dinge, mehr Geld

Wenn man von Konsum redet, muss man sich auch mit der Werbung befassen. Reklame ist allgegenwärtig, man kann ihr nicht entkommen: Aufsteller in Läden, Printanzeigen und TV-Spots, deren Lautstärke immer **VIEL ZU LAUT** aufgedreht ist.

Wir wollen nun hinter die Kulissen blicken und Werbung entzaubern, denn von Werbung hat man eigentlich nichts. Außer vielleicht einem Hörsturz, wenn man nicht rechtzeitig zur Fernbedienung gegriffen hat.

Werbung etabliert den Überfluss.

Werbung soll ein Feuer entfachen. Sie ist der Brandbeschleuniger des Einkaufens. Es wird einem penetrant eingeredet, dass man etwas braucht. Das ist Gehirnwäsche, denn irgendwann glaubt man daran.

Wenn man der Reklame auf den Leim geht, hat man Geld ausgegeben und anschließend etwas im Haus, was man nicht wirklich braucht.

Durch Werbung erhöht sich die Schlagzahl vom Kaufen-Wegwerfen-Besorgen-Entsorgen-Rhythmus. Altes ist nur kurze Zeit gut genug. Funktionierende Dinge werden weggeworfen, weil Werbeversprechen ein leichteres Leben vorgaukeln.

Der Kreislauf des Konsums ist unermüdlich, durch Werbung findet man sich in einem Hamsterrad wieder. Es gibt ein neues Modell, also musst du deinen Besitz schlecht finden. Die Werbung trichtert dir ein, dass die neuen Sachen verbessert sind. Im Umkehrschluss heißt das: Du hast minderwertige Produkte zuhause. Ob das neue Modell nun angeblich leiser, leichter oder leistungsfähiger ist, spielt keine Rolle. Ohne Werbung hätte man an dem Teil, das man zuhause hat, nichts auszusetzen. Nun ist man jedoch geneigt, die Müllhalde zu füttern.

Werbung animiert, etwas zu ersetzen, das noch eingesetzt wird.

Werbung übertölpelt.

Im Werbespot werden Traumwelten aufgebaut und anschließend Illusionen verkauft. Du sollst unzufrieden sein und das beworbene Produkt als Lösung sehen.

Man sieht schöne Menschen mit gefilterter Haut und ausgeleuchtetem Körper. Dann wird suggeriert, wie *WOW* und anbetungswürdig diese Menschen sind. Und du? Du müsstest nur ein klitzekleines Produkt kaufen, damit die Herrenwelt/Damenwelt dahin schmachtet.

Als ob sich jemand mit einem teuren Duftwässerchen beeindrucken lässt. Wäre das der Fall, hätten die vielen anderen Flakons im Badezimmer schon Wirkung gezeigt, oder?

Werbung spielt mit falscher Hoffnung. Es werden Lügen und Oberflächlichkeiten salonfähig gemacht. Und es nimmt kein Ende. Die neuste Generation der Produkte, die manchmal in Hochglanz und manchmal ganz bodenständig und hip inszeniert werden, sollen dein Leben noch einzigartiger machen. Das Problem liegt auf der Hand wie die Fläche: Wenn jeder die beworbenen Produkte kauft, können sie gar nichts Besonderes mehr sein. Wenn man ständig mit dem Zeug, das im Trend liegt und dessen Werbetrommel gerührt wird, antanzt, ist man individuell wie Massenfertigung.

Beworbene Produkte zu kaufen heißt, man ist Teil des Systems. Man wird zu einem Langweiler, zu einem Mitläufer. Man verliert sich selbst, wenn man sich von Werbung einlullen lässt.

Werbung ist teuer.

Gibt es etwas Nervigeres, als herauszufinden, dass man zu viel bezahlt hat?

Es ist egal, wie klein die Nische ist, es wird viel Geld in Werbung investiert, um den Gewinn zu maximieren. Werbung ist eine gewaltige Industrie, die zu viele Menschen sehr gut verdienen lässt, um für dich gute Ausgaben zu ermöglichen.

Dir wird die Lust am Kaufen vergehen, wenn du mal überlegst, welcher Anteil des Kaufpreises eigentlich für die diversen Kampagnen verplempert wurde.

Es wird kein Mehrwert geschaffen, wenn Plakate entworfen und diese an Litfaßsäulen gekleistert werden. Weder Radiowerbung noch TV-Spots machen ein Produkt besser, obwohl sie die Preise in die Höhe treiben.

Wenn Werbung wirkt, zahlt man für Leistungen, von denen man nichts hat.

Werbung ist hinterhältig.

Werbung kann man nicht trauen. Zu oft versteckt sie sich und will dich hinterhältig hinters Licht führen.

Im Supermarkt ist sie beispielsweise als Formwandler unterwegs. Beim Verpackungsdesign lassen Hersteller die Grenzen zwischen Information und Werbemaßnahme verschwimmen. Man wird mit positiven Nebeneffekten geködert, die unrealistischen Bilder und blumigen Worte sollen blenden und verzaubern.

Es ist Zeit für Lösungen.

Um immun gegen Werbung zu sein, kann man sich ein paar Gedankengänge verinnerlichen und dadurch dem Produkt auf den Zahn fühlen. Beim Einkaufen ist Misstrauen eine Tugend. Für dich heißt das: Vorurteile haben!

Du darfst endlich mal mit gutem Gewissen die schlechten Seiten deiner Seele ausleben! Was beworben wird, wird diskriminiert, abgestempelt oder zumndest vorsichtig beäugt. Wer in den folgenden Fällen nicht hinterfragt, kauft zu oft Dummheiten.

Ist das Teil wirklich notwendig?

Für notwendige Sachen muss niemand ein Bedürfnis bei dir wecken.

Bevor du ein beworbenes Produkt kaufst, musst du unterscheiden: Ist es notwendig oder wurde dir die Notwendigkeit immer und immer wieder eingebläut?

Wenn die Werbeclips bis auf kurze Unterbrechungen zur Dauersendung werden, wenn die Haltestellen zugepflastert sind oder sogar Radiowerbung geschaltet wird, muss man sich fragen: Warum hat dieses Produkt denn so viel Werbung nötig?

Gehen wir mal davon aus, dass ein Unternehmen ein unverzichtbares Produkt auf den Markt gebracht hat. Dann würde es genügen, dass ihm einmal Aufmerksamkeit geschenkt wird, um es zum Dauerbrenner zu machen. Wie im Lauffeuer würde sich seine Kunde verbreiten, da man sich mit seinen Mitmenschen ja über irgendwas unterhalten muss.

Nun läuft aber die Werbung für *das Ding* rauf und runter. Da wird es Zeit kritisch zu analysieren: Aus welchem Grund wird es so stark beworben? Was stimmt nicht mit ihm?

Wollen die mir Schrott andrehen?

Viele Werbeanzeigen sind frech, manche sogar beleidigend. Mit einem Kauf würde man diesen sinnbildlich applaudieren. Manchmal muss man aus Prinzip ein Zeichen setzen, und wie kann man ohne Aufwand lauter als mit seinem Geldbeutel sprechen?

Will ich diese Werbekampagne tatsächlich belohnen?

Werbung mag ein wichtiger Wirtschaftszweig sein, du musst ihn aber nicht durch deine Käufe subventionieren. Beworbene Produkte haben kaum Vorteile gegenüber Produkten, die einfach nur im Regal stehen. Man könnte sogar vermuten, dass bei gleichem Preis die Qualität bei der unbekannten Schönheit höher ist, weil nicht so viel Geld in das Marketing gepumpt wurde.

Ist der Preis aufgrund der vielen Marketingaktionen viel zu hoch?

Ja, ich gehe es zu, ab und an erfährt man aufgrund der Werbung von neuen Erfindungen, die das Leben einfacher machen. Allerdings gilt: Auch mit Scheuklappen wirst du von Produkten, die gut sind, erfahren. Andere Unternehmen werden gute Produkte und Verkaufsschlager nachahmen. Und den Preis mit höchster Wahrscheinlichkeit bald unterbieten.

Wird es ein besserer Kauf, wenn ich ein bisschen warte?

Wenn du dir die richtigen Fragen stellst, werden viele Schlachten gewonnen. Aber damit ist der Krieg noch nicht entschieden. Glücklicherweise gibt es einen natürlichen Feind der Werbung. Er steht stellvertretend für einen durchdachten und geplanten Einkauf!

Jeder kennt ihn, jeder hat seine verklumpten Überreste schon mal nach dem Waschgang aus der Hose gepult. Er ist unsere Geheimwaffe im epischen Kampf gegen Werbung. Der **Einkaufszettel** sorgt dafür, dass jede Besorgung mehrere Gedankengänge durchläuft. Der Einkaufszettel wirkt wie ein Sieb. Er filtert die blöden Werbewünsche heraus.

- Erstmal will man etwas.

- Statt direkt zu kaufen, notiert man seinen Wunsch und lässt ihn für längere Zeit auf dem Einkaufszettel stehen.

- Während der Bedenkzeit entscheidet sich, ob etwas stehen bleibt oder gestrichen wird. Ob der Wunsch zu einem Bedürfnis wurde, zeigt sich, wenn man die Sache immer noch will, bevor man aufbricht.

- Sachen, die nur ein kurzzeitiges Verlangen waren, wurden gestrichen wie Wände vor dem Auszug.

- Gekauft wird, was man wirklich wollte.

Je mehr Zeit zwischen Aufschreiben und Einkaufen vergehen kann, desto besser. Im Laden kannst du deinen Einkaufszettel als Vertrag mit dir selbst sehen. Schau darauf, während du einkaufst und arbeite die Punkte ab. Konzentriere dich ausschließlich auf das, was du brauchst, aber lass dich nicht ablenken von dem, was du brauchen könntest!

Du hast einen Einkaufszettel, der eine Arbeitsanweisung ist.

Sei die Spaßbremse vom gehobenen Dienst! Ja, die Packung mag schön glänzen. Ja, die Bildchen sind verlockend. Ja, die Sprüche sind ansprechend. Aber **NEIN**, du brauchst es nicht. Du bist wegen der Sachen auf dem Einkaufszettel da.

Der Einkaufszettel kann nicht nur für Lebensmittel genutzt werden! Versuch es mal mit einem Beschaffungszettel für Größeres.

Ein Einkaufszettel für Haushaltsgegenstände und Konsorten sorgt dafür, dass man nur wichtige Sachen kauft. Gerade bei größeren Anschaffungen und Dingen, die nicht verbraucht werden, sollte man sich mehrmals überlegen, ob man etwas wirklich benötigt. Wer bei diesen Anschaffungen auf die Werbung hereingefallen ist, hat keinen Klotz am Bein, sondern ein komplettes Holzbein. Okay, der Vergleich mag hinken, aber du weißt, was ich meine. Nach mehrmaligem Drüberschlafen kommt bestimmt die Erleuchtung, ob der Kaufwunsch Eingebung oder Einbildung war.

Ratenzahlungen oder Deal mit dem Teufel.

weniger Stress

Man wurde in der jüngeren Vergangenheit so oft mit Käufen, die per Ratenzahlung beglichen werden sollen, konfrontiert, dass sich das System eingebürgert hat. Keine schöne Entwicklung, sind Ratenzahlungen doch eine der unangenehmsten Arten, seinen Konsum auszuleben.

Ratenzahlungen sind Ballast bei einem leichten Leben. Man macht es sich unnötig schwer, wenn man Konsumkredite aufnimmt. Ratenzahlungen stehen für nichts anderes als einen halben Kauf. Die Sache ist eher geliehen denn gekauft. Man ist nicht Eigentümer, aber trotzdem Schuldner, weil man den Preis über eine lange Zeit abstottern muss.

Wenn man nicht gerade ein Haus für die aktuellen und zukünftigen Generationen der Familie abbezahlt, sind Kredite, Finanzierungen, Raten und so weiter Hürden, die man sich selbst auf den Lebensweg gezogen hat. Es ist nichts Halbes und nichts Ganzes, es ist der Schwebezustand des Konsums.

Wenn die Summe der Raten höher als der Kaufpreis ohne Finanzierung ist, sollte man als Minimalist ausreichend abgeschreckt sein. Diese Ratenzahlungen machen das Produkt noch teurer, als es ohnehin schon ist. Wer sparsam ist, sollte widerstehen können, wenn man quasi neben einer Nutzungsgebühr auch noch für das Misstrauen des Geschäftspartners zahlt.

Es muss ein Umdenken her. Finanzielle Freiheit bedeutet auch, dass man nicht ständig Abbuchungen wegen Konsumgütern, ohne die man genauso gut leben könnte, hat. Ein leichtes Leben heißt, dass man nicht an unnötige Verträge gebunden und in zu vielen Verbindlichkeiten gefangen ist.

Sieh es doch mal so: Wenn du etwas nicht auf einen Batzen bezahlen kannst, liegt es einfach nicht in deiner Preisklasse. Wer sich gewisse Anschaffungen nicht auf einmal leisten kann, sollte überschlagen, ob sie mit dem eigenen Lebensstil vereinbar sind. Im Zweifelsfall ist es besser, zu sparen, bis man sich etwas leisten kann. Wenn man die Summe zusammen hat, hat man eine riesige Vorfreude entwickelt und kann stolz auf sich und sein Durchhaltevermögen sein. Oder: Man hat auf das Produkt keine Lust mehr und dafür einen Berg überschüssigen Geldes. Es ist eine Win-win-Situation.

Man könnte behaupten, dass es eigentlich keine Rolle spielt, ob man einen Kaufvertrag abschließt, der sofort auf einen Schlag beglichen oder Monat für Monat getilgt wird. Man könnte behaupten, dass es aufs Gleiche herausläuft, ob man jetzt oder später zahlt. Bei genauerer Betrachtung lässt sich allerdings erkennen, dass man nicht nur einen Kauf tätigt. Man nimmt einen Kredit auf. Und dann schwimmt man mit den Haien.

Wir werden Widerstand leisten. Ab sofort herrscht null Toleranz! Wir tolerieren diese Nullen selbst bei der 0%-Finanzierung nicht mehr.

Ja, ja, null Prozent! Bla, bla, nur Vorteile! Für dich wird es kein gutes Geschäft, weil man in den meisten Fällen unterm Strich eben doch draufzahlt. Es kann für die Verkäufer gar nicht gleich attraktiv sein, ob jemand einen Rechnungsbetrag über eine ausgedehnte Periode oder komplett und sofort bezahlt. Du magst vertrauenswürdig sein, aber das gilt nicht für die Allgemeinheit. Das Risiko von Zahlungsausfällen müssen die Händler schließlich auch decken.

Und dann wird man so dummdreist geködert!

- *0%!ꟷ**
- *DU ZAHLST NICHTS!ꟷ**
- *2 MONATE GESCHENKT!ꟷ**

Und dann darf man zum Sternsucher werden.

Statt klipp und klar zu erklären, was Sache ist, bekommt man einen Gesetzestext zur Unterschrift vorgelegt, bei dem sogar Richter ausrasten würden. Mit etwas Geduld findet man die Mikroschrift irgendwo am Ende oder auf der anderen Seite. Mit etwas Pech sucht man vergeblich. Die Sternchentexte und das Kleingedruckte sind in zu vielen Fällen die Tarnung der Abzocker.

Wenn man einen halben Roman mit einer Lupe lesen muss, um nicht aufgrund irgendwelcher Fallstricken jahrelang finanziell stranguliert zu werden, macht das Geschäftemachen keinen Spaß mehr, oder? Leute, bei denen ich misstrauisch sein muss, ob sie mich übers Ohr hauen wollen, belohne ich nicht mit meine Unterschrift. Es reicht schon, dass sie meine Zeit verschwendet haben.

Ich bin davon überzeugt, dass Verbindlichkeiten nicht nur finanziell, sondern auch geistig an die Substanz gehen. Wieso sind Leute denn sonst froh, wenn sie Schulden endlich beglichen haben? Auch wenn man die Sache vom Ende her betrachtet, spricht alles gegen eine Ratenzahlung. Wenn man sich darauf freut, etwas geschafft zu haben, hat es im Umkehrschluss während der Dauer der Tortur belastet.

Nach der letzten, abschließenden und befreienden Ratenzahlung hat man kaum etwas vorzuweisen. Das Teil wurde ja die ganze Zeit abgenutzt und gebraucht. Man ist schuldenfrei, doch wird lediglich rechtmäßiger Eigentümer einer Sache, die schon lange da ist. Wenn man endlich abbezahlt hat, gehört einem ein altes, benutztes Stück, das man auf dem Flohmarkt für nen Appel und n Ei kaufen könnte. Diese Belastung kann man sich im wahrsten Sinne des Wortes sparen.

Ratenzahlungen sind Verbindlichkeiten, die ohne Not an dir zehren. Du machst nämlich das schlechtere Geschäft. Sollte wirklich etwas passieren, solltest du pleitegehen, hast du nicht mehr nur kein Geld. Sondern kein Geld und ausstehende Zahlungsverpflichtungen, die gnadenlos eingetrieben werden.

Mach dir immer bewusst, dass du einen Vertrag mit fremden Geschäftemachern abschließt. Die lächelnde Frau, die dir bei der Unterzeichnung die Hand auf die Schulter legt, gehört nicht zu dem Inkassobüro, das dir ohne mit der Wimper zu zucken horrende Strafzahlungen aufbürden würde. Selbst wenn der Gesamtpreis durch die Raten genauso gut/schlecht ist wie der Kaufpreis, lohnt sich die gestückelte Zahlung nicht, weil man sich solchen Leuten ausliefern könnte.

Für die Zukunft solltest du dir Ratenzahlungen ersparen. In der Gegenwart dürfen sie schnellstmöglich Vergangenheit werden. Falls du irgendwas abbezahlen musst, schau am besten, ob es irgendwie möglich ist, die Raten zu verkürzen. Sicher ist sicher, Freiheit ist unbezahlbar.

Lebensmitteleinkauf oder günstiger Appetit.

mehr Geld, mehr Zeit

Auch beim Einkaufen der Lebensmittel ist das Ziel eine Kombination der minimalistischen Werte. Gesucht ist möglichst viel Gutes für möglichst wenig Geld in einem idealen Zeitfenster.

Die Zeit.

Fangen wir hinten an. In unserer hektischen Zeit gleicht kein Tagesablauf dem anderen, daher muss auch das Einkaufen auf Individualität mit persönlichem Nutzen getrimmt werden. Das klingt dramatisch, gemeint ist lediglich: Du kaufst, wann es dir passt und lässt dir dabei so viel Zeit, wie es dir genehm ist.

Ernährung ist sehr wichtig, sie ist überlebensnotwendig. Sich bei der Beschaffung der Lebensmittel den Appetit verderben zu lassen, muss aber nicht sein. Wenn du mit Supermärkten nichts anfangen kannst, wenn du das Einkaufen als reine Zeitverschwendung ansiehst, macht liefern lassen Sinn. Mittlerweile gibt es genügend Unternehmen, die dir deinen Einkauf bis an die Haustür liefern. Es ist keine Schande, dieses Angebot zu nutzen. Man gibt dabei monetäre Sparmöglichkeiten auf, spart aber die Zeit in und um den Laden. Wenn es keine Probleme mit den Zustellungen gibt, handelt es sich wider Erwarten um eine minimalistische Option.

Heutzutage dürfte das Nutzen von Lebensmittellieferservices aber die Ausnahme sein. Und in der näheren Zukunft auch bleiben. Wir widmen uns daher der herkömmlichen Methode. Wahrscheinlich erledigst du das Einkaufen halbwegs gerne selbst, weil es immer wieder Freude bereitet, wenn man tolle Schnäppchen findet. Bestimmt lässt sich der Einkauf auch in deinem neuen und minimalistischen Leben in eine der Lücken deines Tagesplanes pressen, weil es schon immer so war. Wann dies der Fall ist, hängt von deinen Lebensumständen ab. Um nicht zu viel Zeit zu investieren, empfiehlt es sich, zwei Fliegen mit einer Klappe zu schlagen. Also: Den Einkauf einbauen oder dranhängen, wenn man ohnehin unterwegs ist.

Falls du den Luxus hast, frei entscheiden zu können, sollten die Stoßzeiten des Mittags rund um die gleichnamige Pause auf der Arbeit sowie von 16 bis 18 Uhr rund um die gängigen Feierabende vermieden werden. Zu diesen Drangphasen sind die Märkte besonders voll, weil viele die Zeit löblicherweise nutzen wollen. Jegliche Stoßzeiten sorgen leider nicht nur für eine Überdosis menschlichen Kontakt, auch die Warteschlangen an der Kasse verschlingen so manchen Zeitblock im Ganzen. Falls trotz des größeren Andrangs allerdings nur ein bisschen Freizeit abgeknabbert wird, solltest du dich ins Getümmel stürzen. Die Bilanz muss stimmen zwischen Stress im Laden plus längerem Aufenthalt an den Kassen und der nochmaligen Anfahrt, wenn weniger los ist.

Eine weitere Idee ist das Kombinieren des Einkaufens mit der täglichen

Dosis Bewegung. So lässt sich der zeitliche Aufwand verrechnen und bleibt im Rahmen. Dass man sich jeden Tag sein gutes Stündchen bewegen sollte, steht nicht zur Diskussion. Das eine Pflichtprogramm mit dem anderen Pflichtprogramm zu verbinden, sorgt immerhin für eine gefühlte Kür. Heißt: Zum Einkaufen geht oder radelt man. Zurück natürlich auch. Es findet sich bestimmt ein Laden am Stadtrand, der dir eine schöne Strecke abverlangt.

Da absolut jeder einkaufen muss, Supermärkte recht unterhaltsam sind und damit Gesprächsstoff liefern (und sei es nur, weil man über andere Kunden lästern kann), lässt sich auch durch Um-die-Ecke-Denken Zeit sparen. Verabrede dich zum entspannten Plausch während des Einkaufens. Der eigentliche Einkauf wird zwar verlängert, dennoch wird effektiv weniger Zeit in Anspruch genommen. Du verschiebst das Treffen mit deiner Freundin von einer anderen Stelle in den Zeitraum des Einkaufs und lässt die Zeitfenster verschmelzen. Der Kompromiss führt dazu, dass ihr Tratschtanten euch abends nicht mehr treffen müsst. Auch zwischen Eiern und Mehl kann man sich gegenseitig auf den aktuellen Stand der Dinge bringen.

Dumme Tipps wie schnelleres Gehen, das Zahlungsmittel vor dem Bezahlvorgang zu zücken, Waren in ihrer logischen Reihenfolge von schwer und unzerstörbar zu leicht und fragil aufs Kassenband zu legen oder immer im selben Laden einzukaufen, weil du dann weißt, wo alles steht und zielstrebig einkaufen kannst, habe ich dir wenigstens bis zum Schluss erspart. Jetzt kannst du entnervt aufspringen, das passt sowieso. Denn es ist Zeit, wir müssen los.

Der Laden.

Wer hätte es gedacht: Ich plädiere für Discounter. Discounter benötigen keine großen Gebäude, daher findet man sie spätestens in der übernächsten Nachbarschaft. Einer dieser üblichen Verdächtigen ist immer zu Fuß erreichbar. Man muss nicht ins Auto steigen, sondern kann sich auf Fortbewegungsmittel, die durch die eigene Körperkraft betrieben werden, beschränken.

Bei Discountern und kleinen Supermärkten ist das Angebot überschaubar. Da man nicht von der schieren Masse an Produkten überwältigt wird, vertrödelt man nicht zu viel Zeit zwischen den Gängen, um Sachen zu finden, die man nie gesucht hat. Ein kompaktes Sortiment heißt, dass man sich auf das konzentrieren kann, was man braucht.

Auch im Discounter hat man mindestens eine zufriedenstellende Auswahl, um den Bedarf des Alltags zu stillen. Wer den kleinen Supermarkt nebenan mit gelegentlichen Trips in andere Läden für die Sonderwünsche ergänzt, sollte voll auf seine Kosten kommen.

Selbst dort findet man mittlerweile Regale voll ähnlicher Produkte vor, die in den unterschiedlichsten Preisklassen erhältlich sind. Wenn die Qual der Wahl nur aus drei, vier Produkten besteht, kann recht einfach ein gutes Geschäft gemacht werden.

Die Handelsmarken.

Ein optimales Preis-Leistungs-Verhältnis wird bei Lebensmitteln erreicht, wenn man an den passenden Stellen genießt und an den richtigen Stellen spart. Mittlerweile ist bekannt geworden, dass die Qualität nicht proportional mit dem Preis steigt. Teuer heißt nicht automatisch lecker oder hochwertig. Besonders im Supermarkt mit all seinen Massenproduktionen sind Unterschiede oft unerheblich.

Zu viele Nebenkosten wie Produktplatzierungen im Regal, Werbeanzeigen und Verpackungsdesign treiben die Kosten in die Höhe, ohne dass die eigentlichen Lebensmittel irgendeine Wertsteigerung erfahren. Wer im Umkehrschluss diese produktfremden Ausgaben einschränkt und die Einsparungen an den Kunden weitergibt, handelt minimalistisch. Also: Die Aushängeschilder vom minimalistischen Industrieprodukt sind die Eigenmarken der Läden.

Man sieht bei den Eigenmarken schon auf den ersten Blick, dass nicht viel Geld ins Image gesteckt wurde. Schicke Schilder und clevere Werbesprüche sucht man vergeblich. Die Verpackungen sind oft so hässlich, dass man sich fast schämen muss, wenn sie neben einem auf dem Band liegen.

Hinter den Fassaden der unattraktiven Verpackungen steht ein Produktionsprozess, der sich abseits des eigentlichen Lebensmittels aufs Wesentliche beschränkt. Und damit genau unseren Bedürfnissen entspricht. Gespart wird nicht nur an allen Ecken und Enden, sondern auch am Anfang.

Ist dir schon aufgefallen, dass es sich bei den Handelsmarken ausschließlich um bewährte Produkte handelt. Produktinnovationen? Fehlanzeige. Wagnisse? Iss nich. Es werden aus Kostengründen keine Quantensprünge in Sachen Produktentwicklungen gemacht. Die Läden gehen mit ihrem Eigenmarkensortiment keine Experimente ein. Es handelt sich nie um Neuheiten, die sich als Ladenhüter entpuppen könnten. Derartige Risiken müssen also auch nicht in den Verkaufspreis einkalkuliert werden.

Obwohl sie mittlerweile weit mehr als nur den Grundbedarf abdecken, handelt es sich bei Eigenartikeln um bewährte Produkte, die zum Alltag der Kunden gehören. Als Eigenmarken gibt es nur Artikel, die auch ohne Werbung gekauft werden. Du musst über deinen Kaufpreis also keine Kampagnen finanzieren. Wenn wir Vorurteile außen vor und die inneren Werte zählen lassen, zahlen wir nicht für das Drumherum, sondern für den Inhalt.

Trotz all der Sparsamkeit ist es natürlich der Geschmack, der zählt. Und der geht bei den meisten Handelswaren auch in Ordnung. Die Produkte stammen ohnehin oft aus den gleichen Fabriken wie die Markenware. Klar, an der genauen Rezeptur wurde bestimmt etwas geändert, es ist aber niemand mit Kehrschaufel und Handfeger durch die Halle gegangen, damit die Abfälle der Markenware zur Handelsware verarbeitet werden können. Heutzutage kann es sich kein Unternehmen mehr leisten, mit wirklich minderwertiger Ware anzutanzen. Die Supermärkte wollen sich den Ruf nicht ruinieren. Sie würden damit dich und all deine Bekannten als Kunden verlieren. So was sprichst du ja herum, oder?!

Ja, das Leben ist zu kurz, um es sich beim Essen schlecht gehen zu lassen. Niemand verlangt von dir, für kleine Ersparnisse Schwergenießbares herunterzuwürgen. Oft unterscheiden sich die Produkte verschiedener Preisklassen nur in Nuancen. Für die Geschmacksknospen ist der Unterschied minimal, im Geldbeutel macht sich der Preisunterschied im Laufe der Zeit aber stark bemerkbar.

Diese Markenprodukte werden zuerst durch Billigheimer ersetzt. Das Risiko ist minimal. Was kann schon passieren? Wenn das Produkt der Eigenmarke den Geschmackstest nicht besteht, kauft man es eben nicht wieder. Man schließt schließlich keinen Liefervertrag ab, das Abo endet beim nächsten Einkauf. Falls das Essen nicht schmeckt, hat sich ein abermaliger Kauf gegessen. Falls das Essen schmeckt, spart man fortan bei jedem Kauf.

Die roten Preise.

Abgelaufene Lebensmittel sind ärgerlich. Im schlimmsten Fall muss Ware weggeworfen werden, es landet Geld in der Tonne. Das trifft nicht nur zuhause zu, auch Supermärkte kaufen mal zu viel ein und werden nicht jedes Produkt rechtzeitig los. Wer kleine Ersparnisse erzielen will, kann aufgrund dieses Umstandes gute Geschäfte machen.

Denn: Bevor die Läden die Sachen wegwerfen, verringern sie lieber ihre Marge. Die Händler müssen in dem Spiel gegen die Zeit den Einsatz erhöhen. Für uns ist die Verderblichkeit ein Ass im Ärmel, weil Preissenkungen der letzte Joker der Verkäufer sind. Auf dich wartet ein Gewinn ohne Haken, durch die Preissenkung soll nämlich ein Komplettverlust vermieden werden.

Wer die Produkte ohnehin in den nächsten Tagen essen will, sollte sich die Rabatte auf den roten Preisschildern nicht entgehen lassen. Man bekommt gute Ware mit stattlichen Rabatten. Genauso geht Sparsamkeit. Solltest du bei gleichen oder ähnlichen Produkten große Ersparnisse aufgrund eines roten Stickers oder ähnlichen Preissenkungen mitnehmen können, spricht kaum bis nichts dagegen, dies zu tun.

Vom Kauf der schnell verderblichen Ware trennt einen meist nur ein Unbehagen. Das Gefühl stammt nicht von einem empfindlichen Magen, es ist Kopfsache. Das Mindesthaltbarkeitsdatum ist in unserer Gesellschaft zu einer Glaubensfrage geworden. Entweder man greift beherzt zu den Produkten mit nahendem Verfallsdatum oder man rümpft die Nase bei ihrem Anblick.

Es wurde schon oft genug Entwarnung gegeben. Man darf sich die Besänftigungen nun zu Herzen nehmen. Das Mindesthaltbarkeitsdatum ist kein Stichtag des Verderbens. Es handelt sich lediglich um eine großzügige Schätzung des Herstellers. Selbst die gierigsten Profitgeier wollen sich wegen eines Joghurts keinen Ärger aufhalsen. Sie werden dir keine Gammelware verkaufen.

Versetzen wir uns mal in die Lage unserer Geschäftspartner: Sie wollen auch in ferner Zukunft unser gutes Geld mit ihren Produkten verdienen. Die Produzenten wollen sich nichts nachsagen lassen, sie wollen sich den Ruf nicht aufgrund schimmeliger Lebensmittel ruinieren. Da sie dennoch die Haltbarkeit eines Produktes einschätzen müssen, wird mit Sicherheit nicht der Moment knapp vor dem Verfall gewählt. Heißt: Bis zu *diesem Zeitpunkt* ist das Zeug bei richtiger Aufbewahrung auf jeden Fall gut. Selbst Tage, Wochen oder gar Monate später hat man je nach Produktart abgesehen von leichten Geschmackseinbußen nichts zu befürchten.

Die Vorratshaltung.

Auch wenn man sich von dem Mindesthaltbarkeitsdatum nicht blenden lässt, beginnt zuhause eine neue Zeitrechnung.

Große Augen und kleine Preise sind nicht immer gute Ratgeber. Der Kauf muss sich dem Verbrauch anpassen. Es darf ausschließlich gekauft werden, was man auch verbrauchen kann. Wer aufgrund niedriger Preise zu viel Ware gekauft hat, spart an keiner Stelle.

Man hat sich angewöhnt, die pro-Kilo-Preise zu vergleichen. Das ist im direkten Vergleich richtig. Nicht so gut ist es, wenn man sich durch Mengenrabatte blenden und zu unrentablen Schnäppchen verleiten lässt.

Großpackungen sind nicht günstig, wenn man die Hälfte wegwirft.

Es lohnt sich zwar, wenn man Vorräte von Angeboten anlegt, die man ständig benutzt, und die sich bis zum Sankt Nimmerleinstag halten. Bei vielen schnell verderblichen Lebensmitteln sind die XXL-Packungen allerdings zu viel des Guten. Auch an leckeren Sachen hat man sich irgendwann satt gegessen. Was unter normalen Umständen noch Heißhunger verursacht hätte, wird im eigenen Schrank schnell zum Ladenhüter. Wenn einem die Sojawürstchen zu den Ohren rauskommen, weil die etlichen Dutzend zwar billig, aber viel zu viel waren, weiß man es beim nächsten mal hoffentlich besser.

Eine kurze Überschlagung der Eckdaten rückt die Packungsgröße in ein anderes Licht. Damit das Ergebnis aufgeht wie ein Hefeteig auf dem Heizkörper, wird die Gesamtmenge des Produktes durch die Portionsgröße geteilt. Das Ergebnis sagt dir: So oft musst du *das* bis zum nächsten Einkauf essen. Was meint dein Magen, der alte Lustmolch? Ist weniger vielleicht doch mehr?

Eine ehrliche Einschätzung des eigenen Essverhaltens und den verzehrten Mengen ist der Schlüssel, um unterm Strich die richtigen Ausgaben zu tätigen. Es gibt von vielen Produkten sowohl große Packungen als auch Singleversionen. Letztere sind unter normaler Betrachtungsweise keine guten Geschäfte, da man weniger bekommt und vergleichsweise viel bezahlt. Obwohl die Portionspreise bei den kleinen Packungen höher ausfallen, kann die Rechnung für eine ausgewogene Ernährung stimmen. Man verspürt nicht den Druck, Reste, deren man überdrüssig ist, verbrauchen zu müssen. Der Frevel, Lebensmittel entsorgen zu müssen, bleibt ebenfalls erspart.

Die Gelüste.

Man muss nicht auf Diät sein, um sich Gelüste verkneifen zu wollen. Wir wollen als Minimalisten ja Unnötiges vermeiden. Wenn man nun Dinge kauft, die man vor Verlassen des Hauses eigentlich nicht wollte, ist es immer zu viel. Wir müssen uns also noch den unangenehmen Spontankäufen widmen, die aufgrund von Gier, Jiepern und Verlangen getätigt werden.

Supermärkte sind schon fies. Snacks aller Sorten und Arten sind im Supermarkt allgegenwärtig. Selbst wenn man ihnen aus dem Weg gehen möchte, gibt es kein Entkommen. Man läuft zielstrebig durch die Gänge, versucht Verlockungen zu vermeiden. Und doch landet man immer wieder an den Ständen, Aufstellern und Regalen mit den süßen und salzigen Sünden.

Unsere Augen sind einfach Verräter. Sie entdecken etwas, sagen umgehend dem schwachen Teil des Vorderhirns Bescheid. Dann werden Kindheitserinnerungen aktiviert oder Kaufstimmung entfacht. Ein Blickkontakt genügt, schon werden all die guten Vorsätze rund um Gesundheit, Sparsamkeit und Abnehmen zunichte gemacht. Blitzschnell verbünden sich auch noch die Gliedmaßen mit den übrigen Konspiranten. Beinahe unbemerkt landen Schokolade, Chips, Salzstangen, Pralinen, Fruchtgummi oder deren Verwandte im Einkaufswagen.

Es gibt ein paar Strategien, wie man es schafft, ungewollte Produkte links liegen zu lassen. Zu lange standest du auf verlorenem Posten, jetzt trifft die Verstärkung ein!

Es empfiehlt sich, satt gegessen einzukaufen.

Die erste Taktik besteht darin, den Feind zu schwächen. Es können jegliche Gelüste durch einen gestillten Bedarf im Keim erstickt werden.

Jeder weiß, wo die Besuche im Supermarkt enden, wenn man Kohldampf schiebt: Am Band der Kasse neben einem Berg von Lebensmitteln. Der Großteil war nicht eingeplant, ist auch nicht zu rechtfertigen, aber man hatte sooo Lust darauf.

Wenn man sowieso Hunger hat, wird das Knurren des Magens zu Anfeuerungsrufen für Spontankäufe. Ist der Bauch hingegen voll, wird es unwahrscheinlicher, auf dumme Gedanken zu kommen.

Nun ist dein Terminplaner leider keine Eintrittskarte zu einem Wunschkonzert. Nicht immer lässt es sich pappsatt nach einem Drei-Gänge-Menü einkaufen. Bevor du hungrig einkaufen gehst, kannst du aber Erste

Hilfe leisten. Es ist grundsätzlich empfehlenswert, Proviant für den Fall der Fälle dabei zu haben, dies setzen wir daher für den nächsten Schritt voraus. Hungrig einkaufen ist definitiv ein Notfall, daher solltest du dich und deine Willenskraft vor dem Betreten des Ladens stärken.

Hast du schon eeewig nichts mehr gegessen? Kommt langsam Hunger auf? Dann wird dein Rucksack, deine Tasche oder dein Handschuhfach im Auto geplündert, bevor du den Supermarkt betrittst. Jede Nussmischung ist besser, als zuhause mit einer Tüte voll unerwünschter Lebensmittel anzukommen.

Sollte nichts Essbares greifbar sein, könntest du den Magen auch mit einer gehörigen Menge Wasser füllen. Ein voller Magen ist voll. Nur weil der Inhalt in kurzer Zeit vom Mund bis zur Blase durchgesickert ist, ändert das nichts an der Tatsache, dass du für den Moment satt bist. Gut, genau gesehen müsste man es sitt nennen, aber die Flüssigkeit erfüllt ihren Zweck. Zudem kommt ein wenig Aufregung ins Leben. Es beginnt ein Spiel gegen die Zeit: Wann ruft die Natur zum stillen Örtchen? Bonuspunkte gibt es daher auch noch, du verbringst nämlich garantiert nicht zu viel Zeit im Laden.

Es empfiehlt sich, Körperkontakt mit den Fettpolstern aufzunehmen.

Durch vollen Körpereinsatz lässt sich so mancher Lustkauf vermeiden. Falls du deinem Übergewicht den Krieg erklärt hast, gibt es ein sehr effektives Manöver, bei dem deine Rundungen eine Wunderwaffe sind.

Um bei dem ganzen Schabernack zu widerstehen, gibt es während dem Kampf gegen die Kilos eine idiotensichere Technik. Wenn Gelüste aufkommen, wird gehandelt. Bevor zu Schokolade, Croissants, Chips, Softdrinks und Fertigpizza gegriffen wird, kneifst du dir in die schlimmste Problemzone. Nun liegt das Ergebnis der Sünden, zu denen du just in diesem Moment greifen willst, auf der Hand.

All das überschüssige Fett ist das Resultat dieser Produkte!

Es ist Zeit, einen Moment inne zu halten und sich zu fragen: *Will ich jetzt wirklich noch mehr Schokolade, Croissants, Chips, Softdrinks und Fertigpizza kaufen? Will ich wirklich noch eine Schicht auf dieses Fettpolster legen?* Nachdem man sich klar gemacht hat, dass all das Elend von diesem Zeug kommt, fällt es leichter die Finger aus dem Regal zu lassen. Ein beherzter Griff in die Fettwampe bewahrt vor so manchem Fehlkauf mit fettigen Folgen.

Es empfiehlt sich, einen Vertrag mit sich selbst zu unterzeichnen.

Der Einkaufszettel gehört zur Grundausrüstung des Widerstandskämpfers. Wenn du dich auf den Einkaufszettel konzentrierst, wirst du es schaffen, ohne Kollateralschäden einzukaufen. Der Einkaufszettel ist dein Schlachtplan. Trotz all der Verlockungen verbietet es sich, davon abzuweichen.

Statt Augen zu und durch gilt, Augen runter und vorbeischlängeln!

Der Einkaufszettel ist eine ganz genaue Anweisung, was eingekauft wird. Was auf dem Einkaufszettel steht, wird in Korb, Tasche oder Wagen gelegt. Nicht mehr und nicht weniger! Versuchungen werden kategorisch abgelehnt, weil sie eben nicht vertraglich festgelegt sind. Man kommt ja auch nicht auf die Idee, mit zwei Autos loszufahren, wenn man beim Händler die Unterschrift für ein Fahrzeug gesetzt hat.

Es empfiehlt sich, nur Geld für das Nötige mitzunehmen.

Gelüste betreiben Terror, daher darf man ihnen mit psychologischer Kriegsführung begegnen.

Wenig Geld sorgt dafür, dass man sich keinen Schund leisten kann. Das Unangenehmste, was einem beim Einkaufen passieren kann, ist an der Kasse zu stehen, bezahlen zu wollen, aber nicht zu können.

Jegliche Gelüste sind nicht mehr relevant, wenn die Furcht besteht, nicht alles bezahlen zu können. Um in keine Gefahrenlage zu gelangen, wird die Gruppenstärke dezimiert. Du nimmst also nur so viel Bargeld mit, damit es für die Posten deiner Einkaufsliste ausreicht.

Da durch uneingeplante Extras die Wahrscheinlichkeit zu groß wäre, sich beim Bezahlen zu blamieren, reißen sich sogar die Gelüste am Riemen.

Die Warenwirtschaft.

Jetzt haben wir gedanklich viel Zeit im Supermarkt verbracht. Das Ende ist nah, damit sollten wir auch schon im Kassenbereich angekommen sein.

Dass die überteuerten Einzelartikel nichts für sparsame Minimalisten sind, ist klar, oder? Einzelne Packungen Kaugummis, Schokoriegel oder kleine Schnapsflaschen müssen wahrlich nicht sein, dafür sind wir zu geizig. Hier fallen trotz des minimalen Formats nämlich gewaltige Aufschläge an. Alles, was es im Umfeld der Kasse gibt, kann mit einem viel besseren Preis-Leistungs-Verhältnis im Markt gefunden werden.

Auch das Fach unter dem Kassenband ist Tabu. Selbstverständlich kaufen wir keine Tüten, ganz egal aus welchem Material sie sind. Tüten hat jeder bergeweise zuhause. Es muss vor dem Einkaufen nur dran gedacht werden. Widerworte zählen nicht, denn für eine gefaltete Tüte ist überall Platz.

Ausreden zählen leider auch nicht, weil es immer einen Ausweg gibt. Falls du deine Tüte vergessen hast, kannst du zum Kleinstkriminellen werden. Die kleinen Tüten in der Abteilung von Obst und Gemüse eignen sich auch für den Transport von anderen Waren.

Was ist nur aus mir geworden!? Nun gebe ich dir tatsächlich eine Anleitung zum Diebstahl. Gut, es ist eher eine Beichte. Genau genommen macht das die Sache aber noch schlimmer.

So gehe ich auf Raubzüge: Ich reiße eine Tüte ab, dann streune ich eine Runde durch die Obst-Gemüse-Abteilung und tue so, als würde ich etwas suchen, womit ich den Beutel füllen kann. Welch eine Überraschung: Fehlanzeige! Enttäuscht und tieftraurig stecke ich die Tüte in die Hosentasche, freue mich jedoch insgeheim über die Errungenschaft. Klar, es ist nicht sonderlich vornehm, mit so einer gefüllten Klarsichtfolie nach Hause zu stiefeln. Solch ein Gang der Scham ist aber immer eine Lektion. Beim nächsten Einkauf denkst du mit Sicherheit an deine Tasche. Zuhause wird die Beute als Müllbeutel wiederverwertet, dann hat sich das mit dem schlechten Gewissen auch wieder erledigt.

Apropos Abfall. Einen Teil des Mülls kann man direkt im Laden lassen. So spart man sich und den Verpackungen viele Wege und Schritte. Wieso sollte man die unnötigen Verpackungen nach Hause schleppen, um sie von dort kostspielig abholen zu lassen?! Bevor du den Laden verlässt, darfst du grob aussortieren. Ohne die ganzen Umverpackungen ist der Transport viel einfacher. Wer konsequent aussortiert, kann in einem weiteren Schritt möglicherweise bald eine kleinere Mülltonne benutzen. Das würde das Leben nochmal günstiger machen.

Zeit sparen bei der Hausarbeit
oder es macht sich von allein.

mehr Zeit

Obwohl es morgens früh zum Klotzen rausgeht, heißt das nicht, dass nach Feierabend gekleckert werden kann. Kaum ist man zuhause geht es mit den Arbeiten weiter.

Ein saftiges Stück der frei verfügbaren Zeit wird bei den Aktivitäten in dem und um den Haushalt verplempert. Putzen, Aufräumen und Konsorten sind leider notwendige Übel, um nicht die psychische Abwärtsspirale herunterzukullern oder ins gesellschaftliche Abseits gedrängt zu werden.

Da dieser Arbeitsaufwand komplett von deiner Freizeit abgeht, ist es wichtig zu schauen, dass die Sache mit dem *bisschen Haushalt* und den kleinen Dingen des Lebens nicht aus den Fugen gerät.

Bevor es ein paar Tipps und Beispiele gibt, kommt ein genereller Denkanstoß. So sei dir gesagt, dass ein kleineres Haus oder eine bescheidenere Wohnung sowie weniger Besitz auch weniger Hausarbeit bedeuten. Stell dir beispielsweise deinen Abwasch vor, wenn du nur ein Teil von allem hast: ein Löffel, ein Glas, ein Teller, ein Messer, ein Topf. Ein Klacks! Gut, ich übertreibe wieder ein wenig. Dennoch: Wer weniger Fläche und Dinge verwalten muss, hat ganz einfach weniger Aufwand. Daher empfehle ich dir an dieser Stelle nochmal nachzuschauen, was du entrümpeln kannst.

Alles an Ort und Stelle.

Wenn alles dort ist, wo es immer war, erhöht sich die Chance, dass man die gewünschten Sachen blitzschnell findet. Ich will nicht wissen, wie viele Stunden meines Lebens ich mit Suchen vergeudet habe. Ja, auch das gehört ins Feld der Hausarbeit. Oder macht dir das Suchen etwa Spaß? Wenn man es eilig hat, verschwinden Sachen scheinbar aus Prinzip. Und während der Arbeiten, zu denen man sich mühsam aufgerafft hat, verstecken sich Dinge wie Locher und Tacker wahrscheinlich nur, um einen zu ärgern.

Dabei ist die Lösung so einfach! Ab sofort gibt es einen Stammplatz. Genauer gesagt, gibt es sogar sehr viele Stammplätze, da sich in deinem Haushalt sehr viele Dinge befinden. Alles kommt hin, wo es hingehört. Bei den alltäglichen Dingen des Lebens bricht man sich auch als Freigeist keinen Zacken aus der Krone, wenn man *einen* Aufbewahrungsort festlegt.

Schlüssel kommen ans gleichnamige Brett, der Geldbeutel in die Schale auf dem Tisch, der passende Deckel steht auch im Schrank auf seinem Topf.

Sowohl das Herumirren bei der Suche nach Dingen als auch das ständige Einräumen und Ausräumen von Regalböden, bis man endlich den gewünschten Gegenstand erwischt hat, sind vermeidbare Zeitfresser. Es sind vielleicht nicht Stunden, aber diese Minuten kumulieren sich zu einer wahren Vergeudung. Deren Summe fehlt dir dann möglicherweise, um Auszeiten nehmen zu können, wenn du sie brauchst.

Erledigen, wenn es anfällt.

Vielleicht gibt es auch bei dir einen Haushaltsplan. Ich will die Pläne nicht verteufeln, da sie Struktur ins Leben bringen und es ein schönes Gefühl ist, wenn man seinen Teil hinter sich hat. Der größte Vorteil eines Haushaltsplans ist die Erinnerung: Jetzt wird *das da* erledigt. Die Folge ist, dass man nichts vergisst und die Ordnung immer ein gutes Niveau hat. Der größte Nachteil: Man verrichtet etliche Arbeiten ohne Not.

Mein unkonventioneller Vorschlag ist: Verzichte auf den Haushaltsplan. Die Arbeit wird minimiert, wenn du mit offenen Augen durchs Leben gehst. Wenn etwas gemacht werden muss, sieht man das ja. Es macht einen Unterschied, ob man Zeit investiert, um hinters Haus zu gehen, um den Mülleimer zu leeren, weil er voll ist oder diese Arbeiten erledigt, weil es auf dem Plan steht. Gleichermaßen kann man die Küche dann putzen, weil sie in Benutzung war und sie es nötig hat, statt die Ansage des Plans als Anlass zu nehmen.

So manch ein Haushaltsplan sorgt dafür, dass man Dinge erledigt, die noch nicht notwendig sind.

Minimaler Aufwand.

In diesem Sinne ist es auch Zeit fürs Lockermachen.

Ich will dir nicht raten, dass du es dreckig halten sollst. Aber! Es gibt einen Unterschied zwischen *ordentlich und sauber* sowie *rein und hygienisch*. Auch wenn deine Mutter mich für diese Aussage am liebsten steinigen würde: Wenn es die Gelegenheit gestattet, kann man auch mal einen Gang zurückschalten. Manche Aktivitäten im Haushalt kann man auch mit halbem Elan abfertigen, ohne zum Messie oder Schluri zu werden.

Klar, im Haushalt gilt: Es muss gemacht werden, was gemacht werden muss. Für die Kür bekommst du allerdings nur einen Preis, wenn deine Eltern vorbeikommen. Dann kommt von Mama nämlich so ein typisches Mutterkompliment: *Dass es bei dir so sauber ist, hätte ich echt nicht gedacht!* Gib dir Mühe, wenn es sich lohnt, hol dir Lob ab, wenn es sich rentiert. Picobello ist schön, wenn man dafür Zeit hat. Doch ein blitzblankes Grundniveau erfordert leider viel Arbeit, deren Überstunden dir niemand bezahlt.

Dinge, die keinen spürbar negativen Effekt haben, kann man auch mal aufschieben. In allen Bereichen des Lebens kann man mal etwas stehen und liegen lassen. Du bist nicht verpflichtet, alles immer ordentlich abzuarbeiten. Wir leben in einem freien Land, wenn man sich an die Regeln und Gepflogenheiten hält. Wenn nur du und deinesgleichen die Konsequenzen deiner Faulheit sehen, ist es wie mit dem Baum, der nicht umfällt, weil niemand ihn hört.

Kleidung.

Das Thema Kleidung muss ich auch hier nochmal aufführen, weil es so viele Zeiteinsparungen ermöglicht.

Wenn man ohnehin geduscht ist, sind frisch gewaschene Klamotten quasi Perlen vor die Säue. Nachdem man nach Flecken geschaut und nach Gerüchen geschnüffelt hat, nebelt man sich im Zweifelsfall mit Deo ein und läuft anschließend durch eine Wolke Textilerfrischer. Damit ist die nächste Waschladung ein Stück weit ferner. Wäsche wird gewaschen, wenn sie schmutzig ist.

Auch den Waschtag kann man sich einfacher machen. Die absolut widerwärtigsten Zeitfresser sind in meinen Augen Strümpfe. Ich kriege jetzt noch wässrige Augen, wenn ich an die Verzweiflung zurückdenke, als ich in meiner Kindheit am Waschtag die Sockenpaare für die ganze Familie zusammensuchen musste. Und da wird behauptet, dass es in Deutschland schon lange keine Kinderarbeit mehr gibt! Gibt es eine sinnfreiere Beschäftigung, als mit Strümpfen Memory zu spielen? Sorgen wir für Gleichmacherei. Wer beispielsweise nur Socken eines Modells besitzt, muss nie wieder sortieren und suchen. Auch das Zusammenlegen fällt weg, man muss in seiner Schublade ja nur nach zwei Teilen greifen.

Bügeln? Du kannst dir vorstellen, was jetzt kommt. Je nach Stil, Arbeitgeber oder Anlass lässt es sich möglicherweise nicht komplett vermeiden. Aber dann darf man so faul wie möglich sein. Die äußerste Schicht reicht. Alles andere ist unangebrachter Perfektionismus wie säuberlich ausgewaschener Glasmüll und akkurat gefalteter Papiermüll. Wenn ein Bereich eines Kleidungsstücks unter einer anderen Textilschicht versteckt ist, darf es so faltig sein wie die Stammgäste eines FKK-Strandes.

Kurz und schmerzlos.

Hausarbeit lässt sich zwar hinauszögern, doch irgendwann muss man sich halt überwinden.

Wer die Sache kurz und schmerzlos durchzieht, hat es schneller hinter sich.

Ausruhen nach kleinen Etappen ist zwar verlockend, zögert das Leiden jedoch hinaus. Hinsetzen, Entspannen, Überwinden und Aufraffen kosten Kraft, Nerven und Zeit. Es sind wertvolle Ressourcen, die man besser dafür aufwendet, schnell fertig zu werden. Ist doch irgendwie vergleichbar mit dem Unterschied zwischen auf der Autobahn durchbrettern und sich beim Stop-and-go im stockenden Verkehr zu quälen. Beides mag zum Ziel führen, aber es liegen Welten dazwischen.

Die Zeit der Hausarbeit sollte effektiv genutzt werden, dann ist sie schnell vorbeigezogen und kann abgehakt werden. Selbst wenn man bei einer Aufgabe ausgebremst ist, hat man ja mit etlichen anderen Aufgaben gewartet. Daher gibt es immer etwas zu tun, mit dem man Zeitlücken füllen kann. Während das Geschirr einweicht, wird gesaugt. Während das Geschirr trocknet, wird die Wäsche aufgehangen.

Und die Fenster? Nächstes mal reicht auch noch. Es soll ja eh bald mal wieder regnen.

Nebenher und unbemerkt.

Damit die Aufgaben nicht über den Kopf wachsen wie die Haare eines Irokesenschnitts, und dann tatsächlich einen riesigen Zeitblock verschlingen, kann allerdings auch vorgesorgt werden.

Erledigungen, die du nebenbei und ohne nennenswerte Zeitverluste hinter dich bringen kannst, werden nicht mehr vor dir hergeschoben, sondern angepackt. Das beginnt zwar beim Abwischen des Waschbeckens und der Armaturen nach deren Benutzung, endet aber nicht beim Reinigen der Küchenleiste nach dem Kochen.

Statt sich kurz im Badezimmerspiegel zu bewundern oder gar dumm rumzustehen, wird angepackt: Lappen, Schwamm oder Schrubber. In der Küche muss man trotz all dem Multitasking immer mal wieder auf das Ende von Garzeiten warten. Und Wartezeit kann man selbstverständlich auch zu Arbeitszeit umwandeln. Wenn Gerichte vor sich hin köcheln ist man sowieso im Dunstkreis der Herdplatten gefangen, kleinere Arbeiten lassen sich dabei nebenher erledigen.

Leerlauf und Pausen (beispielsweise Werbeunterbrechungen im TV, das Warten auf Rückrufe oder die letzten paar Minuten, die man hat, bis zur Bahn gehetzt wird) kann man mit kurzweiligen Tätigkeiten füllen. So wird Staub gewischt, während dir jemand einen neuen Mopp andrehen möchte. Während du sehnsüchtig aus dem Fenster schaust und auf den Paketboten wartest, kannst du die Blumen gießen. Während du dein Wasser zum Kochen bringst, wird die Dunstabzugshaube abgewischt. Je mehr du nebenher und damit unbemerkt erledigt hast, desto weniger Zeit kostet dich die Hausarbeit effektiv.

Hilfe holen.

Selbst ist die Frau und eigen ist der Mann. Bei Unterstützung im Haushalt sind wir allerdings alle gleich: mehr Hilfe = mehr gut.

Die Anschaffung von Geräten, die das Putzen erleichtern oder sogar gänzlich übernehmen, ist auch für sparsame Minimalisten eine Überlegung wert. Die elektronischen Haushaltshilfen verringern den Stress und sparen Zeit.

Es wird kaum einen Haushalt geben, in dem kein Staubsauger zu finden ist. Staubsaugen ist schon ziemlich effizient, doch auch dabei gilt es, den Zeitaufwand zu minimieren: Gegenstände aus dem Weg räumen! Auch das Freiräumen der Bahn kann nebenher geschehen, nicht nur wenn man gleich Staubsaugen muss. Auf dem nächsten Weg in die Küche machst du aus dem Hürdenlauf eine Sprintstrecke.

Bei kleinen Singlehaushalten lässt sich das Spülen binnen weniger Minuten erledigen, bei Familien sieht die Sache natürlich anders aus. So kann eine Spülmaschine nicht nur generell eine gute Investition sein, falls bereits vorhanden, könnte sie vielleicht effizienter genutzt werden. Mit ein paar Kniffen und Griffen lässt sich mehr aus der Spülmaschine holen.

- Keinen aufwändigen Vorwaschgang per Hand am Wasserhahn erledigen. Wozu hat man die Spülmaschine denn?
- Geschirr in Formationen einräumen. Wenn man bereits beim

Einräumen die Reihenfolge des Schranks berücksichtigt, geht das Ausräumen schneller.

- Henkel von Tassen allesamt in eine U-Form einräumen, damit sie beim Ausräumen in einem Griff geschnappt werden können
- Besteck geordnet und sortiert einräumen, jede Gruppe bekommt ihr eigenes Fach.

Und das war ja glücklicherweise nur die erste Entwicklungsstufe der elektronischen Putzsklaven. Derzeit mausern sich beispielsweise Saugroboter und Wischroboter zu echten Talenten. Dabei wird es jedoch nicht bleiben. Auch andere Roboter werden immer besser. Hoffentlich wird bald der einzige Finger, den man im Haushalt krümmen muss, der auf der Fernbedienung sein.

Je mehr Zeit zwischen meinem Schreiben und deinem Lesen vergeht, desto mehr Automaten und Maschinen wird es geben, die etwas taugen. Falls dir Saubermachen kein gutes Gefühl gibt und du es dir leisten kannst, handelt es sich um gute Anschaffungen.

Es gibt natürlich auch noch eine andere Lösung. Sollte in deiner minimalistischen Bilanz das Geld eine untergeordnete Rolle spielen, sind die Dienstleistungen rund um den Haushalt prädestiniert dafür, mit Geld eine Zeitersparnis zu kaufen. Von der Reinigungskraft über die Bügelhilfe bis zum hochwertigen Essensservice lassen sich für alle Bereiche unterbezahlte Kräfte finden.

Ersparnisse oder ohne Verluste Geld sparen.

mehr Geld

Um uns nicht vollends in der traumhaften Theorie zu verlieren, gibt es jetzt ein paar praktische Anregungen, wie du im Alltag ein bisschen Geld sparen kannst. Wie es bei Anregungen so ist, sie können ins Schwarze treffen, Kopfschütteln verursachen oder irgendwo zwischen den beiden Extremen liegen.

Hoffen wir mal, dass etwas für dich dabei ist. Wir steigern uns von Minimalwerten zu größeren Summen, von ein bisschen Aufwand zu einer großen Umstellung.

Packung leer oder geht noch mehr?

Tatort: Badezimmer. Übeltäter: Zahnpastatube. Mehrmals täglich Zähne putzen, ja, das haben wir verinnerlicht. Zahncremetuben gehen daher ein und aus. Jeden Abschied kann man hinauszögern und dadurch Geld sparen, wenn man auch den letzten Tropfen herausholt.

Zahncremetuben sind schon widerspenstig. Man kann pressen und drücken wie eine Frau während der Entbindung, trotzdem bleiben riesige Reste in den Verpackungen zurück. Mir kam bisher keine Packung unter, die oben, unten und an der Seite nicht mehrere Portionen Pasta behalten hat. An diesem Verschwendungen muss ein Exempel statuiert werden! Schere raus! Wenn eine Zahncremetube vermeintlich leer ist, wird in Zukunft *schnipp, schnapp* gemacht. Die Tube wird geköpft, dann wird die Creme mit der einsatzbereiten Zahnbürste ausgekratzt, wie es Oma beim Mark der Knochen für die Markklößchensuppe macht. Okay, Okay, durch das Aufschneiden von Zahncremetuben spart man im Minimalbereich, für diese Kleinstbeträge bräuchte man ein Mikroskop. Aber manchmal geht es einfach ums Prinzip.

Bleiben wir im Badezimmer. Selbst für Naturschönheiten wie dich ist Pflege wichtig. Obwohl man trotz schütteln und quetschen nichts mehr aus den Verpackungen von Produkten wie Duschgel, Shampoo und Spülungen bekommt, heißt das nicht, dass sie leer sind. Bei solchen Packungen kann man mit Wasser nachhelfen, um den duftenden Nektar nahezu restlos verbrauchen zu können. Das geht schnell, tut nicht weh und sorgt dafür, dass die nächste Packung später gekauft werden muss. Die paar Handgriffe sind kaum der Rede wert. Die Flasche einmal aufschrauben, mit genügend Wasser für die Verdünnung füllen, schütteln, schon reicht es für die ein oder andere Anwendung, die damit quasi kostenlos ist. Das sorgt nach der ganzen Körperpflege für einen weiteren Wohlfühleffekt, denn es ist ungemein befriedigend, eine Packung wegzuwerfen, die tatsächlich leer ist.

Ein ähnliches Spiel läuft in der Küche, auch dort sind viele Behältnisse suboptimal gestaltet. Am Boden und den Seiten der Gläser befinden sich hartnäckige Überbleibsel, die einfach nicht rauswollen. Kennst du es: Du stocherst und kratzt mit deinem Messer so heftig im Einmachglas, du befürchtest, in einem früheren Leben warst du ein Messermörder. Es hat geschmeckt, also spricht nichts dagegen, die Reste der Gläser als kleine Geschmacksnote im Eintopf oder der Soße zu versenken. Ein Schuss

Wasser rein, den Deckel drauf, dann heißt es: Schüttel dich, Schätzchen! Shake it, Baby!

Behälter von Senf, Ketchup, Mayonnaise und Kollegen werden mit Gewürzen, Essig und einem Schuss Öl gefüllt. So lassen sie sich umweltschonend zu Mixern für Salatsoßen umfunktionieren.

Reste komplett aufzubrauchen funktioniert in vielen Fällen. Man muss erfinderisch werden und den Dingen die Möglichkeit geben, sich nochmal beweisen zu können. Eine zweite Chance haben Lebensmittel allemal verdient, die bekommen ja sogar Verbrecher. Ich habe mal versucht, aus einem Glas mit Nussnougatcreme und heißem Wasser eine Tasse Trinkschokolade zu machen. War nicht so lecker, doch durch den Versuch wurde ich klug und konnte nach dem einen Schluck wenigstens mit gutem Gewissen entsorgen. Sei kreativ! Bei den Experimenten hat man nichts zu verlieren. Andernfalls wären die Lebensmittelreste ja auch entsorgt worden.

Zeitschriften lesen, das ist gewesen.

Dein Sparschwein hat Untergewicht. Zeit, dass wir es mästen!

Da ich gerne schreibe, rege ich mich regelmäßig über Zeitschriften auf. Man kauft sich so ein Heft, blättert durch. Nach den ersten paar Seiten realisiert man, wie schlecht das Verhältnis von Preis zu Leistung ist. Die Hälfte ist Werbung, der Rest besteht gefühlt zu gleichen Teilen aus Fotos und Überschriften. Das muss man sich mal bewusst machen: Eine Ausgabe, deren halber Inhalt Werbung ist, kostet mehr als ein schnuckliger, kleiner Ratgeber von einem gewissen Herren Indie-Autor, der hiermit auch auf seine anderen Werke aufmerksam machen möchte. *Hust! Krächz! andersbenson.de! Kotz! Würg!* Keine Sorge, ich fühle mich beim Schreiben dieser Eigenwerbung so schlecht wie du beim Lesen.

Zurück zum Schlechtmachen der dünnen Verlagserzeugnisse. Egal, ob von mir oder anderen Autoren: Bücher sind besser angelegtes Geld, sag ich dir! Man kann Zeitschriften noch nicht mal ungelesen ins Regal stellen, um seinen Besuch zu beeindrucken. Der einzige Eindruck, den eine Ansammlung Zeitschriften machen, ist, dass es bei dir unordentlich ist. Man erzählt aus gutem Grund niemandem, welches Magazin man zuletzt gelesen hat. Zeitschriften sind so hässlich wie ich am Morgen. Sie sind zu schade zum Wegwerfen, weil sie so teuer waren. Sie sammeln Staub, weil sie zu langweilig sind, ein zweites mal durchgeblättert zu werden.

Solltest du immer noch das Trash-TV der Printmedien kaufen wollen, dürfen die Intervalle angepasst werden. Ziel muss sein, das Magazin von vorne bis hinten zu lesen. Du wirst die ein oder andere Ausgabe überspringen und damit die Gesamtkosten senken können, falls du nur kaufst, wenn du neuen Stoff brauchst, statt zu kaufen, weil es neuen Stoff gibt. Solltest du Zeitschriften-Abos haben: Kündigung. Mal ehrlich: Wie viele Zeitschriften wandern über Umwege ungelesen vom Briefkasten in das Altpapier? So etwas nennt sich rausgeschmissenes Geld!

Bei Zeitungen mag die Bilanz von Kosten und Nutzen (im hypothetischen Fall, dass man alle Artikel liest) besser sein, aber auch hier finde ich etwas zu meckern. Es dürfte kaum ein trägeres Medium geben, um Neuigkeiten zu transportieren als bedrucktes Zeitungspapier. Es sind zu viele Stationen vom Geschehenen bis zu deiner Nase hinter der Zeitung. Fazit: Die Nachrichten sind veraltet, die Preise zu hoch, die Umwelt wird belastet und es steht sowieso alles schon seit zwei Tagen im Internet.

Kostenlose Unterhaltung und Events, der Pfennigfuchs kennt's.

Auch in Sachen Unterhaltung muss man entgegen der gängigen Meinung nicht viel ausgeben. Man glaubt es kaum: Sogar Kultur gibt es kostenlos.

Zu bestimmten Terminen ist in vielen Museen der Eintritt gratis. Ein bisschen Recherche zeigt dir, ob dies am Freitagnachmittag ist, oder in deiner Region unterschiedliche Zeiten gelten. Dies kann eine gute Beschäftigung für deinen wohlverdienten Urlaub oder ein guter Grund, um früher Feierabend zu machen, sein. Es gibt sogar ganze Feiertage, bei denen man den Einlass sparen kann. Sonderveranstaltungen sind beispielsweise der *Internationale Museumstag* oder der *Tag des offenen Denkmals.* Wenn wir ehrlich sind, ist das auch gut so, sonst würden wir Kunstbanausen nie ins Museum gehen. Und überhaupt! Die Läden werden schließlich durch Zuschüsse aus Steuermitteln mitfinanziert. Da darf man den Gratiseintritt guten Gewissens nutzen und ausnutzen.

Eine weitere Option ohne Eintrittspreise an neue Einblicke zu gelangen, ist ein Tag der offenen Tür. Diese werden ständig von Vereinen, Instituten und Konsorten veranstaltet. Es handelt sich dabei quasi um Hausbesichtigungen der Extraklasse. Es kann spannend sein, wenn man sieht, was sich so alles hinter den Mauern der Gebäude, die man täglich passiert, verbirgt.

Kulturelle Abenteuerlust kommt im Normalfall nicht jede Woche auf. Es genügt daher, sie durch die diversen Gratisangebote zu stillen.

Darf es ein wenig mehr Action sein?

Kinder sind klasse! Besonders, wenn es nicht der eigene Nachwuchs ist. Ich wünschte, es gäbe einen Leihverein für Kinder, denn Eltern haben es nicht leicht, aber gut. Kinder sind ein extrem effektives Mittel, um unterhalten zu werden, auf andere Gedanken zu kommen, sich abzulenken und etwas Neues zu erleben.

Biete dich als Babysitter an, du bekommst ein kostenloses Unterhaltungsprogramm. Es ist eine kostenlose Beschäftigung, mit der man allen Beteiligten etwas Gutes tut. Die Mädchen und Jungen sind happy, weil du so cool bist. Die Eltern werden sich freuen, weil sie ihre Nervensäge für ein paar Stunden los sind. Du wirst gut schlafen, weil das Kind anstrengend war. Statt dich mit deinen Sorgen zu plagen, wirst du darüber diskutieren, warum das *jetzt genug Schokolade war*. Statt dem alten Trott nachzugehen, wirst du Lust bekommen, die Welt zu entdecken.

Falls du kleine Kinder in deinem Umfeld hast, solltest du die Zeit mit ihnen nutzen, bevor sie zu zickigen Teenagern werden. Durch die ungewohnte Verantwortung für das andere Lebewesen fühlt man sich tatsächlich anders. Kleine Mädchen und Jungen sind glücklicherweise nicht anspruchsvoll. Da geht man auf einen popeligen Spielplatz und erlebt die Zeit seines Lebens. Ein Bachlauf wird zum Abenteuer, ein Wald zur Welt der Wunder.

Ähnliches gilt für Tiere. Ein Spaziergang mit einem Hund (vielleicht sogar einem aus dem Tierheim) ist befriedigend für Körper und Seele. So muss kein Geld ausgegeben werden, um eine Auszeit vom Alltag zu bekommen. Jung oder alt, tierisch oder menschlich, es gibt viele Möglichkeiten, wie man gemeinsam für eine gute Zeit sorgen kann, ohne dass eine der involvierten Parteien das Scheckbuch zücken muss.

Genug der Nettigkeit, zum Abschluss senken wir das Niveau. Jeder kennt sie: die Feiern der Städte und Dörfer. Es ist Zeit, den Horizont zu erweitern, denn die Festivitäten müssen nicht Weihnachtsmarkt oder Lichterfest heißen, um ihnen einen Besuch abstatten zu dürfen. Wenn du deine Sturm- und Drangphase größtenteils hinter dir hast, können Straßenfeste genutzt werden, um die Dosis *Weggehen* fürs aktuelle Quartal zu bekommen. Keine Türsteher, kein Eintritt, kein Mindestverzehr und in vielen Fällen bekommt man kostenlose Live-Musik. Es ist zwar im wahrsten Sinne des Wortes kein Wunschkonzert, doch wenn man genügend Alkohol getrunken hat, klingen sogar Coverbands *echt* gut.

Du weißt ja: Egal wohin es geht, es lohnt sich vorbereitet zu sein. Auf das Fest fällst du mit zwei Bierdosen oder drei Piccolöchen ein, dann wird es ein günstiger Abend. Auch für Abenteuer am Tag kauft sich die Verpflegung für dich (und die Kinder) bei gleicher Wirkung günstiger im Discounter.

Sport statt finanzieller Selbstmord.

Klar, jetzt geht es ums Fitnessstudio.

Körperliche Ertüchtigung ist klasse. Gebühren, hinter denen Spaß mit netten Menschen steckt, sind gut investiertes Geld. Wenn du den Sport aber nur abhaken möchtest, geht es womöglich auch kostenlos.

Die monatlichen Beiträge möchte ich nicht verteufeln. Wer regelmäßig geht, bekommt etwas für sein Geld. Wer sich dort nicht wirklich wohlfühlt oder nur ein paar Alibieinheiten pro Jahr hinter sich bringt, hat allerdings andere Optionen.

Dich auf dem Laufband hinter der Glasscheibe abrackern, kommt dir vor wie brotlose Kunst auf dem Hamsterrad? Dann raus mit dir! Raus aus dem Vertrag, raus in die Natur! Die Wege in den Parks und Waldstücken sind nicht nur kostenlos, frische Luft und grüne Energie sind gut fürs Gemüt. Stufen sind deine Hürden, die Welt ist dein Parkour!

Du strapazierst lieber deine Muskeln? Auch ohne Kraftgeräte musst du dich nicht aufs Joggen oder Radeln beschränken. Viele anspruchsvolle Übungen bringst du auch auf dem Trimm-Dich-Pfad im Wald hinter dich. Dort finden sich unter anderem Reckstangen, die in Kombination mit deinem Körpergewicht jede Hantel ersetzen können. So kostet die Sporteinheit viel Kraft, war nicht umsonst, obwohl du nichts dafür bezahlt hast.

Auto fahren oder richtig sparen.

Individualverkehr und das eigene Auto, hierzu wurde an anderen Stellen schon so viel besser gewusst, man kann das Thema nicht mehr hören. Ich werde mich an diesem durchgekauten Thema nicht festbeißen, denn für viele Menschen ist das eigene Auto ein absolutes Muss, für andere die ultimative Freiheit. Wenn du Kosten und Umweltverschmutzung mit deinem Gewissen vereinbaren kannst, sei dir dein Mobil gegönnt.

Trotzdem muss in einem Ratgeber wie diesem gesagt werden: In vielen Städten ist ein eigenes Auto nicht mehr lebensnotwendig.

Carsharing ist zwar eine Geschäftsidee, der Grundgedanke aber dennoch nobel: *Wir teilen uns das Auto und die Kosten.* Vielleicht ist Carsharing auch für dich eine valide Option.

Da man mittlerweile den Großteil der Anschaffungen von den Damen und Herren in den Lieferwägen bringen lässt, sind die Einkäufe ja ohnehin handlicher geworden. Das eigene Auto könnte theoretisch öfter stehen gelassen werden, als es derzeit tatsächlich der Fall ist.

Wenn die Erledigung nicht ohne vier motorisierte Räder möglich ist, wird der Auto-Leihservice in Anspruch genommen. Vor dir liegen größere Einkäufe und längere Strecken? Dann wird kurzerhand ein geteiltes Auto gemietet. Nach dem Gebrauch gibt man die Karre direkt wieder ab, um nicht in Versuchung zu kommen, großen Plunder zu kaufen oder unnötige Spritztouren zu machen.

Es gibt weitere Vorteile, die nicht geringere laufende Kosten wie KFZ-Versicherung oder Mitgliedschaften betreffen. Man gibt nämlich auch das Risiko mit dem Autoschlüssel ab. Wenn ein Trunkenbold in deiner Straße Boxauto fährt, bist du der einzige deiner Nachbarn, der sich umdrehen und weiterschlafen kann. Du musst keine schlaflosen Nächte damit verbringen, dir Sorgen über die Reparaturkosten von Kratzern und Beulen zu machen. Oder das: Du wirst nie wieder das Gefühl haben, von einer Werkstatt über den Tisch gezogen zu werden! Woohoo!

Kein Auto bedeutet selbstverständlich auch weniger Fahrdienste. Du musst möglicherweise nie wieder Leute abholen! Wie oft musstest du in der jüngeren Vergangenheit von A nach B nach C nach A gurken, weil sich jemand zu fein für Gehen oder öffentliche Verkehrsmittel war? Deine Kosten: Sprit und Verschleiß. Dein Aufwand: Stunden über Stunden Chauffeur spielen. Der Dank: Ein in den Kragen gemurmeltes *Tschüss!* beim Aussteigen. In Zukunft kannst du mit strahlendem Lächeln und reinem gewissen auf Anfragen antworten: *Sorry, ich würde dich wunderbaren Menschen zwar liebend gerne herumkutschieren, aber ich habe kein Auto mehr.*

Kein Auto oder ein Auto? Die Antwort hängt von deinem Verhältnis von weniger räumlicher Freiheit und einem anderen Zeitaufwand zu weniger Ausgaben und weniger Verpflichtungen ab. Es muss sich rechnen und zu deinem Lebensstil passen.

Falls du dich nicht von deinem Auto trennen kannst, ist es dennoch ratsam, möglichst viele Strecken durch die Kraft deiner Gliedmaßen zu bewältigen. Dein Auto bleibt wertvoll, weil weniger Verschleiß das nun mal mit sich bringt, zudem sparst du Spritkosten. Auch deine Gesundheit wird es dir danken. Du kannst durch die zusätzlichen Fitnesseinheiten bestimmt ein paar Jahre an deine Lebenserwartung hängen. Es ist eine Situation, die nur Gewinner kennt.

Kochen oder selbst isst der Minimalist.

weniger Stress, mehr Zeit, mehr Geld

Frage: *Was gibt es heute?*

Antwort: *Einen Besuch vom Pizzaboten.*

Ist dieser innere Monolog bei dir eher Regel denn Ausnahme, musst du dir jetzt endlich mal was Neues einfallen lassen. Selbst wenn man gesundheitliche Aspekte und geschmackliche Vorlieben außen vor lässt, ist Kochen die Pflicht eines jeden Minimalistens.

Beim Essen kann gewaltig Geld gespart werden, wenn du das Ruder beziehungsweise den Kochlöffel übernimmst. Sowohl Bestellen als auch ins Restaurant gehen darf als Luxus betrachtet werden. Man hat bei beiden Vorgängen einen Leibkoch, der das gewünschte Gericht eigens zubereitet, sowie eine Bedienung, die das Essen auf zwei Beinen oder mehreren Rädern bringt. Das ist nicht so minimalistisch, oder? Das ist eher großspurig wie ein amerikanischer Interstate.

Wir müssen nicht lange um den heißen Brei herumreden, Kochen ist essenziell. Wer es noch nicht tut, sollte bei der nächsten Mahlzeit damit anfangen. Kochen sorgt für Unabhängigkeit, jedes noch so kleine Rezept ist eine kleine Unabhängigkeitserklärung.

Kochen ist einfach. Wer das hier lesen kann, schafft es mit links, etliche Gerichte pro Woche zuzubereiten. Oder als Rechtshänder mit rechts. Wenn du über Geschmacksknospen verfügst und deine Zunge einigermaßen Resonanz zeigt, wirst du es schon nach wenigen Durchgängen fertigbringen, etwas zu zaubern, das dir schmeckt.

Egal ob Fleischfan, Veganer oder Vegetarier, es braucht anfangs Willenskraft sowohl die Bestellung ruhen als auch das Fertiggericht kalt zu lassen, wenn man diese Varianten schon längere Zeit gewohnt ist. Dabei hilft es, sich auf die positiven und minimalistischen Aspekte zu besinnen: Du kannst essen, was du willst, wann du willst und wie viel du willst. Zudem liegt es größtenteils in deinem Ermessensspielraum, wie viel Geld du in eine Mahlzeit investierst.

Kochen lernen.

Der Einstieg beim Zubereiten von Nahrung darf gerne einfach, schnell und lieblos sein. Du brauchst keinen Kochkurs besuchen, musst nicht sofort zum Sternekoch aufsteigen, sondern nur das Ende deiner Faulheit beschließen.

Es beginnt quasi beim Schmieren einer Stulle und dem Anbraten einiger Eier. Schon kann man sich mit viel gutem Willen Koch schimpfen. Und dann arbeitet man sich hoch, indem die Produktpalette in die Breite wächst. Das Aneignen von Techniken und Rezepten wird danach zum fließenden Prozess. Wer ein simples Gericht drauf hat, schafft garantiert auch noch einen zweiten Gang.

Im Internet gibt es vielleicht nicht so viele Rezepte wie Katzenbilder, aber mindestens so viele wie Sand am Meer. Durch die vielen Anleitungen hat man im Nu ein eigenes Repertoire aufgebaut, und findet stets etwas Neues, wenn das Bekannte fade wird.

Oder du schlägst zwei Fliegen mit einer Klappe, in deiner Familie gibt es schließlich die beste Köchin der Welt. Wo schmeckt es denn so gut wie bei der Mama?! Beim nächsten Besuch bei oder von deiner Mutter darfst du mit ihr üben. Sie wird voll Stolz strotzen, du kannst nach dem Kleckern klotzen.

Energie sparen.

Nur wenn du selbst kochst, kannst du minimalistische Entscheidungen treffen. Mit den folgenden Anregungen kannst du die Kosten beim Kochen senken.

Der größte Kostentreiber beim Kochvorgang ist die Energie. Ganz klar: Je länger die Hitzezufuhr erfolgt, desto höher sind die Kosten. Schnelle Gerichte sorgen für geringere Nebenkosten. Den Sonntagsbraten zu schmoren wird mehr Energiekosten verursachen, als ein Ei anzubraten. Beim sparsamen Kochen sollte überlegt werden, ob man die Garzeit verringern kann, aber dennoch den gewünschten Geschmack hinbekommt.

Bei den meisten Zutaten kann die Kochzeit mit ein paar Handgriffen erheblich verkürzt werden. Bei vielen Zutaten ist es unerheblich, ob man die Lebensmittel bereits vor dem Garen oder erst auf dem Teller kleinschneidet. Einen Vorteil hat das vorgezogene Schneiden jedoch: Geschnitten wird alles schneller gar als im Ganzen. Die Hitze hat bei den kleinen Stücken in der Summe mehr Fläche, die sie angreifen kann. Als

Resultat wird die Kochzeit und damit die Dauer der notwendigen Hitzezufuhr verkürzt.

Nicht nur die Dauer der Energiezufuhr, auch die Komplexität ist entscheidend. Wenn etliche Pfannen und/oder Töpfe beheizt werden müssen, wird viel Energie benötigt. Die Rechnung ist simpel: Eine einzige Herdplatte verbraucht unterm Strich weniger als einige Herdplatten. Daraus lässt sich grob herleiten, dass einfache Gerichte für geringere Nebenkosten sorgen, weil man nicht übermäßig viele Energiequellen in Anspruch nehmen muss.

Eine effektive Sparmöglichkeit ist 1-Topf-Kochen. Dies ist am Anfang ungewohnt, aber kein Beinbruch. Da sowieso auf einem Teller angerichtet wird, kann man oft auch direkt alles in einem Topf kochen, ohne geschmackliche Einbuße einstecken zu müssen.

Das Prinzip ist einfach: Die Dinge, die am längsten garen, werden zu erst aufgesetzt. Dann geht es nach der Reihenfolge der Garzeit der Zutaten von lang nach kurz. Der Abstand sollte so gewählt werden, dass alle Bestandteile gleichzeitig gar sind. Angebraten wird bei Bedarf am Ende. Zum Schluss wird wie gewohnt abgeschmeckt und gewürzt. Durch den Einsatz eines einzelnen Topfes oder einer einzigen Pfanne hat man viele Vorteile. Wenn es möglich ist, darf man daher darauf setzen.

Es ist aber auch klar: Nicht bei jedem Rezept kann das Ein-Topf-Prinzip umgesetzt werden. Dennoch: Sehr häufig lässt sich die Zahl von Töpfen und Pfannen durch ein Kombinieren der Zutaten verringern. Dein Ergebnis ist weniger Abwasch, weniger Aufwand und natürlich weniger Stromverbrauch.

Beim Wasserbad von Lebensmitteln wie Nudeln oder Gemüse kann man diese Faustregel befolgen: Wenn etwas gekocht wird, passt man die Wassermenge dem Inhalt und nicht dem Topf an. Man benötigt selten so viel Wasser, bis der Topf randvoll ist. Es muss nur so viel Flüssigkeit erhitzt werden, wie zum Garen notwendig ist.

Ist die Hitze erstmal aufgebaut, sollte man sie sich nicht aufgrund von Neugier in Luft auflösen lassen. Für einen geringeren Energieverbrauch sorgt auch, die Hitze gefangen zu halten. Du kennst doch den Dampfschwall, der dir beim Öffnen entgegenkommt. Das ist vergeudete Energie. Die entwichene Wärme muss nun wieder generiert werden. Die Anstrengung landet auf deiner Stromrechnung. Der Deckel bleibt so lange wie möglich auf dem Topf, die Backofentür bleibt gänzlich geschlossen.

Jetzt haben wir schon recht viele Tricks für ein sparsames Kochen gesammelt. Der krönende Abschluss liegt darin, dass du kostenlos kochst. In den letzten Minuten der Kochzeit genügt es bei den meisten Gerichten, die Restwärme zu nutzen. Kurz vor dem Ende der Garzeit wird die Hitzezufuhr gekappt. Herdplatte oder Backofen sind noch heiß genug, um Sachen fertig zu kochen oder knusprig zu backen.

Arbeiten erledigen.

Kochen mag unabdinglich sein, wenn es dich als Hobby allerdings nicht tiefenentspannt, darf es schnell und zügig durchgeführt werden. Durch ein paar Kniffe lässt sich die Effektivität auch ohne Fastfood steigern.

Ja, mit Kochen sind Zeit und Aufwand verbunden. Wenn man jedoch nur die eigentliche Arbeitszeit bewertet, die aufgrund vom Schneiden, Würzen oder Umrühren draufgeht, ist es eine ziemlich schnelle Angelegenheit.

Die erste Devise lautet: Wartezeiten identifizieren, dann füllen. Die Arbeitsschritte werden deshalb nicht hintereinander, sondern in geregeltem Chaos erledigt. Falls das Kochen der Nudeln viel Zeit in Anspruch nimmt, kannst du währenddessen die Soße zubereiten, nicht vorher schon damit anfangen. So gut wie jeglicher Leerlauf lässt sich durch die richtige Reihenfolge vermeiden.

Offenes Feuer soll man zwar nie unbeaufsichtigt lassen, meist genügt es jedoch, die Töpfe im Auge zu behalten. Bei Vorgängen, die du nicht bewachen musst, kannst du auf Multitasking setzen. Nicht nur Putzen und Aufräumen sind Tätigkeiten, die man am und um den Herd erledigen kann. Mit einem Stuhl vor der Arbeitsplatte hast du sogar einen richtig ungemütlichen Arbeitsplatz, um richtig unliebsame Arbeiten erledigen zu können.

Vorkochen.

Jeden Tag frisch kochen, das ist zu lecker, um wahr zu sein. Man kann sich diesen guten Vorsatz gerne vornehmen, doch eigentlich ist es eine Lüge, die man ohne rot zu werden höchstens seinen Kollegen auftischen kann. In der Realität gibt es die Abende, an denen man weder Willens noch im Stande ist, sich eine gesunde Mahlzeit zurechtzuschnippeln.

Vorkochen ist die gesunde Vorsorge, die dich nicht zum ungesunden Improvisieren zwingt. Wenn du die nächste Mahlzeit, die sich einfach erwärmen lässt, kochst, wird die doppelte Menge zubereitet. Die Überproduktion ist dein Notnagel, wenn du weder Willens noch im Stande bist, dir eine gesunde Mahlzeit zurechtzuschnippeln. Wurde dieses Essen portionsweise eingefroren, hast du immer eine heiße Alternative zum lauwarmen Fastfood.

Manchmal ist das Auge aber auch einfach übermütig und überschätzt die Kapazitäten des Magens. Du wirst diesen Spruch schon gehört haben: *Ihr bleibt alle am Tisch sitzen, bis die Teller leergegessen und die Töpfe ausgekratzt sind!* So oder so ähnlich schnauzte auch bei dir der Feldwebel, äh, die Mama, früher vom Ende der Tafel. Nun sind wir alle groß, und wissen es besser. Erstens macht überfressen dick, zweitens kann man Mahlzeiten auch ganz einfach wieder aufwärmen.

Neben dem klassischen Vorkochen ist daher auch das Sammeln von Resten empfehlenswert. Wenn eine Portion überbleibt, landet sie mit einer ordentlichen Beschriftung (Inhalt und Datum) im Tiefkühler. Wenn du keine Lust auf Kochen hast, gibt es Mini-Buffet. Auch viele kleine Reste ergeben ein großes Ganzes, das sättigt.

Reste verwerten.

Das war jetzt so viel trockene Theorie, dir läuft bestimmt das Wasser im Mund zusammen?! Da wir gerade dabei sind, machen Reste nun den Anfang. Jetzt darfst du dir was Leckeres zubereiten! Aber erst nachdem du tief in deinen Schränken abgetaucht bist.

Du lagerst so viel Dosen, Kartons und Tüten, die beim nächsten Umzug oder einer größeren Entrümpelungsaktion in der Tonne landen würden. Lebensmittel wegwerfen, das ist Verschwendung pur. Für Minimalisten also ein Unding. Ab und an sollte man seine Vorräte aufbrauchen, denn im Laufe der Zeit sammelt sich so manches Produkt, das man nicht mehr auf dem Schirm hat.

Und wie es der Zufall so will, ist heute ein guter Startschuss, um deine Vorräte aufzubrauchen.

Endlich kannst du mal kreativ werden und kombinieren wie Sherlock: Passt eingelegter Kürbis zu Tomatensuppe? Schmecken angebratene Semmelknödel mit Spiegelei? Für jede Konserve, für jede Packung und für jede Mischung lässt sich eine Verwendung finden. Es ist bestimmt nicht jedes mal ein Gaumenschmaus, aber bevor du meckerst, kann ich dir unter die Nase halten, dass du an dieser Misere selbst schuld bist. Du hast dir das Spargelcreme-Süppchen nicht nur eingebrockt, du hast es sogar eingekauft.

Man gewöhnt sich ans Verbrauchen. Falls dir die Lust auf Ladenhüter vergeht, machst du dir bewusst, dass du quasi kostenlos isst. Denn seien wir ehrlich: Unter normalen Umständen hättest du die Ware sowieso nicht mehr verarbeitet.

Ziel ist, all die Überbleibsel, die man irgendwann mal vor lauter Gier und Heißhunger gekauft hat, zu verbrauchen. Und dass du mir nicht den einfachen Ausweg einschlägst! Bevor etwas weggeworfen wird, gibt es den Augen- und danach den Riechtest, falls Lebensmittel als abgelaufen deklariert sind.

Wahrscheinlich wird dir spätestens bei diesem Hinweis der Appetit vergangen sein. Wenn sich dir bei dem Gedanken an die bevorstehenden Konservenkompositionen der Magen umdreht, habe ich die Lösung: Geh eine Runde spazieren! Hunger ist der beste Geschmacksverstärker der Welt.

kleine Ausgaben des Alltags
oder das braucht kein Mensch.

mehr Geld

Obwohl sich viele Menschen größere Ausgaben verkneifen können, weil ihnen der Batzen zu teuer ist, geben sie immer wieder kleine Beträge für sinnlose Anschaffungen aus. Nicht nur die großen Brocken bringen dich vom Ziel der minimalistischen Finanzen ab. Die vielen kleinen Ausgaben sind der Sand im Getriebe, der dich früher oder später ausbremst.

Jetzt wird ein Snack zum Wucherpreis gekauft, gleich gibt es ein überteuertes Getränk, später wird beim Billigladen ein Billigteil aus Plastik erstanden. Hier ist es ein bisschen, dort ein wenig, da nicht viel. Über die Zeit und in der Summe hat man dann sogar viel mehr für viel weniger ausgegeben, als es bei dem Batzen der Fall gewesen wäre.

Das Leben eines sparsamen Minimalisten besteht selbstverständlich nicht daraus, dass man sich nichts mehr gönnen darf. Das Problem der meisten kleinen Ausgaben, die nebenher geschehen, ist jedoch, dass sie unbefriedigend sind. Man bekommt zu wenig für sein Geld, man trifft keine durchdachte Entscheidung, sondern konsumiert eher nebenher. Man macht ein Geschäft, bei dem man nichts gewinnt.

Im Kleineren und unterwegs finden zu oft ungewollte Käufe statt, für deren Gesamtwert man sich etwas richtig Tolles erlauben könnte. Auch Minibeträge bestehen aus Geld, das man an anderer Stelle besser nutzen könnte. Versuchen wir also, aus dem Teufelskreis der kleinen Ausgaben, die weder überlebensnotwendig noch nachhaltig sind, auszubrechen.

Jede Ausgabe muss überprüft werden, auch wenn der Betrag überhaupt nicht wehtut. Auch eine kleine Ausgabe lohnt sich nicht, wenn du das jeweilige Bedürfnis später nicht nur günstiger, sondern auch besser stillen kannst. Je regelmäßiger solche Kleinbeträge gezahlt werden, desto dringender ist die Überprüfung. Wenn du dich fragst, was du überhaupt von diesem oder jenem hast, wirst du dir einiges verkneifen und zu einer besseren Alternative greifen können.

Konsumdiät.

Man hat sich über die Jahre angewöhnt, dass man bei bestimmten Situationen den Geldbeutel zückt. Das könnte man durch eine Hauruck-Aktion abstellen und einfach nichts mehr kaufen. Oftmals ist es jedoch einfacher und motivierender, die Ausgaben herunterzuköcheln. Eine größere Veränderung geschieht so als Ergebnis vieler kleiner Umstellungen.

Aus vielen kleinen Ausgaben am Tag sollen wenige werden. Man muss sich dafür Dinge, an die man sich gewöhnt hat, verkneifen. Das ist ungewohnt, das macht keinen Spaß, aber es ist der erste Schritt zu einem Leben ohne sinnlose Geldverschwendung.

Nehmen wir mal ein Szenario: Die erste Etappe auf der Arbeit ist geschafft. Wie üblich triffst du dich in der Mittagspause mit deiner Freundin vom Büro gegenüber auf einen Kaffee. Ihr habt beide Gesprächsbedarf. Beim namensgebenden Getränk bleibt es aber nicht. Wie ferngesteuert tauschst du einen Geldschein gegen Becher, was zu Essen und ein paar Münzen Rückgeld. Ihr sucht euch ein abgelegenes Plätzchen, schon geht es an den Sinn der Sache: Sie lästert über ihren Chef, du klagst dein Leid. Das Gekaufte ist höchstens Nebensache.

Die gesuchte Umstellung soll für weniger Ausgaben bei gleichbleibendem Ergebnis sorgen. Das Treffen steht nicht zur Disposition. Den Plausch mit deiner Freundin willst du dir zurecht nicht nehmen lassen, er bereichert dein Leben. Der Schnack mit der Freundin ist ein Muss für dein seelisches Gleichgewicht. Da der Kaffee noch ein großer Bestandteil des Rituals ist, wird er bei der ersten Umstellung nicht angetastet. Der Snack ist dagegen nur Beibrot, das die Situation nicht verbessert. Dieses unnötige Essen, diese überflüssige Ausgabe wird gestrichen wie nach dem Verputzen! Unterm Strich werden sich die paar Euro an den dutzenden Werktagen zu einem ganzen Batzen summieren.

Schritt für Schritt lassen sich deine Ausgaben senken. Du brauchst dafür nur einen einzigen wachen Moment. Und das ist der Augenblick vor dem Bestellen. Mit der Zeit kommt dann jeweils eine weitere kleine Umstellung. Es gibt glücklicherweise etliche Möglichkeiten, durch die man diese Art von Konsumentzug vollziehen kann.

Bisher gab es das große Kaffeemischgetränk und ein süßes Teil, jetzt gibt es einen mittleren Becher und ein süßes Teil. Nachdem du dich an diese Version gewöhnt hast und es dir nicht mehr wie das Sparprogramm vorkommt, geht es weiter. Dann trinkst du den Kaffee leer, doch nimmst dir die Hälfte der Zuckerbombe als Nachtisch mit nach Hause. Bald sagst du dir und deiner Freundin, dass dir das Getränk eigentlich reicht. Möglicherweise bestellst du irgendwann nicht mal mehr den kleinen Kaffee, weil ihr euch nicht auf einen Kaffee, sondern zum Quatschen trefft.

Fast jede kleine Ausgabe lässt sich durch eine effektivere ersetzen.

Irgendwann hat man seinen Alltag soweit verändert, dass es nichts mehr zu optimieren gibt. Kaffee aus der Thermotasse und mitgebrachtes Brot, verringern die Gesamtkosten erheblich, das Erlebnis kann jedoch gleich bleiben, wenn man nichts vermisst. Möglicherweise trinkst du ohnehin lieber Kamillentee, dann erfährst du sogar eine Verbesserung.

Ähnliches Beispiel, anderer Standort. Nun bekommen die Männer ihr Klischee. Dabei machen wir aus der kultigen FDH-Diät: Aus zwei mach eins. Wenn *Friss die Hälfte* zu einer Abnahme führt, muss kauf nur eins auch zu einer Ersparnis führen, oder? Sich von zwei Ausgaben eine zu verkneifen bedeutet eine deftige Ersparnis, obwohl man trotzdem noch mitten im Geschehen ist. Es lassen sich enorm viele Ausgaben durch ein wenig Disziplin einstellen. Dabei muss man nur kleine Schrauben verstellen.

Spieltag. Zum Besuch im Fußballstadion gehören Bier und die Portion Pommes beziehungsweise die Stadionwurst. Ja, der Fettgeruch mag verlockend riechen, aber auch ohne das ungesunde Essen wird das Fußballspiel zu guter Unterhaltung. Das Ergebnis ähnelt sich, ob du nun Geld für überteuerte Speisen und Getränke liegen lässt oder nicht.

Nun kann es sein, dass man sich ein Spiel schön saufen muss. Das Bier darfst du dir also auch beim 2-zu-1-Prinzip geben. Eine Ausrede, sich nicht einfach davor oder danach günstiger sowie besser zuhause satt zu essen, gibt es dagegen nicht. Sieh das Bierglas halbvoll: Wenn du unterwegs Gelüste bekommst, wird es zuhause noch besser schmecken. Hunger ist der beste Geschmacksverstärker.

Sieh es sportlich: Wenn du kurz nach Anpfiff der zweiten Halbzeit die Hände frei und den Mund leer hast, kannst du den überbezahlten Millionären auf dem Spielfeld so richtig Dampf machen. Vielleicht werden es dann ja drei Punkte. Der eine mickrige Zähler bringt die Mannschaft in der Tabelle ja sowieso nicht weiter.

Bei etlichen der kleinen Ausgaben erreicht man eine Verringerung der Summe, ohne eine Verminderung der Lebensqualität zu erfahren. Diese Ausgaben kann man sich sparen, weil das Geld an anderer Stelle ganz einfach viel besser Verwendung finden kann.

Alternativen.

Man darf sich auch mal wieder ins Gedächtnis rufen, dass Geld zwar wichtig ist, aber nicht Bestandteil eines jeden Augenblicks sein muss. Bei vielen Gelegenheiten wird eine kostenpflichtige Variante gewählt, obwohl es dafür keinen guten Grund gibt.

Geld ausgeben ist manchmal nur Zeitvertreib. Man möchte seine Freizeit nutzen, auf andere Gedanken kommen und neue Eindrücke gewinnen. Du könntest deshalb einfach etwas suchen, das interessanter ist, als Geld auszugeben. Falls du die Welt vor lauter Läden nicht mehr siehst, muss eine andere Betrachtungsweise her. Es braucht dabei nur Ablenkung von der Ablenkung, die konsumieren in dem Moment darstellt.

Wenn du durch die Straßen schlenderst, könntest du dich auf die Gebäude konzentrieren und nicht von den Schildern und Schaufenstern anfixen lassen. Dies ließe sich mit einem kostenlosen, interessanten Hobby anstellen: Sightseeingtour. Erkunde deine Stadt, als wärst du ein Tourist. Man entdeckt immer wieder eine Kirche oder eine Ruine, die spannender ist als die Auslage eines Ladens. So könntest du tolle Gebäude fotografieren und direkt auf einen Account der sozialen Medien laden. Ich verspreche dir, dass ich dir vielleicht folge!

Wichtig ist das Bewusstsein, dass man nicht immer Geld ausgeben muss. Geld ist Mittel zum Zweck. Wenn die Ausgabe zwecklos ist, darfst du mittellos sein.

Versuchungen.

Du kannst dich allerdings auch vor jedweder Bredouille bewahren. Unterwegs gibt es so viele Versuchungen, so viele Angebote, es ist verständlich, dass man da schwach wird. In vielen Fällen ist es ein wirksamer Selbstschutz, wenn du dein Geld zuhause lässt. Es ist kein Beinbruch, im Alltag leichter zu reisen.

Was kann schon Unerwartetes passieren, bei dem du nicht später bezahlen könntest? Ein Schwächeanfall? Jeder Taxifahrer wird bereitwillig vor deiner Tür warten, bis du das Geld aus deiner Wohnung geholt hast. Sollte der Ernstfall das gebrochene Bein sein, wird dein Bargeld auf der Liste der Prioritäten ziemlich weit unten sein.

Wenn du keine Chance hast, den Versuchungen nachzugeben, wirken sie überhaupt nicht mehr verlockend. Wer kein Geld dabei hat, spielt nie mit dem Gedanken, sich jetzt etwas kaufen zu wollen.

Umdenken.

Für gewisse Sachen gibt man Geld aus, weil man das eben so gelernt hat. Aus Bequemlichkeit wurden diese kleinen Ausgaben beibehalten. Nehmen wir wieder ein Beispiel, um die Sache zu verdeutlichen.

Es ist Samstag, es ist Zeit für einen Familienausflug in die Stadt. Deine Eltern sind bei diesen Gelegenheiten immer ins Parkhaus gefahren. Es wurden etliche Münzen für das Privileg nicht laufen zu müssen gezahlt. Also ziehst auch du dir ganz automatisch die Tickets aus dem Automaten. Allerdings gibt es etwas abgelegen genügend kostenlose Parkmöglichkeiten. Wenn man sich Parkgebühren oder Kurzstreckentickets der öffentlichen Verkehrsmittel spart, wird es ein günstiger Ausflug. Die paar Meter zusätzlich sind bei einem Stadtbummel nun wirklich nicht mehr erwähnenswert. Die Dauer des Spaziergangs kannst du sogar von der Zeit abziehen, die du zwischen Kleiderstangen und vor Umkleidekabinen verbringen musst.

Durch Umdenken und der Suche nach Alternativen lässt sich in vielen Lebensbereichen Geld sparen. So gilt es im Dunstkreis all der Geschäfte, dich in Willensstärke zu üben. Hoffentlich hast du in Sachen Verpflegung vorgesorgt, und mehr als nur die Grundausrüstung von Nussmischung und Wasserflasche in deinen Rucksack gepackt. Dann sind Ausgaben aufgrund von Hunger oder Gelüsten schon mal abgehakt.

Da Spontankäufe Gift für sparsame Minimalisten sind, drehen wir den Spieß um. In den Läden kreisen deine Gedanken nicht um dich, sondern um deinen Anhang. Werde zu der Art von Shoppingbegleitung, der es reicht, den Mitmenschen Dinge schönzureden. Falls du mit deiner BFF (an alle Omas und Opas: Das steht für Best-Friend-Forever.) unterwegs bist, steht sie in den Läden im Vordergrund und vor den Spiegeln. Du darfst dich währenddessen in den Komplimenten üben, die du selbst gerne hören würdest. *Das steht dir sooo gut, macht echt eine gute Figur.* Du wirst die Konsumversion eines Feeders und ersetzt deinen Kaufhunger dadurch, dass du anderen beim Shoppen zuziehst und ihnen Käufe einredest.

Das Umdenken bei den kleinen Ausgaben funktioniert, wenn du dich fragst, wie du das beste aus der Situation machen kannst, ohne Geld auszugeben. Es findet sich dadurch so manche Lösung, die dein Leben angenehmer macht, weil die minimalistischen Entscheidungen im Einklang mit deinem Lebensentwurf sind.

Kleine Ausgaben, die keinen Mehrwert bringen, sollten zu *keine Ausgaben* werden.

Tagesablauf straffen oder Kostbarkeit des Alltags.

weniger Stress, mehr Zeit

Der Alltag fließt so vor sich hin. Aus heute wird gestern, morgen wird auch bald vergangen sein. Doch: Dein Alltag ist ein wichtiger Teil vom großen Ganzen, der auch mal beleuchtet werden muss. Denn: So, wie du deine Zeit regelmäßig verbringst, lebst du. Dein stinknormaler Alltag ist das Skelett deines Lebens.

Im Laufe der Jahre hat sich dein Alltag auf *diese* Art und Weise eingespielt. Falls du unzufrieden bist, ist die Wahrscheinlichkeit hoch, dass du mit deinem Alltag nicht im Reinen bist.

Jetzt ist der Zeitpunkt, um sich die Kostbarkeit des Alltags bewusst zu machen. Er ist alles, weil ohne ihn kein geregeltes Leben stattfinden kann. Die Zeit deines Alltags sollte daher so optimiert werden, bis du damit zufrieden bist. Ja, das Leben ist kein Wunschkonzert, dennoch müssen deine Interessen und Wünsche nicht die zweite Geige hinter all den Terminen und Verpflichtungen spielen.

Um das Kuddelmuddel deines Tagesablaufes zu entwirren, ist es empfehlenswert in Abschnitten zu denken. Wenn man den Tagesablauf in Form von Zeitblöcken sieht, fällt es mental einfacher, Veränderungen vorzunehmen. Wir werden daher in diesem Kapitel zu Blockköpfen wie LEGO-Figuren. Der Umgang mit den Zeitblöcken ähnelt dem Auto beim Umzug.

Es gibt nur begrenzt Platz beziehungsweise Zeit. Ungenutzter Raum in Form von Zeitverschwendungen sollte vermieden werden.

Unnötiges wird deshalb nun aussortiert.

Die Ausgangslage.

Jetzt bist du wieder gefragt. Erstmal müssen wir schauen, wie dein Tagesablauf aufgebaut ist. Dabei gibt es eigentlich nur eine Frage zu beantworten: Was tust du regelmäßig an einem ganz normalen Tag, während der Morgen zum Abend wird?

Schreibe auf, wie du deinen Tag verbringst. Du kannst eine Tabelle anlegen, auf der jede längere Einheit ihre eigene Zeile bekommt, und daher als Zeitblock gewertet werden kann.

Wenn wir uns mit dem Ist-Zustand befassen, sind Details das Salz in der Suppe. Nur so lassen sich mögliche Zeitersparnisse entdecken. Je länger deine Liste ist, desto einfacher wird es anschließend, schließlich gibt es mehr Punkte, die sich streichen oder verschieben lassen.

Beispiele sind wieder schwer, da du bekanntlich etwas ganz Besonderes bist. Fangen wir einfach vorne beim Start in den Tag an. Vom Nochmal-kurz-aber-wirklich-nur-ganz-kurz-Liegenbleiben übers Aufstehen zum Frühstück hin zum Fertigmachen gibt es schon hunderte Vorgänge und damit Möglichkeiten, die Morgenroutine zurechtzustutzen.

Wie sieht dein Tagesablauf aus?

Detailreich darfst du dich nun bei dieser undankbaren Aufgabe durch den Tag arbeiten.

Klar, wenn man es so schwarz auf weiß liest, lebt man kein Highlife. Mit seiner alltäglichen Realität konfrontiert zu werden, ist wenig prickelnd. Das eigene Leben liest sich noch langweiliger, als es einem an trüben Tagen schon vorkommt.

Zum Ausgleich darfst du danach ein bisschen träumen. Nun wartet nämlich der Gegenentwurf.

Was möchtest du tun?

Wir suchen die Dinge, für die du in deinem Alltag gerne mehr oder überhaupt Zeit hättest. Die Punkte dieser Liste beschreiben, wohin die Reise gehen soll. Es macht ja keinen Sinn, sich auf den Weg zu machen, wenn man das Ziel nicht kennt.

Gesucht sind Beschäftigungen, für die es sich lohnt, bei den Zeitblöcken der Ausgangslage mühsam die Axt anzulegen. Wir brauchen Beschäftigungen, die dich glücklicher und zufriedener machen, sonst ist die Motivation, etwas zu ändern, so absehbar wie der Horizont.

Schreib ohne Scheuklappen auf, wie ein angenehmer Alltag, jedoch nicht der perfekte Tag, aussehen würde. Wie groß sollen die realistischen Zeitblöcke von Posten wie beispielsweise Hobby, Familie, Freunde, Entspannung, Genuss, Selbstverwirklichung, Sport, Einkaufen, Fernsehen, Handy und Putzen sein?

Du wirst eine wunderbare Wahl treffen.

Nun ist geklärt, wofür wir zu kämpfen haben.

Zeit bekommen.

Manche Zeitfresser sind gekommen, um zu bleiben. Andere Dinge tut man aus Höflichkeit, jedoch ohne Zwang. Viele Beschäftigungen würden auch zu einem anderen Zeitpunkt passen. Wir haben daher verschiedene Ansatzweisen, um Platz zu schaffen und deine Ziele einbauen zu können.

Du wirst sehen, dass man jeden Ist-Zeitblock in eine von zwei Kategorien packen kann: Die Sachen, die einfach erledigt werden müssen, und die Sachen, die du künftig für deine Interessen opfern wirst.

Man kann Pirouetten machen, wie man will. Nachdem man sich so oft im Kreis gedreht hat, dass einem schwindelig wird, muss man anerkennen, dass sich an der Größe des Zeitblocks bestimmter Verpflichtungen nichts ändern lässt. Schlafen, Essen, Duschen, Lebensunterhalt sichern, das muss einfach sein. Während dieser Zeit kann man aber das beste draus machen.

Die Stichworte bei den Gegebenheiten sind **Kombinieren und Optimieren!** Zeit, die man im Leerlauf verbringen muss, sollte man nicht ungenutzt verstreichen lassen. Sie lässt sich fast immer mit etwas Sinnvollem füllen. Diese Zeitersparnis kann man dann an anderer Stelle für seine Wünsche nutzen.

So kann man beispielsweise seinen Lebensmitteleinkauf während der Mittagspause erledigen. Dabei verschiebst du den Zeitblock des Einkaufs in den der Arbeit. Im Umkehrschluss weitet sich der Feierabend aus. Gleichwohl gilt: Wenn du noch ausreichend Lebensmittel zuhause hast, brauchst du nicht einkaufen gehen, nur weil wieder *dein Wochentag* ist. Falls du siehst, dass der Parkplatz vor dem Supermarkt überfüllt ist, tut es auch der nächste Tag, insofern du nicht den Hungertod sterben

musst. Für die freie Mittagspause findest du bestimmt eine gute Ersatz-
beschäftigung, die du ansonsten nach deinem Feierabend erledigt hättest.

Bei einem Blick auf die Liste mit dem Ist-Zustand solltest du viele kleine
Zeitfresser finden, die du mit einem anderen Zeitblock kombinieren
kannst. Dadurch wird Platz für die Ziele geschaffen.

Was mittags abgehakt wurde, kann abends nicht mehr für schlechte Laune sorgen.

Wie wäre es, während dem Pendeln zur Arbeit oder nach Hause die Tele-
fonate zu führen, die ansonsten zuhause anstehen würden. Auch hier
steht dann freie Zeit an anderer Stelle zur Verfügung, obwohl man alle
Verpflichtungen erfüllt hat. Dieses Beispiel lässt sich auf etliche andere
Vorgänge und Aktivitäten übertragen. Es kann eigentlich bei jeder Situation, die gemeistert werden muss, etwas erledigt werden, das woanders
Freiraum schafft.

Kombinationen sind unter anderem empfehlenswert, wenn man einen
körperlichen Block mit einem mentalen Block verbinden kann. Schau dir
deine Ist-Zeitblöcke an. Wenn dein Körper beschäftigt ist oder an einer
bestimmten Stelle sein muss, kann dein Geist vielleicht wandern und andere Aufgaben erledigen. Multitasking ist die schönste Form der Zeitersparnis.

Nach einer guten Analyse wirst du dir bestimmt mehrere Stunden Freizeit pro Woche sichern können. In so gut wie jedem verpflichtenden
Zeitblock findet sich ein bisschen Leerlauf, der mit einer Aufgabe, die du
sonst in deiner Freizeit erledigt hättest, gefüllt werden kann. Und sei es,
weil du die Arbeit zu dem Ort des Leerlaufes mitnimmst.

Aus zwei Zeitblöcken kann auch einfach mal einer werden. So könntest
du beispielsweise den Einkaufstrip mit deiner besten Freundin in den
Supermarkt verlegen. *Ja, ständig komm ich mit dem Supermarkt. Ich weiß,
sooo viel Lebensmittel brauchst du nicht, aber mir gefällt das Beispiel einfach.*
Statt mit einem weiteren unnötigen Paar Schuhe kommst du ausge-
tratscht und ausgelatscht mit deinen Lebensmitteln nach Hause.

Zu guter Vorletzt darf nun gestutzt und abrasiert werden. Abgesehen
vom Schlaf lässt sich der ein oder andere **Zeitaufwand schrumpfen**,
ohne dass das Ergebnis negativ beeinflusst wird. Man vertrödelt unbewusst ganz schön viel Zeit, die man eigentlich lieber woanders investieren würde.

Es ist an der Zeit, die Zügel anzuziehen.

Schau dir an, ob und wie du einen verpflichtenden Zeitblock verkürzen kannst.

Konzentriertes und effektives Arbeiten ist ein Muss, wenn man eine Erledigung lediglich abhaken möchte.

Des Weiteren kann man bei vielen Tätigkeiten und Zeitblöcken Alternativen finden, die weniger Zeit kosten, doch das Ergebnis kaum verfälschen. Statt gebadet kann beispielsweise geduscht werden, Tiefkühlgemüse ersetzt beim Kochen zeitraubende Arbeitsgänge.

Das Ende wird nun rigoros, denn: Minimalismus heißt, dass man sich **auf das Wichtige beschränken** darf. Wenn du deinen Alltag betrachtest, gibt es genügend Zeitaufwände, die du guten Gewissens streichen kannst.

Manche Sachen tut man, obwohl man sie nicht mehr tun will. Es ist vielleicht keine Sucht, doch die Macht der Gewohnheit kann genauso erdrückend sein. Sobald diese Zeitblöcke ausgemerzt sind, hat man neue Freiräume.

Theorie: einfach. Praxis: kniffelig. Eine gute Möglichkeit sich Dinge abzugewöhnen ist, jeden Tag einzeln zu betrachten. Mach dir jeden Tag aufs Neue bewusst, dass du *diese Aktivität* heute bleiben lässt, weil sie dir nichts mehr bringt. Es wird ein zäher Prozess, aber es funktioniert. Nach genügend bewussten Entscheidungen hat man so viele Wiederholungen geschafft, dass die Aktivität nicht mehr zum Alltag gehört. Man muss sich jedes mal aufs Neue am Riemen reißen und sagen: Heute, nur heute, werde ich es nicht tun. Dass wir morgen das selbe Spiel spielen werden, müssen wir unserem Kleingeist ja nicht verraten.

Wie eingangs erwähnt, gibt es etliche Dinge, die man nur aufgrund seiner vermeintlichen Nettigkeit erledigt. Es finden sich viele Streichkandidaten, bei denen einzig die Überwindung zur Trennung fehlt. Man will es nicht mehr tun, aber bildet sich ein, dass dann jemand enttäuscht ist. Der Ausweg aus der Zwickmühle führt mit dem Kopf durch die Wand.

Lass dir gesagt sein, dass man nicht alles tun muss, was getan werden könnte. Bei den Zeitblöcken, die dir schwer im Magen liegen, und von denen du dich gerne trennen würdest, musst du den gesunden Egoismus anwenden. Zeit ist wertvoll. Vergangene Zeit, die man mutwillig verstreichen lässt, kommt auch im Alltag nie zurück. Daher gilt es, Prioritäten zu setzen und an sich selbst zu denken.

Wenn du deine Zeit nicht wertschätzt, wird es auch kein anderer tun.

Puh, machen wir uns nichts vor, wenn du deinen Alltag umkrempeln möchtest, liegt harte Arbeit vor dir. Doch mit jedem Ist-Block, der Platz für einen Will-Block schafft, mutiert die garstige Gegenwart mehr zur zauberhaften Zukunft.

Umsetzen oder jetzt und heute!

weniger Stress, weniger Dinge, mehr Zeit, mehr Geld

Das ist die Zielgerade. Wir sind am Ende des Stoffs angelangt wie beim Saum der Hose. Ich bin beeindruckt, dass du es bis hierhin geschafft hast. So lange hält mich nämlich nicht mal meine Mutter an meinem Geburtstag aus. Wir zwei beiden haben nun so viel Zeit miteinander verbracht, du bist mir richtig ans Herz gewachsen. Ich möchte deshalb, dass dein Wunsch nach einem einfacheren Leben in Erfüllung geht. Da die Motivation ein fragiles Gut ist, möchte ich dem Fabergé-Ei der Gefühlszustände noch kurz ein wenig Aufmerksamkeit schenken.

Dein neues Leben darf nicht mit dem Zuklappen dieses Buches enden. Ich habe daher eine ganz große Bitte an dich: Fang **heute** an. Ich weiß, dass du dir eigentlich eine Pause verdient hast, aber einen besseren Zeitpunkt als das heutige **Jetzt** wirst du nicht erwischen.

Machen wir uns nichts vor, du hast mich nicht so lange ertragen, weil es unterhaltsam war. Du möchtest minimalistischer leben. Uns war von Anfang an klar, dass du nach dem gemeinsamen theoretischen Teil dein neues Leben mutterseelenallein in die Praxis umsetzen musst.

Vor dir steht nun der schwerste aller Schritte: der erste. Bereite dich auf die bevorstehenden Veränderungen vor. Denke an die inneren Widerstände. Ausreden, warum es heute nicht passt, finden sich leicht. Klar, morgen ist auch noch ein Tag. Doch morgen ist bei guten Vorsätzen wie Spielgeld: nichts wert. Aus morgen wird morgen. Und das Übermorgen könnte auch Sanktnimmerleinstag heißen.

Der Minimalist nutzt das, was er hat. Du hast diesen heutigen Tag geschenkt bekommen, um ihn zu formen. Sogar die Bibel interessiert sich nur für das tägliche Brot. Glaub mir, heute ist ein guter Tag für den Anfang. Führe dich nicht in Versuchung, den Anfang mit irgendwelchen

Rechtfertigungen aufzuschieben. Selbst wenn du heute nicht viel erreichst, bist du morgen zwei Schritte weiter.

Aufschieben ist eine verpasste Chance. Lass es nicht schleifen wie bei einem Schreiner, **hier ist der Anfang deiner minimalistischen Balance!** Hiermit bekommst du den Staffelstab überreicht.

Für dich ist die Zeit gekommen, in Aktion zu treten.

Bei welchem Bereich du beginnst, ist dir überlassen. Ich würde vermuten, dass der Grund, warum du dieses Buch gekauft hast, das drängende Problem ist. Dort wird sich die meiste Wut angestaut haben. Du kannst dich jetzt an alten Kleidungsstücken abreagieren. Du kannst jetzt ein Regal freiräumen, es danach auseinander schrauben und dich damit unter Zugzwang setzen. Oder schreib dir doch jetzt in Form von Kündigungen den Frust von der Seele.

Wenn du den Grundstein für den Minimalismus gelegt hast, ist es Zeit für das Gerüst. Denke auf Papier. Es hat einen Grund, dass Wissen schon immer so gesichert und gesammelt wurde. Schreibe dir deine To-do-Liste für ein minimalistischeres Leben. Schreib dir deine Pläne für die drängendsten Probleme auf. Jeder Zwischenschritt wird selbstverständlich ebenfalls notiert. Was du geschafft hast, wird abgehakt. Erfolgserlebnisse werden dadurch verdeutlicht.

Auch der nächste Plan muss dich näher zu deinen Wunschleben bringen.

Wichtig ist, dass man sich genaue Ziele setzt, um sich nicht in Kleinigkeiten zu verlieren. Danach brauchst du nur noch die passenden Lösungswege. Wenn der Plan steht, wird es mit der Umsetzung klappen! Die einzelnen Schritte müssen dann ja lediglich in ihrer logischen Reihenfolge abgearbeitet werden.

- Welche Ausgaben kannst du diese Woche senken?
- Wie kannst du diesen Monat Zeit sinnvoller nutzen?
- Was kannst du heute entsorgen?
- Welche Kündigungen stehen an?
- Welche Aktivitäten wirst du ausklingen lassen?

Arbeite immer wieder heute und immer wieder ab sofort an deinem minimalistischen Leben. Es gibt keine Regeln, wie deine minimalistische Balance auszusehen hat. Es müssen nur zwei Bedingungen erfüllt werden:

- Du tust etwas.

- Du tust etwas für dich.

Niemand kann dir sagen, wie du dein Leben zu leben hast, um glücklich zu sein. Zufriedenheit kann nur individuell erreicht werden. Verwirkliche dich und deine Wünsche. Du musst aktiv werden. Denn: Gute Ratschläge sind wunderbar, alleine ändern sie allerdings nichts.

Egal, welche Veränderung du im Visier hast, sehen wir das Glas mal halbvoll: Es gibt so viel zu tun, dass dir in der näheren Zukunft nicht langweilig sein wird. Es gibt so viele Ansatzpunkte bei deiner minimalistischen Balance, dass du jeden Tag eine Erleichterung erreichen kannst.

Du wirfst zwei alte Dinge raus, bevor eine neue Sache reinkommt.

Du sagst ab, wenn du keine Lust hast.

Du überlegst, wie lange du für eine Ausgabe arbeiten musst.

Du setzt Freizeit über Überstunden.

Du bist geizig mit Zeit.

Du bist sparsam mit Geld.

Du kaufst nur Dinge, die du brauchst.

Du entfernst Stück für Stück aus dem Regal.

Du räumst Regal für Regal aus dem Zimmer.

Du lebst heute minimalistischer als gestern.

Du tanzt ab jetzt nach deiner Pfeife.

Das Ende oder und sonst so.

Und nun möchte ich mich bedanken. Vielen, vielen Dank fürs Lesen! Ohne dich hätte ich aber so was von meine Zeit verschwendet.

Ich hoffe, du hattest Spaß beim Lesen. Sollte deine gute Tat des Tages noch ausstehen, habe ich eine Idee, was du für dein Karma tun könntest. Dieses Buch ist in kompletter Eigenregie entstanden, es hat folglich keine große Verlagsmaschinerie im Rücken. Als schüchterne 1-Mann-Armee fehlt es mir an öffentlicher Durchschlagskraft. Aufgrund eines nicht existenten Werbebudgets, bin ich als Indie-Autor auf Unterstützung angewiesen.

Wenn dir dieses Buch gefallen hat, würde ich mich über Rezensionen und Bewertungen, besonders wenn sie positiv ausfallen, freuen. Verlinkungen, Hinweise oder ähnliche Aufmerksamkeit sind ebenfalls kein Tropfen auf den heißen Stein, kleine und große Weiterempfehlungen sind das Überlebenselixier eines Indie-Autoren. Sie sorgen mit Sicherheit für Motivation, und vielleicht für neue Leser. Ich werde mich nicht an diesem durchgekauten Thema festbeißen, genug gebettelt.

Noch kurz zu mir: Ich versuche frech, ehrlich, modern, schnell und kurzweilig zu schreiben. Ganz klar: Ich gebe mir beim Schreiben natürlich die gebührende Mühe, es sollen dennoch keine wissenschaftlichen Texte sein.

Mein Ziel ist es, dich hin und wieder zum Schmunzeln zu bringen, damit du das Buch mit einem guten Gefühl beiseite legen kannst. Solltest du noch nicht genug von mir haben, findest du bei meinen anderen Bücher hoffentlich etwas, was dich anspricht. Eine gute Gelegenheit, dir einen Überblick über meine aktuellen Werke zu verschaffen, bietet dir ein Besuch der Webseite andersbenson.de.

Ach, und übrigens: Danke fürs Überlesen der Schreibfehler. Auch bei der letzten Korrektur habe ich wahrscheinlich nicht alle Patzer entdeckt.

Das ist eine Sache von lautsehen.

Impressum

Andreas Schied

Riemannstr. 27

04107 Leipzig

0176/34571607

kontakt@lautsehen.de

Cover: Designed by freepik

ISBN: 9783746031460

© 2019 Andreas Schied

Herstellung und Verlag: BoD – Books on Demand, Norderstedt